工程建设法律实务丛书

PPP项目法律实务解读

丛书主编　张正勤

本书主编　易　斌

中国建筑工业出版社

图书在版编目（CIP）数据

PPP项目法律实务解读／易斌本书主编．—北京：中国
建筑工业出版社，2016.4
（工程建设法律实务丛书）
ISBN 978-7-112-19269-4

Ⅰ.①P… Ⅱ.①易… Ⅲ.①政府投资—合作—社会
资本—法规—研究—中国 Ⅳ.①D922.280.4

中国版本图书馆CIP数据核字（2016）第059900号

　　本书分为两大部分：第一部分是以本书笔者及丛书其他编者在各类针对PPP项目的法律讲座及培训中解答学员现场提问的记录为基础，整理编纂而成的PPP项目法律实务问答。此部分的特色在于不囿于形式的桎梏，以精简的表达直接点明问题的关键点，并相应地给出具有操作性的建议；第二部分是对《政府和社会资本合作项目通用合同指南》的解读。在此部分内容中，对国家发展和改革委员会发布的《政府和社会资本合作项目通用合同指南（2014年版）》进行了逐条的解读和说明，并从实际操作层面给出建议，同时提供了结合专业研究及实务经验的建议条款，以资读者在进行PPP合同编制时参考。

　　本书适合于从事PPP项目的工程管理人员、技术人员以及政府行政管理人员参考使用，也适用于土木工程相关高等院校师生使用。

责任编辑：赵晓菲　朱晓瑜
责任校对：陈晶晶　刘　钰

工程建设法律实务丛书
PPP项目法律实务解读
丛书主编　张正勤

本书主编　易　斌
＊
中国建筑工业出版社出版、发行（北京西郊百万庄）
各地新华书店、建筑书店经销
北京京点图文设计有限公司制版
北京云浩印刷有限责任公司印刷
＊
开本：787×1092毫米　1/16　印张：22½　字数：412千字
2016年5月第一版　2017年11月第二次印刷
定价：**55.00** 元
ISBN 978-7-112-19269-4
　　（28492）

近年来，随着政府对房地产及基础设施领域的改革愈加深化以及国家推动"一带一路"战略等重要举措，建筑行业迎来了历史新机遇。在这一波蓬勃发展的势头下，预计未来海内外基建投资前景将一片大好。

然而，许多建筑业企业、地方政府乃至部分法律行业从业者对于国家不断出台的各项法规及政策无法正确理解或尚未深刻领悟，对于实务中的一些关键概念未能透彻认识，例如对于海外基建工程中常用的 EPC 承包模式的理解，对于 PPP 模式究竟该如何操作，如何把控工程纠纷诉讼中的司法鉴定环节等，以致在实践中逡巡不前。本套丛书正是基于此背景付梓，以期从专业律师的视角为读者从事相关实务工作或提供相关法律服务给予些许参考。

本套丛书的根本特点在于贴近实务。正如美国联邦最高法院大法官、法学家霍姆斯先生所言："法律的生命不在于逻辑，而在于经验。"对于法律问题的理解绝不能仅停留在对理论的理解上，而要紧扣实务操作，结合深入浅出的说理，从最直观的角度给出实操层面上的建议，以做到"有理、可行、不空洞"。

本套丛书的另一大特色在于建筑领域专业知识与法律的结合。实践中，法学从来都不是一门孤立的学科。当法学融入社会生活后，势必与各类专业相关联。因此，我们应当学会建立专业问题与法律问题的联系，使"法律问题专业化、专业问题法律化"，由此才能更好地解决实务问题，同时促进法学理论乃至法治建设的发展。

由于时间仓促，加之水平所限，丛书中谬误与偏颇之处在所难免，恳请广大读者及业界同仁提出宝贵意见和建议。

本书前言

2014 年 9 月 21 日，国务院颁布《国务院关于加强地方政府性债务管理的意见》国发〔2014〕43 号文，改革了地方政府的举债模式，废除了地方政府融资性平台公司为地方政府举借新债的功能，立下地方政府举债的新规矩——发行政府债券或采取政府与社会资本合作模式。其中，政府与社会资本合作(Public-Private Partnership，简称 PPP) 是一种全新的运作模式。

此后，国务院各部委为了落实 43 号文的精神，也分别或联合出台了一系列政策。纵观国务院、财政部、发展改革委、人民银行、银监会等发布的有关 PPP 文件，很容易发现，不仅各主体出台的文件彼此存在冲突，不同层级的文件也存在冲突，这使得其在 PPP 模式推进过程中的适用与解释众说纷纭，导致实践中无所适从。

鉴于此，作为提供建设工程与房地产领域法律服务的专业律师，笔者与一批同仁紧跟实务，立足于自身的专长与经验，将长期以来对于 PPP 模式的研究与思考进行总结，以期从实务角度为各级政府的 PPP 项目管理者及相关领域中介服务机构的从业者提供些许参考，为我国 PPP 模式的良好推进、PPP 项目的可持续发展贡献绵薄之力。

本书从结构上分为两大部分：第一部分是以本书笔者及丛书其他编者在各类针对 PPP 项目的法律讲座及培训中解答学员现场提问的记录为基础，整理编纂而成的 PPP 项目法律实务问答。此部分的特色在于不围于形式的桎梏，以精简的表达直接点明问题的关键点，并相应地给出具有操作性的建议；第二部分是对《政府和社会资本合作项目通用合同指南》的解读。在此部分内容中，笔者对发展改革委发布的《政府和社会资本合作项目通用合同指南（2014 年版）》进行了逐条的解读和说明，并从实际操作层面给出建议，同时提供了由笔者结合专业研究及实务经验拟写的建议条款，便于读者编制 PPP 合同时参考。

受限于时间及笔者的经验和水平，本书难免有疏漏乃至谬误之处，敬请广大读者及业界同仁不吝赐教、批评指正。

目 录

上篇　政府与社会资本合作（PPP）关键点五十问

下篇　《政府和社会资本合作项目通用合同指南》解读

附录 涉及 PPP 项目的主要法律法规及文件

目　录

上 篇

政府与社会资本合作（PPP）关键点五十问

1 关于 PPP 合同主体的问题

一问一答

问：PPP 是国务院新近推广的一种全新的模式，所涉政府部门繁多，参与项目的社会资本方也众多。如何落实 PPP 项目，各地都在积极探索。在具体操作上，各参与方都会有不同意见。能否请律师就如何定 PPP 项目合同主体，给一些法律方面的建议？

答：PPP 是英文 Public–Private-Partnership 三个词首位字母的英文缩写，官方翻译为政府与社会资本合作。官方译名给出了 PPP 项目合同主体最明确的指向。一方为政府，另一方为社会资本。

政府作为 PPP 合同的一方，国务院要求以一级人民政府作为合同的签约方。国家发展和改革委员会（简称"发展改革委"）、财政部认为以政府主管机构乃至政府控股的公司，可以作为 PPP 合同的签约方。法律规定以国有资产对外投资，政府机构以及政府授权的国有公司可以代表政府作为国有资产投资人。

国务院要求以一级人民政府作为合同签约方，具有将权力关到笼子里的政治安排，作为一个政府与社会资本合作的民事项目，笔者认为 PPP 难以承受政治体制改革之重。

发展改革委与财政部对合同主体的安排，尽管与国务院不尽相同，但是符合法律的规定，也与过去政府投资操作管理相容。因此深得地方政府认同。合同主体政府方选择地方政府机构或地方政府指定的平台公司，比较容易得到地方政府的接受。

合同的另一方为社会资本。有可能通过两类主体作为 PPP 项目的签约方：一类是社会资本。PPP 就是用民间资本为社会提供公共产品，由哪一路民间资本为主体作为合同的签约方，取决于项目的发起人。社会资本一方负责 PPP 项目的建设、融资、运营、维护，并承担项目合同期的全部商业风险。根据项目的不同，PPP 项目的发起人可以是建设方，也可以是投资方，也有可能是运营方。因此，PPP 项目合同社会资本签约方具有不确定性。

社会资本另一类签约主体可以是 PPP 项目公司。项目公司可以由社会资本投资组建，也可以由社会资本与政府共同出资组建。通常项目公司股东包括总包方、投资方、运营方以及 PPP 项目不可替代的合作方。

需要特别提醒的是，社会资本作为签约方本身并不需要具备特别资质（需取得特许经营权的除外）。但是，参与 PPP 项目建设、运营的总包方、运营方以及其他各类参与方，必须依法具备相应的资质，才能参与 PPP 工作。

通常情况下，政府方在与社会资本签订合同之前，会要求社会资本方提供与投资方、运营方或其他不可或缺方签订的本 PPP 项目合同。有时甚至会要求重要的参与方加入项目合同的签约。这是社会资本应当注意的。

律师建议

　　PPP 项目合同，政府方签约主体以一级人民政府为首选。就政府相关部门或政府指定的平台公司而言，只要政府出具签署的委托书，其作为政府方签约主体无法律障碍。社会资本或项目公司均具有签约主体资格，只是涉及特许经营的项目，应当获得特许经营权许可。

2 关于 PPP 术语和定义的问题

一问一答

问：我们注意到 PPP 项目所涉行业广，PPP 合同专业跨度大。如有一个通用的合同文本，将大大降低拟定 PPP 合同的难度。我们也专门收集了一些 PPP 合同文本，发现各种文本都有一个术语定义的条款。每种文本术语定义所包含的术语数量不同，术语的内容也各不相同，甚至出现同一术语在不同合同文本中的定义都不同。能否请律师介绍一下术语定义条款是什么意思，合同中安排此条款有何作用？不要此条款可否？

答：PPP 合同专业跨度大，各 PPP 合同文本也存在差异性，尤其是各文本术语定义这一条款，同样是术语定义，但各文本体现出的条款内容与数量均不尽相同，这正说明 PPP 合同文本的复杂性。

在国际上通行的规则是，对于比较复杂的合同，在合同的开篇，都会对合同文本中出现的专业用语或容易产生歧义的词语，进行专门的定义，以确保所定义之词在合同界定范围之内，保证内涵与外延的统一性，以减少合同纠纷。

PPP合同与其他合同相比，有两大突出特点。第一，所涉专业范围广。除了涉及法律专业外，还与工程建设、金融、证券、企业管理乃至工业自动化、检测技术等专业具有高度关联性。第二，合同履行期长。PPP合同，合同期最短的也在10年以上，有的长达30年。对正处在改革开放过程中的中国，要保持一份合同30年的稳定性，其难度也可想而知。

PPP合同专业技术的复杂性与合同履行期的超长性，决定了PPP合同必须具备术语定义条款。PPP合同的术语从专业角度上分，大致可以分为四类：

（1）PPP合同结构性术语，只要选择PPP模式皆可适用的术语，如政府、社会资本、项目公司等术语。

（2）项目所涉行业性术语，只要同行业的PPP项目，均可适用这类术语。以供电类PPP项目为例，水力发电、风力发电、火力发电、垃圾发电等所通用的术语。

（3）项目所涉专业术语。比如污水处理PPP项目，对污水网管进水口作出术语定义。

（4）其他需要特别定义的词语。

PPP合同各层面的术语定义，构成了PPP合同各专业共识的基础，是解释合同各条款的基础。合同是当事人之间真实意思的表示，意思表达真实、准确、完整是法律对合同最基本的要求。在未来的合同履行中，如发生对合同理解的分歧，词义解释依法将作为首选解释，起到定纷止争的作用。

一份PPP合同术语定义表述到位的合同，对于社会资本去寻找承包商、投资方、运营方等合作伙伴都具有积极的意义。PPP合同中对工程建设、融资、企业管理等条款表述得越专业，越体现PPP发起人对运作PPP项目的专业水准，越能获得PPP项目各潜在合作伙伴的青睐，合同谈判越顺利。相反，合同术语定义不全或定义不准，要想顺利完成PPP项目，是难以想象的。

律师建议

术语定义不能忽视，相反应该尽可能多地扩大术语的范围。作为合同文本的编制方，应当充分了解每一术语的内涵与外延，尤其是非本专业的术语定义。将各方当事人对合同的理解统一到项目发起人的思路上来。

3 关于 PPP 合同名称的问题

一问一答

问：PPP 合同有几种名称？我们注意到有的称 PPP 合同为特许经营权许可协议，有的就称为 PPP 合同，有的则称为 PPP 合同体系。这些合同是同一合同的不同名称，还是三种不同的合同？如果是不同的合同，这些合同有哪些不同？彼此之间究竟是什么关系？能否请律师给我们做一个简要介绍。

答：此问题是关于 PPP 合同组成的问题。因为 PPP 项目操作法律结构复杂，所以体现出来的就是 PPP 合同组成的复杂。

典型的 PPP 项目从法律结构上说，他涉及法律上的两个部门法，一个是行政法，另一个是民法。特许经营权许可协议、PPP 合同、社会资本与 PPP 各参与方签订的合同，从法律上说，构成整个 PPP 项目的合同体系。

PPP 项目所涉范围广阔，如能源、交通运输、水利、环境保护、农业、林业、科技、保障性安居工程、医疗、卫生、养老、教育、文化等领域。其中一些领域的 PPP 项目，依据相关法律规定必须取得行政许可——特许经营权，诸如铁路、地铁、高速公路等。因此，这类 PPP 项目在政府与社会资本发生民事关系之前，有一个前置的行政关系。

我们知道，政府给予社会资本特许经营权是一项具体行政行为。依据相关法律规定，政府行政行为一经作出就具有法律效力。然而，授予 PPP 项目特许经营权对政府而言，又非一般的行政行为。为了保证所授予的行政行为不被滥用，政府在授予特许经营权的同时，还会对特许经营权进行权利限制。这种特许经营权的授予与对权力的限制，难以准确地体现在政府的行政许可中。为了解决这一矛盾，政府与社会资本通过签订特许经营权协议来界定政府具体行政行为所授予社会资本特许经营权的范围。故 PPP 项目中，有了特许经营权许可协议。

从上述可知，特许经营权许可协议是基于政府授予社会资本特许经营权，故特许经营权许可协议是一份行政协议。政府与社会资本在合同中的地位是不平等的，政府行使的是行政权力。因此，一旦政府与社会资本基于协议发生争议，社会资本只能依法通过行政诉讼寻求救济。

PPP合同是整个PPP合同体系的核心。上承特许经营权许可协议，下启和PPP各参与方签订的PPP实施合同。签约的主体仍为政府与社会资本，但是在这份合同中，政府与社会资本法律地位平等，双方均为民事主体，在平等的基础上，签订PPP合同。基于本合同产生的争议，双方应当通过民事诉讼或仲裁寻得救济。

由于PPP是一种全新的商业模式。从根本上颠覆了过去政府与各类经济体合作的模式，因此，从全国范围来讲，PPP模式都还处在摸索、实验阶段。有不少地区、项目所使用的PPP合同文本，是将政府的行政行为与民事行为合在一本PPP合同中。政府权力与权利的交织，使合同参与方很难判断政府的行为是行使管理社会行政权力，还是履行合同主体的民事权利。这种行政权力与民事权利不分的合同，在未来二三十年的合同履行当中，发生纠纷，应当说是高概率事件。

PPP合同，是基于政府授予的特许经营权，在政府授予的特许经营权范围内，与政府在平等互利的基础上，为达到双方利益均衡而得到的谈判结果。PPP合同的范围不得逾越特许经营权范围，内容要比特许经营权协议更加丰富、完整、具有可操作性。特许经营权许可协议可以比喻成PPP合同的大纲，PPP合同是特许经营许可协议的具体落实、实施方案。

社会资本为实现PPP合同约定的目的，组织各相关单位，完成PPP合同约定的任务，与各相关单位所签署的协议，构成PPP项目关联合同。PPP合同的主要关联方，如承建商、投资方、运营方以及可能对PPP合同产生实质性影响的关联方，通常并不完全是由社会资本自主选择。即使是通过合法的程序选定，最终重要关联方的确定，还是需要政府方面的认同。

律师建议

在PPP实际操作中，应当清晰界定政府在合同中的身份，同时也要厘清各合同文本在项目中的阶位。政府签约身份的确定，有利于区分行政行为和民事行为；合同阶位的确定，有利于聚焦项目核心，抓住项目实质。

4 关于合同背景与目的的问题

一问一答

问：我们关注到发展改革委颁布的《政府与社会资本合作项目通用合同指南》中有一条款为"合同背景和目的"。通常合同的背景与目的只是在合同文本的开篇中作一简要表述，一般都不将其单列一条款。PPP 项目合同，将其单独作为一条款，有什么特殊的意义？能否就这一问题，请律师给我们作一个介绍？

答：确实如此，"合同背景和目的"在合同条款的安排中，通常都不单独作为一个条款，只是在合同开篇中作一简要介绍。PPP 合同之所以将合同的背景与目的作为独立的一个条款，我个人认为，是由 PPP 合同的特性决定的。

PPP 合同与其他合同相比，主要有两个显著的特性。一个是合同期限长，通常一个 PPP 合同的合同期短则 15 年，长则 30 年。另一个是合同对价的不确定性大。一份合同期长达 30 年的合同，对价在合同中没有锁定，看似不可思议，其实质体现出 PPP 合同的性质。

从合同的长期性说。我们知道，当今社会科技发展日新月异，不仅深刻地改变了我们的生活，而且也已经开始左右、支配我们的行为方式。回望过去，三十年前，我们无论如何也预见不到今天的网络给我们的生活带来的改变。科技不断地向前发展，一方面会给我们提供全新功能的产品，让我们感受到前所未有的体验；同时也会给我们提供比现有产品更加经济、便利的替代品。完全有理由相信，我们今天无法预见未来 30 年后的社会生产、生活方式。我们无法排除今天 PPP 项目提供的产品，在未来的 30 里不会被替代。

为了应对未来科技的发展对社会生产、生活的深刻变革，导致 PPP 合同签订时的社会经济、政治、技术基础发生实质性改变，在合同订立之初，对合同订立时的社会政治、经济、技术状况做一个真实的描述，作为对未来社会变化量的考核参照物，显然是不可缺少的。PPP 合同为社会提供公共产品的属性，决定了 PPP 合同双方利益不能失衡。由于合同订立时，就固定了参照物，故在对 PPP 项目构成实质性影响的因素出现之后，就可以参照物为基点，就新增因素对PPP合同的影响进行有效评估，从而达成一个新的平衡。

从合同对价的不确定上说。PPP项目对价支付的一个显著特点，就是不直接在合同中约定对价。合同对价是要通过绩效考评确定。而绩效考评的内容，不仅包括项目提供的产品质量，还包括对社会提供服务的社会效果。因此对合同订立时同等产品当下的社会效果在合同中进行充分表述，有利于对合同目的将来是否实现进行效果考量。合同的目的能否实现，直接关系到社会资本的投资回报能否实现。

有时，一个PPP项目提供的社会公共产品的质量达标，却因为当地产业结构调整导致公共产品的受众群体不足，尽管存在"照付不议"条款，但继续履行合同不可能实现政府、社会资本、公共利益三者共赢的局面。由于合同的目的不能实现，合同将发生实质性变更也就难以阻止。

为了便于说明"合同背景和目的"条款的作用，笔者介绍一下"合同背景和目的"条款在某一水厂项目中的作用。

1998年，某市为了利用外资进行基础设施建设，准备建设水厂项目，总投资25亿元，设计处理能力为每日45万吨。按计划，水厂预计于2014年年底建成通水供水。

公开招投标吸引了世界上众多一流的企业参加。最终定标已到了2000年，而此时，情况发生了较大的变化。当初立项时规划该市从1999～2004年，每年增加10万吨供水，到2004年供水量达到350万吨/天。事实情况是，到了2000年，该市进入用水高峰时每天也只需要280万吨供水，用水量出现下降，另外，大量工业企业也大规模外迁。

雪上加霜的是，原先规划为水厂水源地的水库，1999年后一直处于枯水期。无法满足水厂项目每年从该水库提取1.5亿～2亿吨的源水。

在前述诸多变数之下，2004年7月，承包人正式要求终止该项目，并向政府索要几千万美元的违约款。最终双方本着合同背景和目的实际情况，友好化解分歧，和平解约。

律师建议

PPP合同的长期性与不确定性，要求合同的履行始终不能背离签订合同时的背景与目的。这是PPP合同履行过程中出现分歧双方取得共识的基础，也是PPP合同解决一切纠纷不可背离的核心。因为有着如此重要的地位，所以PPP合同中将其单独列出，以示重要。

5 关于合同构成及有效次序的问题

一问一答

问：我们比较了发展改革委颁布的《政府与社会资本合作项目通用合同指南》与财政部颁布的《PPP 项目合同指南（试行）》，发现在发展改革委的版本中有"合同构成及优先次序"条款，在财政部的版本中就没有。能否请律师就发展改革委为何要在其版本中加入这一条款，给我们作一解读？

答：发展改革委颁布的《政府与社会资本合作项目通用合同指南》比财政部颁布的《PPP 项目合同指南（试行）》文本中，多出一条"合同构成及优先次序"条款。我们再审视一下发展改革委颁布的指南文本的名称中有"通用"二字，财政部的指南文本中没有"通用"二字，从业内人士的眼光看，这都表明一个问题，就是双方在拟定指南的过程中，指导思想是不一样的。

新建的 PPP 项目都少不了工程建设。从某种程度上说，PPP 项目可以说成是建设工程服务的延伸。由工程建设延伸到融资，再延伸到运营，直到返还移交。专业从事建设工程法律服务的律师，看到"合同构成及优先次序"，会条件反射般地联想到"FIDIC 合同条件"。

"FIDIC"一词，是国际咨询工程师联合会的缩写，是世界上拥有最多具有独立身份的工程建设类咨询工程师会员的联盟，是世界范围内最权威的工程咨询工程师组织。其所编制的《土木工程施工合同条件》等文本，推动着全球范围内高质量、高水平的工程建设业务的发展。我国自 1996 年正式加入之后，就将 FIDIC 系列合同文本引入国内建设工程领域，成为国内建设工程总包合同权威性文本，并成为国内各种建设工程总包合同文本的鼻祖。FIDIC 系列合同文本每一次修订版本，中国工程咨询协会都会经 FIDIC 授权，将新版合同条件翻译成中文。

国内目前使用率比较高的建设工程总包合同《建设工程施工合同》（GF-1999-0201）、《建设工程施工合同》（GF-2013-0201）及发展改革委等六部门颁发的《标准条件施工合同》均是以 FIDIC 合同条件《土木工程施工合同条件》为蓝本编制的。

FIDIC《土木工程施工合同条件》将建设工程总包合同分为三部分：协议书、通用条款、专用条款。因此上述三类合同也是将合同分为三类：协议书、通用条款、专用条款。同样，FIDIC《土木工程施工合同条件》中有"合同构成及优先次序"这一条款，故上述三类合同中也安排有"合同构成及优先次序"条款。

"合同构成及优先次序"条款出自于FIDIC《土木工程施工合同条件》，且不说其出身的权威性，单从技术角度上说，也称得上是人类建设工程经验积累、智慧沉淀的结晶。建设工程投资金额大，履行期间长，涉及专业广，往来文件多。在合同签订时，就界定在漫长的合同履行期内，哪一类文件能够作为项目履行的合同，可以有效地明晰双方权益义务的边际。对性质不同、形式各异的合同文件作出效力优先次序的排位，解决了各有效合同文件之间的权利冲突，双方都明确了各份有效合同文件在工程整个过程中的权重。最大限度地减少了合同纠纷，为合同有效履行、顺利完成工程建设奠定了基础。

PPP项目比建设工程项目还要复杂。正如前述所称，建设工程只是PPP项目的一个阶段。就PPP项目中的建设工程而言，其工程建设的复杂程度至少等同于同类单一建设工程。单一的建设工程尚需"合同构成及优先次序"，较之复杂的PPP项目合同，实在没有理由不要该条款。发展改革委由于长年主管国家工程建设工作，因此比较了解建设工程合同框架如何构建有利于工程顺利进行，故安排了此条款。财政部由于从来没有在第一线指挥工程建设，因此这一实用条款没有引起财政部的重视。我们相信，财政部的本意也是希望PPP合同约定的条款意思表示真实、准确、完整。

前面提到，发展改革委的版本中有"通用"二字。依照FIDIC合同条件以及发展改革委等六部委颁发的《标准施工条件》的原理，与发展改革委版本配套的还应有"协议书"和"专用条款"。"专用条款"比较好理解，将发展改革委版文本进行充实完善的部分均可列入"专用条款"。但"协议书"是指什么？是由政府与社会资本再拟定一份"协议书"还是"协议书"已经有所指。这倒是有待好好考量。

律师建议

"合同构成及优先次序"条款，是PPP项目合同中最重要的条款之一。如果将合同文件的构成范围增大或缩小，或将合同文件的效力优先次序做一轮换，必将实质性影响合同当事人双方的权利义务，导致合同的目的不能实现。因此，该条款可以请专业律师进行审核，从而降低其风险。

6 关于合同排他性条款的问题

一问一答

问：当下国家实行的是社会主义市场经济，充分竞争应当说是社会的主流。"排他性约定"指的是什么意思？在合同中能起到什么作用？会妨碍充分竞争吗？能否请律师就这些问题做一讲解。

答：首先需要说明的是，市场经济是规则公开透明的竞争，而非无序的竞争。我国目前实行的是市场经济，当然，我们也不能忘却我国现在所处的还是社会主义初级阶段，市场经济还在培养、发育过程中。由于我国在建设社会主义市场经济过程中，法律法规以及市场参与者的市场经济观念难以一蹴而就，一些不正当的竞争时有存在。正是为了规范竞争，保护项目参与竞争方的基本权利，才在 PPP 项目合同中安排有"排他性约定"。

政府与社会资本合作项目合同中安排"排他性约定"主要是为了起到三方面作用：（1）在 PPP 合同谈判阶段，可以防止政府或社会资本以谈判为名，套取对方标底，作为打压其他竞争对手的筹码；（2）在合同期内，防止出现特许经营权重复授予，引发恶性竞争；（3）在合同期内，抵御行业入侵，保护社会资本合法投资收益。第一、第二项作用都比较好理解，而对于第三项作用，可能会产生困惑。为了便于说明，笔者通过国内外两个广义的 PPP 案例来帮助读者理解行业入侵。

国外的就举英法海峡隧道项目，该项目的过程大体是这样的：1981 年 9 月 11 日，英法两国举行首脑会晤，宣布英法海峡隧道必须由私营部门出资建设经营。1985年 3 月 2 日，两国政府发出招标邀请。1986 年 1 月 20 日，两国政府宣布 CTG-FM中标。承诺没有该公司的同意，在 2020 年前不会批准建立竞争性的海峡连接项目。1987 年 12 月 10 日，工程建设完工，移交给项目运营公司。1994 年 5 月 6 日，英法海峡隧道正式开通。1997 年 7 月 10 日，项目公司进入重组。

一个国际性项目，从立项到完工，前后历经 13 年，终于完成。为何仅仅经营了 3 年就进入了破产重组。其中的原因固然很多，诸如：工期延误、材料人工费上涨、财务成本过高等等不一而就。但是，毫无疑问，排他性约定条款存在一定的缺陷也是原因之一。

以我们生活中的固定电话与移动电话为例。20世纪90年代初，固定电话属于稀缺资源，安装一台固定电话，除了要缴纳高额的安装费外，还需要长时间的排队等待。基于固定电话的稀缺性，若当年有社会资本与政府合作从事固定电话投资，政府也基于社会资本排他性承诺，以1990年为合作元年，合作期30年，会是一个怎样的结果。随着20世纪90年代中期手机的出现以及迅速的普及，到21世纪初，移动业务就全面超过固定电话业务。

以上例子说明行业入侵并非天外之物，而是已经存在于我们社会、经济生活之中。从这个意义上讲，PPP合同的排他性作用，与其他合同的排他性作用有着本质的不同，除了通常的排他性条款作用外，在草拟PPP合同时排他性约定是必须充分考虑的问题。

律师建议

"排他性约定"是PPP项目不可或缺的条款。在拟定PPP合同文本时，不仅要对同行业的竞争者进行排他性约定，还要对科技的发展具有前瞻性，将可能发生的行业入侵也纳入排他性约定，以平衡政府与社会资本的风险与收益。

7 关于合同中主要内容的问题

一问一答

问：政府与社会资本合作涵盖项目的建设、融资、运营等环节，涉及面广、操作复杂，如何在合同中对双方合作的内容进行界定，将会有利于双方明确各自的权利义务边界。能否请律师就这一问题给予说明？

答：PPP 合同中政府与社会资本合作内容如何界定，发展改革委《政府与社会资本合作项目通用合同指南》中有专门条款，第 8 条为"合作内容"，包括：项目范围、政府提供的条件、社会资本主体承担的任务、汇报方式、项目资产权属、土地获取和使用权利等六项。如何准确地表述合作内容，通过这六项界定清双方合作的边界，笔者认为，还是应当从政府与社会资本合作的本质上去把握。

政府与社会资本合作其本质，是政府购买公共产品。从法律层面上看，适用《中华人民共和国政府采购法》。从形式上看，是政府与社会资本之间的第一层级的买卖法律关系。

稍加分析就会发现，这种买卖关系不是一般的买卖关系，政府在签订购买公共产品的合同（即签订 PPP 合同）之时，所要购买的产品并不存在，且产品的质量、技术指标由政府制定。在这种事实基础之上建立的法律关系，法律上将其归类为定做法律关系，适用《中华人民共和国合同法》。这就确定了政府与社会资本第二个层级法律关系基础上的合作内容，政府提供所要订购的公共产品的质量、技术标准、数量、交货时间，社会资本要求明确对价、款项支付时间。

再进一步分析不难发现，政府与社会资本合作也不是一种单纯的定做关系。第一，政府与社会资本签订定做公共产品合同（即 PPP 合同）之时，生产社会公共产品的生产主体尚不存在。第二，政府购买的是公共产品，但公共产品的支付用户，不是政府而是特定的最终消费群体或单位。建立在这种事实基础之上的民事法律行为，目前我们国家尚无专门的法律来调整，则将由合同来约定。

就生产主体而言，社会资本承担为政府提供公共产品的合同责任，然而生产公共产品的主体尚不存在。那么生产公共产品的主体由谁投资就成为政府与社会资本合作需要解决的第一个合作问题。基于上述政府与社会资本合作的第一层法律关系，政府是公共产品的购买方，固然，不承担生产公共产品设施、设备的投资。因此，生产公共产品的主体应当由社会资本承担。

社会资本投资建设生产公共产品的主体首先要解决的就是土地问题。在我们国家目前的法律体系下，建设用地都掌握在国家手中。因此与代表国家的政府合作建设公共产品生产主体取得土地的方式依法有四种：出让、划拨、作价入股、租赁。哪一种土地使用方式最适用本 PPP 项目？这是合同内容条款必须明确载明的。

由于社会资本投资建设公共产品生产主体是为了满足政府订购之需求，因此使用土地的规模、生产设备产能的规划、生产技术标准都应当以满足政府定做的公共产品之质量、数量、时间为基础。据此，PPP 合同内容中，有关政府对所定做产品的技术质量指标、数量、供货时间、公共产品之交接等应当详细表述，文字难以表达的，可以用图纸明确。同理，社会资本在项目中的总投资、使用土地四至、建设内容、主要设备设施技术指标、检测标准、交货时间及可能影响总投资额和公共产品交付的事项做出完整准确的约定。

社会资本的投资是基于政府的购买，因此社会资本会要求政府给出最低购买量、持续购买时间以及独家提供公共产品的承诺以保证投资的回收。同样政府会要求社会资本提供履约担保，参与利益分享，维护社会资本、政府、公共利益三者平衡之承诺，政府介入之承诺以保证社会公共产品供给的稳定性。双方承诺提供的条件，均构成政府与社会资本合作的内容。

就公共产品对价支付而言，公共产品对价的支付者不是产品的购买者政府，而是特定的消费群体和单位。更为不同的是，在PPP模式中，社会资本所提供的公共产品的对价不是明确约定，而是约定一种计价方式。因此计价方式的表述以及影响计价方式调整的因素和调整方式，都应当在合同内容条款中体现。

利益分享机制是PPP模式区别于其他广义PPP模式的本质性特征之一，是PPP合同内容中不可或缺的条款，有益于平衡政府、社会资本、公共利益的利益分享机制，是保障PPP合同顺利完成的前提。因此，设计一套良好的利益共享机制作为合同内容条款，是必须做到的。

顺便提一下，对于政府与社会资本在PPP项目中风险的分担是否构成风险合作内容？政府与社会资本合作是基于政府购买公共产品的法律关系，依法买卖合同产品的风险，自产品交付时发生转移。据此产品交付前的一切风险均由生产商承担，是买卖关系应有之义。作为社会资本在PPP项目中为政府提供所购买的公共产品进行的建设、融资、运营、维护等风险，由社会资本承担也就顺理成章。而政府依法作为人民的代表，为社会资本提供一个稳定有序的社会环境是其法定义务。只是在我们国家法制尚不健全、法治理念尚不坚定的环境下，政府对今后依据行政职权制定的一些政策、决定有违已签订的PPP合同承担责任，是政府以行政权否定了自己的民事权。这种导致政府PPP合同违约的风险只能由政府自己承担，谈不上与社会资本分担。因此PPP合同中政府与社会资本合作所承担的风险均为归属各自的风险，不存在同一风险彼此分担的问题。鉴于此，在PPP合同"合作内容"中，建议不将风险分担安排在此条款中。

律师建议

"合作内容"条款的起草，应当首先按照当事人的要求，依据谈判中形成的纪要拟定。如果律师没有参加谈判，可以由专业律师依据双方已经形成的相关文件、记录拟定，在经当事人同意前提下，加入专业律师认为应当增加的条款与内容。并尽可能从法律法规、实际操作等层面将增加的部分对当事人予以说明。

8 关于合作中履约担保的问题

一问一答

问：政府具有法定的向社会提供公共产品的义务。政府与社会资本合作是社会资本代替政府向社会提供公共产品，基于这种关系，在PPP合同中是否要安排担保条款？不安排担保条款，政府是否有为社会资本建设资金缺口兜底的义务？如安排担保条款，以何种担保方式与PPP项目对接较妥？能否请律师就这一方面给予解答？

答：政府向公民征税，向社会提供公共产品，维持社会基本需求，这是政府合法性存在的基础，在世界各地都是这样的。当社会的发展速度高于征税额增长的速度时，这一平衡就会被打破，社会公共产品的提供就会出现缺口。为了弥补这一缺口PPP运作模式应运而生。

我国是世界上最大的发展中国家，改革开放之后，国家进入了快速发展的轨道。尤其是近几年国家大力推进的城镇化建设，使我国现阶段对社会公共产品的需求急剧增加，由于国家税收的增长速度低于城市化发展进度，不可避免地产生社会公共产品短缺。为了解决这一矛盾，国家考察了世界各国的经验，选择在国外已经较为成熟的PPP模式，即政府与社会资本合作的方式为社会提供公共产品。因此可以说，在我国推进政府与社会资本合作为社会提供公共产品，不是政府推卸法定义务，而是政府为了满足社会发展需要，在有效控制税种、税率增长的状况下，采取的一种权宜之计。

    PPP 合同的签约方一方是政府，另一方是社会资本。政府是以民事主体的身份签订 PPP 合同，据此，PPP 合同在性质上与普通的民事合同无实质性差异。民事合同当事人双方为了保证合同的有效履行，在合同中安排担保条款属于通常的操作方式，所以 PPP 合同中出现担保条款也不新奇。PPP 合同投资额巨大、投资期限长、参与方众多，本律师观点，安排实质性担保条款，有利于项目的顺利进行。

    既然安排担保条款，则担保是双方面的——即社会资本要向政府提供担保，同样，政府也应当向社会资本提供担保。但是《中华人民共和国担保法》明确规定禁止政府为任何单位提供担保，为了确保民事活动当事人双方权利义务平等的基础，政府通过年度财政预算和中长期财政规划落实 PPP 合同对价支付责任。尽管政府没有为 PPP 合同提供法律意义上的担保，但是社会资本所期待的投资回报，没有了后顾之忧。

    社会资本对政府提供的担保相对就比较清晰，依据《中华人民共和国担保法》及相关法律规定，社会资本向政府提供的担保方式可以采取保证、抵押、质押、留置、定金等方式。

    保证是指保证人向政府承诺，当社会资本不履行 PPP 合同债务时，保证人按照承诺履行 PPP 合同的义务或承担担保责任。

    抵押是指社会资本将依法可以抵押的财产作为履行合同的担保。社会资本不能履行 PPP 合同义务时，政府有权按照法律的规定将社会资本合同名下的财产折价或者以拍卖、变卖该财产的价款优先受偿。

    质押分为动产质押和权利质押。动产质押是指社会资本或第三方将自己的动产移交给政府占有，将该动产作为 PPP 合同的履约担保。社会资本不履行债务时，政府有权依照法律规定以该动产折价或者拍卖、变卖该动产的价款优先受偿。权利质押是指社会资本或第三人将其依法可以质押的权利凭证交给政府，作为履行 PPP 合同的担保。社会资本届时不能履行债务，政府有权依照法律规定以该动产折价或者拍卖、变卖该动产的价款优先受偿。

    留置是指社会资本按照 PPP 合同约定占有政府的动产，政府不按照合同约定的期限履行债务的，社会资本有权依照法律规定留置该动产，以该财产折价或以拍卖、变卖该财产的价款优先受偿。

    定金是指政府和社会资本可以约定一方向对方给付定金作为债权的担保，债务人履行债务后，定金应当抵作价款或收回。给付定金的一方不履行约定债务的，无权要求返还定金；收受定金的一方不履行约定债务的，应当双倍返还定金。

    上述的五种担保方式，在一般的民事活动中都已经是成熟的方式。但是对于新事物 PPP 模式中的特许经营权作为担保物，除保证与定金担保之外，其他三种担保方式，都或多或少存在一些理论上需要进一步探索之处。

　　PPP 项目的特许经营权来源于政府对 PPP 项目的特许经营许可。因此从逻辑上说，该权利属于行政权。国务院的《特许经营权管理办法》也将特许经营权之争归入行政诉讼之列，也是对该权利性质定性为行政权的印证。在 PPP 实际操作中，政府层面大力倡导特许经营权抵押，将行政权力性质的特许经营权进行抵押，在法理层面上存在一定的瑕疵。当然，进一步分析抵押、质押、留置分别还会存在一系列问题。鉴于篇幅，在此只将问题引出，不作进一步探究，留给有兴趣的同行思考。

　　需要特别说明的是，PPP 项目是社会资本代替政府行使其应当为社会提供公共产品的职能。它的这种代替，是通过将社会公共产品销售给政府的模式实现。是建立在买卖关系的法律基础之上。因此，政府不存在为社会提供公共产品事业的 PPP 项目提供担保以及为项目失败兜底的责任。

律师建议

　　PPP 项目的复杂性决定了 PPP 项目的担保方式的多样性。特许经营权的创新性为特许经营权作为担保物埋下了担保效力不确定性的因素。之前应用较多的 BOT 模式中，很多项目的保底条款在理论界也颇有争议，但是地方政府未给予重视，直到国务院办公厅一纸公文认定保底条款无效，秒杀各保底 BOT 项目，这样的问题不能忽视。

9 关于 PPP 项目总投资的问题

一问一答

　　问：对于 PPP 项目来讲，投资规模由谁框定？由于项目所涉领域广，对于社会资本如何判断本领域之外的投资规模的科学性？如何才能实现社会资本对 PPP 项目总投资额的有效控制？能否请律师从法律角度给出一些建议。

答：如何有效控制总投资，确实是一个商业问题。作为一名律师尽管有几十年与企业共生的经历，但就这一问题，还是只能在法律上、程序上给出一个建议。

我们知道，PPP项目的发起，有两个渠道。一个是政府根据当地经济状况发起；另一个是社会资本根据自己对市场的判断发起。就目前国内PPP项目入库数据显示，几乎所有已经入库的PPP项目的发起人均为政府方，社会资本作为发起人的PPP入库项目可以忽略不计。

政府发起的项目，通常的程序是首先是要做一份项目建议书，其次做一份项目可行性研究报告，再加上资金申请报告，就构成项目立项的核心文件。一旦经政府批准，项目就获准正式立项。可行性报告载明的项目基础性经济、技术指标，就成为项目推进的大纲、未来合同的目的。政府作为发起方的PPP项目，同样要经过以上程序。只是该程序完成后，还要经过财政部门"物有所值"、"财政能力承受力评估"通过后，方可进入PPP库。进入PPP库的项目，才能称之为PPP项目。

由此可以发现，PPP项目的可行性研究报告的可靠性是PPP项目能否成功的关键。PPP项目涉及政府建设、交通、环境、电力、水利等部门，以电力PPP项目为例就包括水力发电、火力发电、核能发电、风力发电、垃圾发电等不同专业类项目。可见PPP项目的可行性研究报告不是政府一个部门能够包揽的，即使是归同一部门主管的项目，如电力类，也不是该部门能独立胜任的。目前状况，任何一级政府或政府机构都不会亲自编制可行性研究报告，而是会委托工程咨询（投资）类公司编制可行性研究报告。

工程咨询（投资）公司是国家发展改革委作为主管单位的专门为投资项目提供智力服务的专业机构。其资质与其从业人员的资质，均由发展改革委认定颁发，并由发展改革委审核年检。咨询公司的服务范围有31项，其业务范围主要是编制项目建议书、项目可行性研究报告、项目资金申报告等。

可行性研究报告由发展改革委认定的具有资质的工程咨询公司具有从业资格的专业人士编制，当然具有一定的可靠性。但是，我们稍加分析就会发现，事情并不是我们想象的那么简单。

可行性研究报告一定会有项目总投资匡算。而总投资匡算的最重要的内容，即编制工程造价预算书，是必须要具备工程造价咨询资质的机构和具备工程造价资格的从业人员才有资格编制。工程造价咨询机构及人员资格的颁发、认定与年检，由住房和城乡建设部主管。可行性研究报告中不可缺少的内容——对项目未来经济的分析，包括商业模式的拟制以及相关财务分析，属于注册会计师的法定服务领域，只有具备资质的会计师事务所和具有注册会计师资格的从业人员签署，才具有合法性。整个项目在推进过程中，是否具有合法性？可行性研究报告编制的法律、法规政策依据，是否与现存的国家法律、法规相冲突？这种冲突对项目的实施风险有多大？通过何种方式回避这种法律风险，使项目具有可行性？对项目法律可行性的认定，依法应当由具有律师资格的执业律师审查。

因此，判断一个PPP项目可行性研究报告的可靠性，单看工程咨询（投资）公司出具的可行性研究报告是远远不够的。还必须审核工程造价咨询公司编制的投资预算书、会计师事务所出具的项目财务分析书、律师事务所出具的法律意见书。PPP项目具备"一报三书"，且四机构、从业人员均具备资质，可以说该项目的可行性研究报告具有真实性、可操作性。

社会资本发起的PPP项目，同样要有"四所"（工程咨询（投资）公司、工程造价事务所、会计师事务所、律师事务所）深度参与。缺少任何一方，从风险控制角度上说，都可能存在相应的缺陷。

律师建议

无论是政府还是社会资本，接触洽谈一个PPP项目，首先应当核实PPP项目可行性研究报告是否由"四所"参与编制；其次是"四所"的资质。这是项目立与不立，是否启动科学决策的决定性依据。依靠专家、专业人士，对项目进行科学管理，社会资本所固有的专业不足之风险、将面临的市场固有之风险，都将能得到有效控制。

10 关于PPP项目的投资控制问题

一问一答

问：PPP项目涉及专业广泛、投资巨大、投资回收时间长，所有的商业风险又都是由社会资本承担。如何做好投资风险的控制，能否请律师就这方面给一些建议。

答:"投资风险控制"是市场经济语境下才出现的词语。在计划经济状态下,没有投资风险控制的概念。"大干快上"、"不惜一切代价,按时完成任务"等计划经济下的口号,就是项目无需投资风险控制的印证。

我国目前的经济体制,是从计划经济体制下转变而来。不可避免得会带有计划经济的烙印。对于政府投资的项目尤其是这样。过去政府投资的项目也需要立项,也需要编制可行性研究报告。只是整个项目的立项、可研、建设、投资、运营、维护都是由政府一手操办,出现的所有问题也是由政府一肩挑,因此,项目可行性研究报告在整个项目中所占的权重就非常微薄,处在无足轻重的地位。项目可行性研究报告的最大功能就是为了项目立项之用,立项之后,可行性研究报告便被束之高阁,领导的一个建议、一句话、一个批示就可以轻易改变可行性研究报告中所做的方案。在这种困境下,可行性研究报告编制得再科学、再实用也起不到应有的作用。长此以往,可行性研究报告多流于形式。

PPP项目不同。PPP项目虽说都是关系到国计民生的大事,但投资者是社会资本。对项目投资进行有效的控制,是社会资本内在的必然要求。在现行的体制下,社会资本参与PPP项目,项目首先也是要立项,也是要做可行性研究报告,也是要发展改革委批准。这种关系到国计民生的项目,社会资本是没有编制项目可行性研究报告的资格的,只有具有发展改革委批准的具有工程咨询(投资)资格的机构、人员才有资格编制项目可行性研究报告。而这种机构长期为发展改革委提供可行性研究报告服务,已经形成了一种固有的惯性。PPP项目一出现,就能洗心革面编制出具有市场生命力的可行性研究报告,作为关注投资风险控制的社会资本,确实要好好考量。

相对于工程咨询(投资)机构,律师事务所、会计师事务所、工程造价咨询机构更与市场有着天然性的联系。法律是社会经济生活中的最后一道防线,对法律风险的防范,是律师事务所法定的非诉讼业务。项目的投入产出、投资回报、资金周转风险的控制是会计师事务所业务范围。项目的投资建设成本控制则是工程造价咨询机构的法定业务。工程咨询(投资)机构撇开三家独自出具的可行性研究报告,可以肯定地说是计划经济体制下的可行性研究报告。

目前政府力推的PPP项目都是已经入库的项目。所谓入库,就是已经经过了政府立项。再透彻地说,就是可行性研究报告已经经政府通过。对于社会资本选中PPP库中的某一项目,所应当做的最重要的一件事,就是在与当地政府第一次接洽中,索取该项目可行性研究报告并索取编制可行性研究报告的基础文件(律师事务所之法律意见书、会计师事务所之项目财务分析报告、工程造价咨询机构之预算书）。政府可行性研究报告中没有这三份附件，社会资本仍要参与，重新编制可行性研究报告便是唯一的选择。

有了一份良好的可行性研究报告，项目投资风险控制并非大功告成，而只是建立了投资风险控制的良好基础。从可行性研究报告的角度上说，项目推进至少还要三份专业的可行性研究报告。第一，项目建设可行性研究报告；第二，项目融资可行性研究报告；第三，项目运营可行性研究报告。从项目实施角度上说，项目建设造价风险由工程造价咨询机构控制，工程质量由工程监理机构监督，法律风险由律师事务所防范。项目融资财务风险由会计师事务所控制，法律风险由律师事务所防范。项目运营由专业团队承担运营风险，律师事务所负责防范法律风险。各个过程无缝连接、各专业团队密切配合，项目的投资风险可以得到最有效的控制。

从上述投资风险控制责任分配上很容易发现，从横向上看，项目推荐的不同阶段建设、融资、运营都有律师参加；从纵向上看，建设过程、融资过程、运营过程中具体的业务也离不开律师点到点的服务。这并非笔者作为律师，特意拔高律师在PPP项目风险控制中的作用。而是因为在市场经济环境下，法律不仅是社会经济中的最后一道防线，而且所有的风险最终都会转化为法律风险。

律师建议

对于政府，在PPP项目尚未找到社会资本的情况下，花费大量的人力、物力、财力编制专业性、操作性较强的可行性研究报告缺乏经济性。但是，对于参与该项目的社会资本提出重新编制可行性研究报告，或编制补充可行性研究报告的提议，政府方应当给予支持。当然，两次可行性研究报告的编制成本依据国家规定，原则上是可以计入项目成本的。因此，编制可行性研究报告的费用是没有必要节省的。

11 关于 PPP 项目的境外融资问题

一问一答

问：PPP 项目投资金额大、技术含量高、回收期限长，良好的融资模式、充足的建设资金是保障项目顺利进行的核心。目前，境内外对国内经济发展一直看好，人民币对美元一路升值，使用境外资金进入了许多社会资本的视线。在引进境外资金过程中，如何保障资金的安全性？能否请律师从法律角度给出一些建议。

答：资金是 PPP 项目全生命周期的"血液"。在项目全生命周期内，资金流一旦停止，项目即告失败。如何在项目全生命周期内保障项目资金安全、准时到位，确实是一个随时都必须关注的问题。在 PPP 项目中，资金为王，只要能够融得资金，无论是境内还是境外的资金，都是项目向成功迈进了实质性的一步。

境外资金要安全到达项目，首先资金本身的来源要具有合法性。目前国家对 PPP 项目资金的来源只有两个限定：（1）政府不能投资；（2）本级政府所控制的平台公司不能投资。其他渠道的资金均予以开放。据此，境外资金可以进入 PPP 项目。国外资金，主要分为国外政府贷款和国际银团贷款。

贷款是与我国有双边或多边信贷关系的国家政府，按照经济合作与发展组织（OECD）的有关规定，给予我国企业发放具有一定优惠条件的贷款。其放贷方向主要是城市基础设施、环境保护等公共项目。我国的 PPP 项目符合该资金投资方向。自改革开放以后，我国就逐步开始利用外国政府贷款。目前与日本、德国、法国、西班牙、意大利、加拿大、英国、奥地利、澳大利亚、瑞典、科威特、荷兰、芬兰、丹麦、挪威、瑞士、比利时、韩国、以色列、波兰、俄罗斯、卢森堡及北欧投资银行、北欧发展基金共 24 个国家及机构建立了政府（双边）贷款关系。各国政府与机构贷款的方式也各不相同，在这里就不展开介绍。

国际银团贷款又称国际辛迪加贷款，是指由不同国家的银行组成联合体，按照贷款协议约定的条件，向借款人提供中长期贷款的国际融资模式。国际银团贷款分为直接贷款与间接贷款。

直接贷款就是受借款人委托的牵头行组织国际上诸家贷款行分别与借款人签订贷款合同，满足借款人的融资需求。间接贷款是国际上一家贷款行向借款人发放贷款，而贷款人的发放款项是由诸家国际金融机构认购完成的。

国际银团贷款的优势是可筹措的资金金额、期限没有固定限制，完全取决于借贷双方的合意；分散了贷款风险，由各放贷行对自己的行为承担责任；不像政府贷款附有条件；资金使用放贷行不干预。

国际银团贷款的劣势是需要较高的担保条件。倾向于国家政府机构、地方政府、中央银行、官方背景的金融机构以及有实力的企业。PPP 项目的对价支付列入政府预算及中期财务规划，一旦经过相应的人民代表大会通过，在法律层面上认定为政府担保，具有法律基础。

国际银团贷款的操作一般有一个牵头行，牵头行是国际银团贷款的组织行。组织行实力越大、信誉越好，就越容易组织其他行参与贷款，组成银团。国际银团贷款的大多数具体工作都是由牵头行完成。副牵头行，对于较大的国际银团贷款，组织的参与行多，贷款金额大，牵头行常常委托一家参与贷款行为副牵头行，以协助其工作。代理行，由国际银团委托具体发放贷款的银行，全权代表银团与借款人签订贷款协议，负责款项的发放与回收，并协调国际银团与借款人之间的关系。参与行，参加银团的成员行。

国际银团贷款是一种纯商业行为，贷款行与借款人之间的权利义务、争议解决、甚至解决争议适用的法律，完全取决于当事人之间的合同约定。因此，可以说国际银团与借款人签订的贷款协议，是借贷双方最高的法律性文件，必须由专业从事国际金融业务的律师草拟、审定。

律师建议

通过使用境外资金运作 PPP 项目，是发展 PPP 项目的有效途径之一。但是在 PPP 实际操作中，有使用过境外资金经验的社会资本面还是较为狭窄。一旦决定选择境外资金操作 PPP 项目，懂得国际金融的律师，就成为社会资本首要的选择。

12 关于 PPP 项目通过国家开发银行融资的问题

一问一答

问：PPP 项目目前在国内大面积推广。对于三、四线城市，利用境外资金从事 PPP 项目建设的信息与路径都相对闭塞，存在"远水解不了近渴"之患。能不能请律师就国内的银行，或者说在国内具有支持 PPP 项目责任的银行做一介绍？

答：国内的银行经过三十多年市场经济的洗礼，呈现出了多样性。有政策性银行、国家银行、地方银行、行业银行、商业银行等类型。各类银行对 PPP 项目的支持程度不尽相同，这里我们着重介绍对 PPP 项目具有准法定支持责任的政策性银行——国家开发银行。

说国家开发银行具有支持 PPP 项目的准法定职责，是因为国家开发银行是经国务院批准的设立的政策性金融机构，其具有贯彻国家宏观经济政策、发挥调控功能、支持经济发展和经济结构调整的职能。重点支持领域为国家基础设施、基础产业、支柱产业（两基一支），诸如电力、公路、铁路、石油石化、煤炭、邮电通信、农林水利、公共基础设施等。国家基础设施、基础产业属于 PPP 项目的范畴。PPP 项目中的环境类项目，不排除将来成为国家的基础性产业的可能性。因此，PPP 项目符合国家开发银行的投资方向。在国务院大力推广 PPP 项目的今天，国家开发银行投资 PPP 项目也是其职责所在。

直接投资项目固然是国家开发银行金融业务，但是具有贯彻国家政策职能的国家开发银行，更重要的职能，是通过融资推动地方经济发展，同时规范地方政府制度建设和地方市场建设。因此国家开发银行通常会与地方政府共同建设开发性金融合作机制。国家开发银行依靠与 30 个省、市、自治区的各级地方政府（除西藏外）签订各类合作协议，与地方政府建立了长期稳定的合作制度。具体包括：组建开发性金融合作领导机构；开发银行与地方政府共同构筑省、市、区（县）级信用平台，建设以"机构＋机制＋项目"，以机制为中心的信用平台；地方政府指定对口开发银行的具体部门，协调计划、财政、城建等有关方面，并负责信用建设和开发银行贷款的信用管理；建立开发银行与政府有关部门的联络制度等等。由此可见，国家开发银行的放贷，与一般的商业银行不同。其款项放与不放，早在地方政府做项目规划之时，就已经开始筹划国家开发银行贷款。可以说，项目立上，贷款下来。这是希望通过国家开发银行贷款所需要注意的。

国家开发银行将"政府热点、雪中送炭、规划先行、信用建设、融资推动"二十字作为"二十字方针"。政府热点，是把经济社会发展中的热点难点问题作为开发银行工作重点，包括物质瓶颈，也包括体制、社会和市场发展瓶颈制约；雪中送炭，是指开发银行想政府之所想，急政府之所急，用开发性金融打通融资渠道，支持政府实现发展目标；规划先行，是针对我国规划水平和市场建设比较落后，易引发经济泡沫和重复建设，在更高层次将开发银行业务优势和政府组织优势相结合，加强产业规划、区域规划和城市规划，包括制订制度、设计融资框架、规划区域产业比较优势、整合核心竞争力，推动各地规划先行，切实推进"五个统筹"；信用建设，是开发银行将信用建设贯穿于项目开发、评审、贷款发放、本息回收等信贷全过程和业务所及领域，大力建设市场制度和信用结构，防范金融风险，确保资产质量，这是开发银行几年来成功实践的核心原则；融资推动，是开发银行通过逐笔贷款、逐个项目为载体进行融资推动，是以优质资产质量和资金良性循环为基础，能实现比以往贷款更大规模和更高效率的融资服务支持。

国家开发银行尽管肩负着贯彻国家政策的重任，但是它毕竟是一家企业，目前是一家股份制公司。其"二十字方针"的企业文化，足以体现国家开发银行与PPP项目有着天然的融合性。企业发展的原动力，也促使国家开发银行积极参与PPP项目。

2015年3月10日，发展改革委与国家开发银行联合发出了《关于推进开发性金融支持政府和社会资本合作有关工作的通知》（发改投资〔2015〕445号）。可以说是国家开发银行主动吹响了进军PPP项目的集结号。文中国家开发银行表示在融资方面，积极为各地的PPP项目建设提供"投资、贷款、债券、租赁、证券"等综合金融服务，并联合其他银行、保险公司等金融机构以银团贷款、委托贷款等方式，努力拓宽PPP项目的融资渠道。在服务方面，积极提供规划咨询、融资顾问、财务顾问等服务，提前介入并主动帮助各地做好建设项目策划、融资方案设计、融资风险控制、社会资本引荐等工作，切实提高PPP项目的运作效率。在优惠方面，优先保障PPP项目的融资需求。在监管政策允许范围内，给予PPP项目差异化信贷政策，对符合条件的项目，贷款期限最长可达30年，贷款利率可适当优惠。建立绿色通道，加快PPP项目贷款审批。在创新方面，开发银行认真贯彻《关于创新重点领域投融资机制鼓励社会投资的指导意见》(国发〔2014〕60号文)关于"探索创新信贷服务"的要求，不断创新和完善PPP项目贷款风险管理体系，通过排污权、收费权、特许经营权、购买服务协议项下权益质押等方式，建立灵活有效的信用结构，切实防范贷款风险。国家开发银行主动为PPP项目敞开怀抱，为PPP项目的前期推进、示范项目的建立创造了良好的条件。

国家开发银行对PPP项目的支持，已经进入了实操阶段。这为后续项目的跟进树立了典范。值得通过国家开发银行融资的PPP项目的社会资本方借鉴。

律师建议

由于国家开发银行放贷的运作方式以及与地方政府的紧密关系，社会资本要获得国家开发银行的支持，存在变更PPP项目可行性研究报告的可能性。在前面问题的律师解答中，提及政府入库的项目可行性研究报告更多意义上是为了立项之用。因此，社会资本在决定通过国家开发银行融资的路径之后，不必顾虑要求政府变更可行性研究报告。

13 关于 PPP 项目与四大银行对接的问题

一问一答

问：PPP作为国家大力推广的项目建设模式，主力银行中国银行、中国工商银行(后称"工商银行")、中国建设银行(后称"建设银行")、中国农业银行(后称"农业银行")对PPP项目应当持支持态度。一个PPP项目如何与四大行对接？在对接的过程中应当注意哪些基本法律问题，能否请律师做一个介绍。

答：四大主力行为中国人民银行直辖，肩负着贯彻国家政策、促进经济发展的社会责任也毋庸置疑。但是四大主力银行也都是商业银行，也都是上市公司，为股东追求最大利益是它们的法定义务。因此四大行不会因为推进PPP而怠慢、放弃股东的利益。这是当前四大行的结构、机制所决定的。

PPP 是一种全新的商业模式。作为商业银行的四大主力银行，在介入 PPP 项目这一全新的项目时，首先考虑的是资金的安全性，其次是回报的优越性。所谓考虑资金的安全性，就是要求社会资本在取得银行商业贷款时，要提供担保。这种贷款担保包括但不限于信用担保、保证担保、抵押担保、质押担保等方式。所谓回报的优越性，就是要考察项目市场前景、生产效益状况、信用良好程度。这两方面的考察构成对 PPP 项目资金支持的障碍，同时也是对 PPP 项目自身盈利能力的考验。

对 PPP 项目而言，其项目本身有优有劣，不排除存在一些条件尚不成熟的项目，包装成 PPP 项目套取银行资金。对于四大行而言，不管是 PPP 还是非 PPP 项目，只要满足放贷条件，资金的大门就能敞开。就 PPP 项目目前的运作状况而言，要达到能够从四大行获得巨额贷款完成项目投资，还有一段路要走，而要完成这一段路，就需要社会资本与银行共同努力。

笔者在此将四大行的基本情况做一个基本介绍，社会资本可以根据自己项目的状况，选择距离比较近的银行接触，实现与银行的牵手。

中国银行是中国国际化和多元化程度最高的银行，在中国内地、香港、澳门、台湾，以及 37 个国家为客户提供全面的金融服务，主要经营商业银行业务，包括公司金融业务、个人金融业务和金融市场业务，并通过全资子公司中银国际控股有限公司开展投资银行业务，通过全资子公司中银集团保险有限公司及中银保险有限公司经营保险业务，通过全资子公司中银集团投资有限公司经营直接投资和投资管理业务，通过控股中银基金管理有限公司经营基金管理业务。

中国工商银行采取多种措施努力提高债券投资收益率。积极优化外币债券投资组合机构，适度加大对中资机构境外美元债券的投资力度，有效提升外币债券投资组合的利率风险抵抗能力和盈利能力。

中国建设银行紧密配合国家政策，支持经济社会转型。支持国家重点建设和国计民生重点领域，着力引导贷款投向国家产业政策鼓励的项目，支持国家重点工程，在具体授信审批中，坚持"四个不贷"：一是对未通过环保部门审批的项目不贷；二是对于高耗能、高污染行业中限制类、淘汰类项目不贷；三是对于环保限批区域内的项目不贷；四是对环保部门通报"黑名单"客户不贷。

中国农业银行凭借全面的业务组合、庞大的分销网络和领先的技术平台，向最广大客户提供各种公司银行和零售银行产品和服务，同时开展金融市场业务及资产管理业务，业务范围还涵盖投资银行、基金管理、金融租赁、人寿保险等领域。

需要特别指出的是，四大行在恢复或建行之初，各自有自己固定的营业范围。在各自的领域内，具有不可撼动的专业优势与权威优势。但随着改革开放的不断深入，银行业间的业务也都放开。又经过这十几年的发展，尤其是各家银行境内外上市之后，其经营范围更无限制。目前四大行的营业范围基本彼此覆盖，实力均等。PPP项目无论与哪家银行合作，都能得到资金与专业的支持。

律师建议

四大银行关注的不是PPP模式而是项目本身的优质性。有一个优质的PPP项目，再选择一家具有金融创新冲动的银行，设计出符合PPP特性的金融产品，对社会资本与银行是双赢。要实现这种双赢，除了要具备娴熟使用金融工具的人才外，还应由专业律师提供全程的法律服务，从而使风险程度下降。

14 关于中国银行对 PPP 的态度及措施问题

一问一答

问：中国银行作为四大主力银行之一，它们对推广PPP持什么态度？有什么具体的措施？这方面能否请律师就工作中所了解的中国银行与PPP的互动，做一个介绍。

答：本书从一个PPP律师的角度来回答这个问题。律师考察、判断一个主体的民事法律行为的效力一般从四个方面考察，主观、客观、主体、客体。我们不妨照此思路考察一下中国银行这一主体对国家推行的PPP项目会是一个怎样的态度，以及会有怎样的措施。

中国银行是1912年2月，经孙中山先生批准设立。1949年以后，中国银行长期作为国家外汇外贸专业银行。1994年，中国银行改为国有独资商业银行。2004

年 8 月，中国银行股份有限公司挂牌成立。2006 年 6 月、7 月，中国银行先后在香港联合交易所和上海证券交易所成功挂牌上市，成为国内首家"A+H"发行上市的中国商业银行。

从中国银行光辉的历史，我们能够毫无怀疑地得出结论：对国务院大力推广的兴国安邦之策——PPP 项目模式，中国银行一定会坚定不移地支持。

从媒体的报道中，我们也能经常看到中国银行对 PPP 项目的关注。

2015 年 7 月底，为准确掌握甘肃省 PPP 项目情况，甘肃中行积极联系省发展改革委、财政厅及相关部门，第一时间获取了 PPP 示范项目清单及省内重点 PPP 项目库。还下发了《关于积极营销甘肃省第一批重点 PPP 项目的通知》，根据项目主体的资质、项目现金流情况等，从项目库中梳理了 11 个重点项目作为重点营销对象，涉及交通、医院、污水处理、热电联产等行业。

2015 年 4 月，由海南省省工信厅主办，中国银行海南省分行协办，邀请专家、律师给海南省财政厅、中国银行总行公司金融部等机构的专家授课，针对海南产业园区基础设施建设，具体讲解 PPP 模式在运用中的方案设计、政策指引、法律适用、金融支持等方面的问题，分析借鉴国内相关案例，探讨政府、园区、银行如何运用 PPP 模式推进园区基础设施建设，共同寻找项目合作点。

2015 年 1 月 22 日，中国银行黄山市支行、市城投公司参加中国银行安徽省分行举办的政府和社会资本合作 (PPP) 政策解读与业务研讨会。会议围绕 PPP 政策解读、PPP 案例分析与操作实务、中国银行 PPP 业务推介等方面进行了专题培训。培训对推广政府和社会资本合作模式 (PPP) 改善基础设施供给的政策进行了解读，对平台类公司业务创新指引了新的转型方向。

中国银行的这些具体作为，很好地诠释了其对 PPP 的态度。这表明中国银行对 PPP 不仅是局限在落实国家政策的层面上，而是对参与 PPP 有发自内心的渴望。

从客体方面看，中国银行在国务院推广 PPP 模式之前，就根据国家重大区域战略，积极探索支持地区经济合作的新机制，实施差异化授信管理，综合运用银团贷款、项目融资、并购贷款等融资方案，重点支持交通一体化等。截至 2014 年末，全行业铁路授信余额 1794.64 亿元，公路项目授信余额 3109 亿元。例如：作为深圳地铁 9 号线的牵头行，同时参与地铁 7 号线、11 号线银团，以"轨道交通＋上盖物业"的模式，成为首家为地铁集团上盖物业项目提供信贷支持的银行。支持宁波市轨道交通 1 号线车站配套地块开发，实现地面配套接驳设施在所有轨道站点的全覆盖。从郑州地铁 1 号线建设项目开工到投入运营，中国银行河南省分行累计投放贷款 55.05 亿元，是该项目最大的贷款银行，推动郑州市成为中原第一个拥有轨道交通的城市等。

从以上的项目中，尤其是深圳地铁"轨道交通＋上盖物业"的模式。作为一个PPP法律人，能够很强烈地感受到PPP的律动。因此从客体上说，中国银行已经涉足PPP项目。

律师建议

从法律层面看，中国银行已经具备从事PPP业务的专业能力与操作经验，社会资本选择中国银行作为借贷行，能够得到中国银行专业上的帮助与资金上的支持。当然对于先行一步的中国银行，社会资本也必须聘请能与之对话的专业律师，方能与中国银行无缝对接。

15 关于中国工商银行对 PPP 的态度及措施问题

一问一答

问：中国工商银行作为四大行的领头羊，在国务院推广PPP模式中，是一种什么姿态？有什么特殊的举措？社会资本在与中国工商银行对接过程中，有哪些应当注意的地方？能否请律师就这一方面做一介绍。

答：中国工商银行是改革开放之后成立的一家商业银行，通过持续努力和稳健发展，已经迈入世界领先大银行行列，拥有优质的客户基础、多元的业务结构、强劲的创新能力和市场竞争力。业务跨越六大洲，境外网络扩展至41个国家和地区，向全球509万公司客户和4.65亿个人客户提供广泛的金融产品和服务，形成了以商业银行为主体，综合化、国际化、信息化的经营格局，继续保持国内市场领先地位。

PPP模式对中国工商银行来讲，也是一个新的模式。中国工商银行有着丰富的操作BT、BOT的金融经验，但对于国务院新推广的PPP与BOT政策上的异同点，业务上的交织处，也是在探讨、摸索过程中。2014年底，中国工商银行总行投资银行部刘金总经理就带队到北京某投资基金管理公司，探讨推广 PPP 模式的具体操作方式。2015 年 5 月 23 日，中国工商银行参加了山东济青高铁 PPP 项目的投标，虽然铩羽而归，但是表明了中国工商银行积极尝试 PPP 项目的决心。

中国工商银行目前暂时还没有专门直接与 PPP 项目对口的部门，但是只要稍加了解中国工商银行完善的服务体系，就很容易找到与 PPP 项目对接的部门。中国工商银行对企业的贷款分为流动资金贷款、项目贷款、房地产贷款、投资银行贷款。PPP 项目融资，自然属于项目贷款。而中国工商银行的项目贷款分为五类，分别介绍如下：

（1）项目贷款

用于借款人新建、扩建、改造、开发、购置固定资产投资项目的本外币贷款。工商银行对除房地产贷款外其他对固定资产投资活动的贷款通称为项目贷款。中国工商银行对公路、城建、电力等大型基础设施类项目可提供 5 年以上的长期贷款；对企业的技术改造可提供 3 年以上的中、长期贷款；对于项目启动阶段的临时性资金需求，还可提供项目临时周转贷款。

（2）项目临时周转贷款

指在项目建设资金来源全部落实并已列入审批部门下达的固定资产投资计划，但因项目建设需提前采购设备或建筑材料，已落实的计划内资金暂时不能到位情况下所发放的垫付性项目贷款。

（3）并购贷款

针对境内优势客户在改制、改组过程中，有偿兼并、收购国内其他企事业法人、已建成项目及进行资产、债务重组中产生的融资需求而发放的本外币贷款。

（4）项目融资

指以项目的资产、预期收益或权益作抵押取得的一种无追索权的债务融资。具有代表性的项目融资方式有 BOT 项目（建设—运营—转让）、BT 项目（建设—转让）。

（5）银团贷款

与其他银行组成银团，基于相同的贷款条件、采用同一贷款协议，向同一借款人发放的贷款。适用于大额、长期融资需求。在银团贷款中工商银行可担当牵头行，为客户做出满意的银团安排。

从以上可知，项目融资与银团贷款都可以与 PPP 项目对接。如果认为这样还是太复杂，中国工商银行的投资银行业务中投融资顾问服务，可以满足社会资本了解融资的需求。

律师建议

中国工商银行服务程序的透明度较高，而且也将广义的 PPP 项目作为独立的一项服务内容。因此在操作广义的 PPP 项目上具有丰富的经验。社会资本在与中国工商银行合作过程中，应当特别注意融资结构应当是央版 PPP 而非广义 PPP。要明确央版 PPP 与广义的 PPP 的区别，非专业 PPP 律师莫属。

16 关于中国建设银行对 PPP 的态度及措施问题

一问一答

问：中国建设银行是四大行中以"建设"命名的银行，而 PPP 项目新建项目都缺不了建设投资。中国建设银行对 PPP 持什么态度？在当下国务院推广 PPP 模式中，中国建设银行有没有一些令人瞩目的举措？能否请律师就这一方面做一些介绍。

答：中国建设银行是在新中国成立后实施第一个五年计划之时，百废待兴，国家大力投资建设的背景下成立的。PPP 项目重点就是国家基础建设与环境保护，因此，可以说参与 PPP，中国建设银行责无旁贷。

当今的中国建设银行一如既往地支持国家经济转型，发挥自身优势，拓展普惠金融，延伸服务渠道，成绩斐然。强大的实力与及时的知识更新，使中国建设银行在国家推广 PPP 过程中，不敢寂寞。例如，2014 年 11 月，国家财政部向社会公开发布了 30 个 PPP 示范项目，有中国建设银行池州分行提供金融服务的池州污水处理及市政排水设施购买服务项目名列榜中。从中国建设银行拿下此单业务，就能够充分说明中国建设银行对待 PPP 的态度。此项目为池州市政府指定池州市自来水公司与深圳水务（集团）有限公司按照 2∶8 的比例，出资设立池州市排水有限公司。具体模式为 TOT，特许经营期限为 26 年，政府每年支付污水处理服务费以及排水设施服务费 9200 万元，安徽省政府给予项目 3000 万元政策性专项补贴。2013 年底，项目一立项，就成为当地诸家银行竞争的焦点。为了确保拿下项目，建设银行池州分行在项目启动之初，迅速成立了以主要负责人为组长的专项团队，新老两届班子全方位展开营销。一是上下齐心，"三顾茅庐"。不仅池州分行主要领导频繁走访深圳水务驻池州办事处、池州自来水公司，省分行投行部、公司部领导也及时出面拜访客户，以诚意打动客户。二是展现实力，赢得政府支持。中国建设银行池州分行负责人向市长、主管副市长、住房和城乡建设委员会负责人汇报工作，介绍 PPP 项目的原理、操作路径、融资工具等专业知识，获得了当地政府的认可。三是内外合力。在摸清深圳建行为深圳水务集团的主办行后，立即请求友行向深圳水务集团高层推荐建设银行池州分行；在发现国开行与深圳水务集团有密切信贷关系后，由省分行公司部牵线，安排池州分行与省国开行对接，请求省国开行推荐池州分行为项目资金承接行。

在国家 PPP 政策尚不明朗的情况下，中国建设银行就有"敢为天下先"的精神，试水 PPP。在去年财政部公布首批 30 个 PPP 示范项目名单后，中国建设银行在业内率先研发推出 PPP 模式系列贷款产品。对于 PPP 模式中常见的 6 种运作方式，有针对性创新"BOT、BOO 贷款"等产品，分别用于满足 PPP 项目建设、运营及存量基础设施和公共服务再融资需求。

2015 年 5 月 26 日，由中国建设银行牵头组建的国内首支千亿级的中国城市轨道交通 PPP 产业基金正式签约。该基金以建设银行总行为总协调联络方和战略合作方，以城市轨道交通项目为主要投资对象，绿地控股集团有限公司、上海建工集团股份有限公司、建信信托有限责任公司三方为发起人，太平洋资产管理有限责任公司、中国人保资产管理股份有限公司、平安资产管理有限责任公司、太平资产管理有限公司、建信人寿保险有限公司等作为战略合作方。该协议的签订，奠定了建设银行在 PPP 项目中国银行界龙头老大的地位。

中国建设银行的大手笔，令业内震惊。财政部也在筹备成立 PPP 专项基金，以支持 PPP 项目的发展。中国建设银行以成立 PPP 基金的形式进入 PPP 行业，正是央版 PPP 所期待的方式。笔者注意到，中国建设银行在服务 PPP 的业务流程中，已经注意到了 PPP 与 BOT、BT 的不同。说明中国建设银行对国务院 PPP 政策的精神吃得透，业务钻得精。

律师建议

在现阶段，社会资本参与 PPP 项目，选择中国建设银行，从产品的设计角度上说会轻松一些。这里所说的轻松，是项目通过政府 PPP 审查会相对轻松一些，至于社会资本的回报能否轻松地实现，还取决于社会资本的咨询团队和律师团队等其他综合因素。

17 关于中国农业银行对 PPP 的态度及措施问题

一问一答

问：目前四大行的金融业务已经几乎彼此覆盖，但是基于成长经历的不同，各大行终归还存在自己的"看家本事"，作为以服务农业起家的农业银行，它们对 PPP 是什么态度，在 PPP 实际操作中，有没有一些实际作为？能否请律师介绍一下。

答：我国是一个农业大国。新中国成立后成立的第一家银行就是农业银行的前身——农业合作银行，众所周知，几经变化，改革开放之后恢复成立中国农业银行。中国农业银行没有把视野放在"自己的一亩三分地"上，而是自觉把社会责任工作放在国家大局、社会大局和经济大局中去谋划，在促进社会全面进步各个方面责任担当，成绩喜人。2010 年 7 月，中国农业银行分别在上海证券交易所和香港联合交易所挂牌上市，完成了向公众持股银行的跨越。

作为国内四大行之一，中国农业银行致力于建设面向"三农"、城乡联动、融入国际、服务多元的国际一流大型商业银行。凭借全面的业务组合、庞大的分销网络和领先的技术平台，向最广大客户提供各种公司银行和零售银行产品和服务，同时开展金融市场业务及资产管理业务，业务范围还涵盖投资银行、基金管理、金融租赁、人寿保险等领域。中国农业银行近些年，一致都在国家基础建设领域拓展业务空间，例如，2014 年，为合理引导信贷资源投向城市轨道交通行业，中国农业银行制定了《城市轨道交通行业信贷政策》，明确对城市轨道交通的支持，并对信贷市场份额、担保方式等提出了相关要求。截至 2014 年底，已累计投放 190.54 亿元贷款支持各地城市轨道交通建设。另外，继 2011 年与水利部签署战略合作协议，并意向性授信 5000 亿元后，中国农业银行先后出台了《中国农业银行关于加强对水利建设金融支持的意见》、《水电行业信贷政策》、《小水电项目贷款管理办法》等，从制度和政策上保障对水利建设项目的金融支持，为国家水电建设、城市供水、污水处理、水利工程和水利管理等项目建设提供高效、便捷、安全、优质的综合金融服务。另外，中国农业银行还通过提供综合金融服务，为铁路投融资体制改革及重大项目建设提供了有力的金融保障。作为主承销商，中国农业银行配合铁路总公司首次在上海清算所成功招标发行 2014 年第一期短期融资券 200 亿元，并积极参与中国铁路发展基金的发起设立。

国家推广 PPP 模式，中国农业银行及时跟进。2015 年初，在湖南省政府和社会资本合作(PPP)示范项目发布会上，中国农业银行湖南省分行作为唯一商业银行，与湖南省财政厅、湖南省住房和城乡建设厅共同签署了《运用 PPP 模式推动湖南"两供两治"设施建设融资合作备忘录》。中国农业银行将在 3 年内向湖南提供不少于 200 亿元意向性信用额度，支持以 PPP 模式推动的湖南"两供两治"建设项目及相关产业发展，并在贷款期限、贷款定价等方面给予优惠政策。

为了响应国务院大力推广 PPP 模式的号召，为进一步做好 PPP 项目融资服务，中国农业银行近期下发了《关于做好政府和社会资本合作项目（PPP）信用业务的意见》，为系统内各级银行开展 PPP 业务提供制度依据。这是四大行中唯一一家以 PPP 为专题，下发业务指导的银行。由此可见中国农业银行对参与 PPP 项目的重视与决心。

律 师 建 议

PPP 有广义与狭义之分。在本轮国务院力推 PPP 模式之前，广义 PPP 项目已经在全国各地落地开花，对于狭义的 PPP 都还处在学习体会国务院精神之中。中国农业银行颁布了内部 PPP 业务制度，对社会资本进行 PPP 融资具有很强的指导意义。

18 关于信托对 PPP 的态度及措施问题

一问一答

问：如果说四大行基业深厚，PPP 项目的金融业务量占其总业务体量的份额有限，那么，对银行业资金的补充部分基金，对 PPP 项目持何种态度？我们知道早些年信托资金在基础建设、房地产行业有过骄人的业绩。对同是基础建设的 PPP 项目，信托资金能否再铸辉煌？

答：就目前掌握的情况看，正如前面介绍，四大行对 PPP 项目还是充满着兴趣。都在积极地跟进与尝试。之所以没有达到 PPP 项目所期待的热度，笔者认为，更多的原因可能还是 PPP 项目终归是一种全新的模式，对政府、对社会资本、对银行而言，都具有很强烈的陌生感，陌生便导致信任缺乏的产生。因此 PPP 项目要大规模地推广普及，确实还需要政府、社会资本、银行在实践中进一步磨合、沟通、理解，达成基本共识。

作为银行资金补充的基金，就要灵活得多，以信托资金为甚。早些年，信托资金在基础建设、房地产行业"逢山开道、遇水搭桥"席卷全国的表现，让房地产金融界对基金刮目相看，也使信托基金走入了寻常百姓家。

信托是指委托人基于对受托人的信任，将其财产权委托给受托人，由受托人按委托人的意愿以自己的名义，为受益人的利益或者特定目的，进行管理或者处分的行为。信托业务指的是信托公司以营业和收取报酬为目的，以受托人身份承诺信托和处理信托事务的经营行为。信托是一种古老的金融工具，但是其表现形式则是千变万化。早些年信托业异军突起，就是基于其多样性。

2008 年，出现世界性的经济危机，为了防止危机波及国内，中央下达了 4 万亿的投资计划，以刺激国内经济。为了迎接中央 4 万亿资金落户，各地政府分别成立了与资金相对接的地方性融资平台公司。地方政府主持的基础性建设，均有地方性融资平台公司代表政府实施。而政府所需要的建设资金缺口部分，也都有地方性融资平台公司担当。

中央政府发放4万亿投资额度给地方政府不是无条件的。它需要至少两个条件，资金才能落入地方性融资平台公司。一是要有具体项目，二是地方政府已经自筹了该项目建设资金至少20%款项。对于地方各级政府而言，其每年财政预算中用于基础设施建设的资金远远不足以与中央4万亿金额相匹配。为了抓住机遇，争取中央资金，地方政府就产生了对资金的巨大渴望。

在我们国家现有的框架下，银行是资金的最重要来源，但是法律规定银行不得投资非自用不动产，也不得向非银行机构和企业投资。如此银行的资金就不能解地方政府之急。为解决这一难题，信托被推向前台。

信托公司依法可以从事放贷业务，对放贷的行业、额度，国家也没有禁止性限制，但是国家禁止信托公司从事负债业务（吸收存款）。也就是说，信托可以放贷，但是它是不能先去借钱，再去放贷。只能将他人自愿委托其管理的资金，拿出去放贷。银行则是可以借款（吸收存款），但不得将款项贷给地方政府从事基本建设。

这种银行、信托、政府（银信政）合作模式，取得了空前的社会效果。参与各方都拍手叫好，唯有一项各方缄口不提，就是回报从何而来？从商业模式设计上来说，回报来源于项目，项目不能满足回报由政府担保。但依据国家法律规定，政府担保无效。项目上马，GDP上去了，官员上去了，投资者的回报却无从着落。若由市场机制解决，因为是政府项目，容易引起社会群体事件；若由政府承担，则形成政府债务。政府投资的低效率是全世界至今没有解决好的难题。地方政府只关心上项目，上GDP；中央政府关心GDP，关心地方政府债务。

由于"银信政"合作模式具有形式上的合法性，所以中央在发现"银信政"合作不好的苗头后，难以用法律或行政手段进行调控。无法抑制地方政府债务在近几年迅速上升，面对即将失控的局面，国务院痛下杀手，禁止地方政府、地方政府融资性平台公司新增债务。PPP模式应运而生。

从法律角度上看，"银信政"合作是非法的，它是银行、信托、政府以合法的手段达到套取国家4万亿资金之非法目的。因此注定了此种模式的不可持续性。PPP模式实行合理回报制，从目前实行的PPP项目看，PPP项目的回报率在年8%~10%之间，有的甚至更低。这种层面的回报率，使客户、银行、信托失去了商业运作的空间。这也是目前信托资金在PPP项目中难有作为的鲠结。

律师建议

　　信托资金从本质上来讲，是对银行资金的补充。银行资金对PPP项目感兴趣，信托资金即使跃跃一试，也不会有多大空间。在银行不愿或无力进入PPP市场，信托资金应当说还是会有机会的。这是由信托资金的性质——变化的多样性所决定的。

19 关于政府政策对 PPP 项目的影响问题

一问一答

　　问：PPP项目的核心是资金。四大行目前的业务就足以使他们傲立全球，对参与PPP项目，没有实质性的欲望。当下的房地产交易市场、股票交易市场尚不能消化巨量的民间资金。如何有效地利用好这巨量的民间资金，使之不内患于民，而有利于参与PPP，有益于国家建设，政府在这方面有何优惠政策？能否请律师就这一方面做一些介绍。

　　答：国务院推广PPP模式，其目的之一，就是减轻政府负债。因此推广PPP模式某种程度上可以说并不是为了谋发展，而是为了减负。这也就是为什么国务院大力推广PPP一年以来，PPP"叫好不叫座"的深层次原因。据媒体公开报道，各地方政府推出的PPP项目签约率不足20%，远远没有达到国务院所期待的减负目标。因此，推广PPP政府有原动力。

　　原则上说，只要能够引进社会资本从事PPP项目，使政府债务获得实体性减负，政府都会大力支持。因此对于推广PPP项目，国务院推出的金融支持政策的核心词为"创新"，核心词可扩展为"投资与融资创新"。

　　PPP项目涵盖公共服务、资源环境、生态保护、基础设施等领域。同是PPP政策，在不同领域、行业投融资创新会不尽相同。下面笔者就有关PPP项目行业政策做一个简要介绍。(1)生态环保领域。对林业系统，稳定林权承包权，放开林地经营权，支持林地林权流转、抵押；减免林权流转税；对于生态系统，对荒山荒地进行植树造林的，允许发展林下经济、森林旅游等生态产业；对污染治理，改变过去谁污染谁治理的做法，实行通过排污企业付费，实施产业化、专业化污染治理；对排污权、排碳权实施挂牌交易，实行差别化排污收费政策。（2）农业和水利。投资主体实行多元化，鼓励社会资本以特许经营、参股控股等多种形式参与具有一定收益的节水供水重大水利工程建设运营。保障合理收益，承担公益性任务的，政府可对工程建设投资、维修养护和管护经费等给予适当补助，并落实优惠政策。社会资本投资建设或运营管理农田水利设施、重大水利工程等，可依法继承、转让、转租、抵押其相关权益；征收、征用或占用的，要按照国家有关规定给予补偿或者赔偿。水权市场，鼓励社会资本通过参与节水供水重大水利工程投资建设等方式优先获得新增水资源使用权。完善水价机制，价格调整不到位时，地方政府可根据实际情况安排财政性资金，对运营单位进行合理补偿。（3）基础设施。改革模式，鼓励打破以项目为单位的分散运营模式，实行规模化经营，降低建设和运营成本，提高投资效益。市场开放，投资城镇市政基础设施建设项目平等享受投资补助、政府购买服务等政策。城市开放，参与重点县、镇建设政策支持力度更大。完善市政基础设施价格机制，加快改进市政基础设施价格形成、调整和补偿机制，使经营者能够获得合理收益。实行上下游价格调整联动机制，价格调整不到位时，地方政府可根据实际情况安排财政性资金对企业运营进行合理补偿。(4)交通行业。铁路、地铁，铁路发展基金予以支持，给予社会资本所开发铁路的所有权、经营权；鼓励按照"多式衔接、立体开发、功能融合、节约集约"的原则，对城市轨道交通站点周边、车辆段上盖进行土地综合开发，吸引社会资本参与城市轨道交通建设。公路，建立完善政府主导、分级负责、多元筹资的公路投融资模式，完善收费公路政策，支持多渠道筹措建设和维护资金。水运航运，支持将盈利状况较好的枢纽机场、干线机场以及机场配套服务设施等向社会资本开放。（5）能源行业。电力，核电、火力发电、水力发电、清洁能源发电均向社会资本开放。电网，跨区输电通道、区域主干电网完善工程和大中城市配电网工程向社会资本开放。物流网，油气管网主干线、沿海液化天然气（LNG）接收站、地下储气库、城市配气管网和城市储气设施，控股建设油气管网支线；铁路运煤干线和煤炭储配体系。理顺能源价格机制，采取多层面价格体系，保障社会资本合理有益。

社会资本参与的 PPP 项目之产品是社会公共产品。政府从该领域退出，主要投资公益性和基础性设施。在当下国内经过三十年市场经济的发展，原具有公益性质的行业如学校、医院、环保等也发生了深刻的变化，难以以公益自诩。而基础性设施投资本身也是 PPP 项目的当前重点。因此笔者认为，所谓政府投资主要投向公益性和基础性建设，给 PPP 项目寻求政府资金支持提供了想象空间。

律师建议

政府对 PPP 项目的支持力度，一方面取决于该项目在当地政府的权重。另一方面取决于当地政府之财政收入。财力雄厚的政府对 PPP 项目的支持力度与支持政策一定比财力欠佳的政府到位。因此，社会资本参与 PPP 项目期望得到当地政府到位的资金支持，考察当地政府的财政收入，是一项投资前不可或缺的功课。

20 关于 PPP 项目的资金监管问题

一问一答

问：PPP 项目实际参与方众多，资金来源渠道广泛。有社会资本注资、股东注资、参与方垫资、银行贷款、政府投资或补助等等，如何调配好各路资金，对各路资金进行有效的监控，保障项目资金的安全。对 PPP 项目来说，也是一个新问题。能否请律师就 PPP 项目如何做好资金管理风险防范工作，给我们一些建议。

答：国务院大力推广 PPP 模式，就是为了引进社会上各类资金，参与社会公共产品的供给。原则上，地方政府的融资平台公司和本地政府控股的公司，不能作为社会资本参与 PPP 项目，其他各类中外资金，都在欢迎之列。PPP 对资金的包容度，确实前所未有。

PPP 是一种新的商业运作模式，其对资金的开放度前所未有，这种模式对资金的使用、监管本身就需要有良好的设计路径。再加上 PPP 项目所涉领域广阔，不同行业的特性，对资金的监管程度也有不同的要求。这就更增加了 PPP 项目资金使用、监管的复杂性与多样性。

为了便于说明，笔者以具有特许经营权的 PPP 项目为例，对如何做好项目资金监管做一个解读。PPP 项目对资金的监管从大项上进行分类，可分为行政监管与民事监管。

我们知道，PPP 项目是社会资本获得政府特许经营权后，依授权所从事的民事法律行为。特许经营是指政府采用竞争方式依法授权中华人民共和国境内外的法人或者其他组织，通过协议明确权利义务和风险分担，约定其在一定期限和范围内投资建设运营基础设施和公用事业并获得收益，提供公共产品或者公共服务。特许经营权来自于政府行政授权，社会资本所提供的是社会公共产品。因此作为社会公共事物的管理者——政府，有权对公共产品的安全进行行政监察。此"安全"不仅包括社会产品的品质安全，还包括为生产社会产品而筹措的资金的安全。

当然，政府对 PPP 项目社会资本资金的监管，并不是政府将资金安全责任包揽下来；或者说，由政府直接操盘。而是说，对于能不介入市场经济微观事务的政府行政权，对具有独立法人地位的 PPP 项目公司的内部资金状况，具有监察的权力。这种监察权并不是体现在政府对 PPP 项目公司日常经营活动资金的使用上，而是通过政府审计机关，对 PPP 项目资金使用状况进行审计的方式实现监管。

从民事监督的层面上说，可分外部监管与内部监管。

外部监管是 PPP 合同的社会资本或项目公司的相对人政府以民事主体的身份对社会资本进行的资金监督。PPP 模式的本质是政府购买社会产品。其基础法律关系，是政府订购社会公共产品，是一种法律上的承揽关系。在 PPP 合同关系中民事主体身份的政府，依法有权以定做人的身份监督检验社会产品的生产质量与生产进度。保障质量与进度的要素资金，自然也在政府监督之内。当然，作为定做人的政府，不得因监督检验妨碍承揽人的正常工作。

为社会提供公共产品是政府的应尽职责。在 PPP 项目建设、运营过程中，不可避免的政府会对 PPP 项目给予各种支持与资金上的补助。为了保证政府各类补助资金合法使用，政府对 PPP 项目的资金使用也应当有监督权。

内部监督可分为股东的监督与管理团队的监督。PPP 项目是资金密集型项目，单靠社会资本一方的资金，很难启动投资巨大的项目。因此，社会资本通常会成立 PPP 项目公司，将 PPP 项目的承建商、运营商、基金等在项目中具有举足轻重的单位拉入项目公司股东会，以减轻社会资本的资金注入。如此运作的直接效果，就是各股东形成对社会资本的监督，当然包括资金监督。PPP 模式使各股东不仅是项目的投资者，还是项目的区段承包商。项目公司各渠道融得的资金，在合同签订之时就已经有了使用去向，各承包商为了自己投资资金的回笼，本身也是对项目公司资金有力的监督。

项目公司构建现代企业制度，完善股东会、董事会，实行企业法人负责制，建立独立的财务使用、核算制度体系，是 PPP 项目公司内部对资金监管的基本保证。财务资金报告做到规范、公开，每月定期向政府、社会资本、各股东、资金方申报，主动接受各方监督。

建立外聘项目法律顾问制度，审核项目相关联的各类合同，防范法律风险。项目法律顾问与政府法律顾问、各承包方法律顾问、资金方法律顾问的信息沟通与有效对接，能够形成法律风险防范体系，保障项目资金在安全系统流动。

最后不能不提的是资金方对项目资金使用的监督。有关资金方对资金使用的监督，在项目公司与资金方的借贷合同中会有详细约定，鉴于不同路径的资金、不同行业的项目对资金监督的要求不尽相同，这里就不再展开。

律师建议

PPP 项目资金安全的监督，本质上取决于项目内部财务管理体系的健康程度。一个健康的财务管理体系，再加上一名专业的律师审核各类合同，PPP 项目资金的安全，应该可以得到基本保障。

21 关于 PPP 项目的融资违约问题

一问一答

问：PPP 属于资金密集型项目，社会资本很可能会使用多种融资工具，去完成项目融资。在当下金融衍生产品、金融工具层出不穷、推陈出新的环境中，某些新的金融工具出现失灵也在所难免。若 PPP 项目融资路径出现挫折，违约责任的承担，就摆到了项目参与方面前。能否请律师就融资出现违约，各方应当如何应对做一些介绍。

　　答：出现违约的情况是多方面的。新的金融工具尚不成熟，会导致融资失利，其他方面的因素，同样会导致资金不能如期到位。例如政府方面的违约，令资金方无法看到项目应有的良好前景而拒绝投资。对 PPP 合同违约的理解与违约条款的安排，与一般的合同会有些不同，这也正是 PPP 合同与其他合同不同之处。下面就对 PPP 合同违约特殊性做一介绍。

　　要厘清 PPP 合同的违约责任。首先要对 PPP 合同的性质做正确的认定。目前对 PPP 合同性质的认定主要有两种观点。一是 PPP 合同是民事合同，政府是以民事主体的身份与社会资本签订为社会提供公共产品的协议。这种观点在国务院以及国务院 PPP 主管机构的文件中多次明确，也是这次大力推广 PPP 模式的中央意图之一；二是 PPP 合同属行政合同，是政府以国家行政管理人的身份依法向社会资本授予行政许可权的行政行为。合同只是对所授行政许可权的制约和权力边界的界定。《行政诉讼法》将特许经营权合同之诉列入其受理范围，就是对特许经营协议性质归行政属性的定论。

　　进一步研究 PPP 合同的性质，就会发现，所谓对 PPP 合同性质之争，实际上是双方陷入了一个误区。PPP 合同本身就是一个体系，将 PPP 合同体系简称为 PPP 合同，这也是通行的称谓。就单独 PPP 合同而言，每一单独的 PPP 文本在 PPP 合同体系内所处的阶位是不同的，将不同阶位的单独 PPP 文本简称为 PPP 合同，就容易产生对 PPP 合同内涵、外延不清。

　　我们说 PPP 合同是一份行政合同，是基于政府以社会管理人的身份授予社会资本特许经营权。在这份合同中，政府与社会资本的关系是行政法律关系。这份合同是 PPP 项目各方权利义务产生的源泉，在 PPP 合同体系中的法律地位最高。该份合同只是依据行政许可对政府与社会资本的权利义务做原则上约定。

　　我们说 PPP 合同是一份民事合同，是因为政府与社会资本以平等的身份，通过协商达成合意。但这种合意不是任意的合意，而是作为民事主体的政府与社会资本在作为行政主体的政府授予社会资本特许经营权的范围内，就如何实现特许经营权、实现 PPP 行政合同的目的而签订的对行政 PPP 合同的补充协议。因此，同为政府，作为民事主体的政府是无权变更 PPP 行政许可协议中约定的事项与范围以及双方主要的权利义务。

　　如果我们在 PPP 实际操作中，将政府与社会资本签订的 PPP 合同分为两份，一份是基于行政关系签订的特许经营权许可合同，一份是为了实现特许经营权目的而签订的合作合同，PPP 合同定性之争便可迎刃而解。

　　政府的主体身份厘清之后，合同的相对性，也是 PPP 合同的特点之一。依据法理，合同具有相对性。通俗的说，就是在合同上签约的主体，对合同的权利义务承担责任。但是PPP合同有其特殊性。PPP项目投资金额大、期限长、复杂程度高。根据财政部PPP的精神，在项目签约前，必须完成融资交割。不少项目要求将完成交割文件作为PPP合同的附件。这样资金方对出资的承诺，不仅构成对社会资本的承诺，也构成对PPP另一签约主体政府的承诺。由此，政府与资金方形成权利义务关系，资金方成为合同实质性一方。

合同主体界定清楚，违约各方的权利义务承担，也就比较容易确定。政府在PPP合同履行过程中出现违约，但不足以导致特许经营权的变更，应当说属于民事PPP合同调整的范围。当政府的违约行为突破了特许经营权协议约定的内容，如政府单方面要求缩短特许经营权期限，就属于行政PPP合同调整范围。判断政府违约行为是属于民事违约还是行政违约，关键是确认政府的行为是否会构成特许经营权的变更。会导致特许经营权变更的政府行为就是行政违约行为，否则便是民事违约行为。

资金方的违约，会导致社会资本与其一并承担连带责任。社会资本方实质性违约致使合同的目的不能实现，就极有可能引发政府介入项目。这也是PPP项目违约责任的特性。该等合同条款的安排具有高度的敏感性。有待于各方在诚挚、友好、共赢的基础上认真磋商。

律师建议

将PPP合同文本设计为两部分：一部分是行政合同，属于特许经营权授予合同；第二部分是民事合同，通常是在行政部分拟定的示范文本的基础上进行完善。例如：在发展改革委提供的通用文本上完善；并在其专用条款上根据不同行业、不同地域、不同资金来源有针对性地拟定。

权利义务清晰的合同文本，是当事人各方遵守合约、减少违约的前提。而要做到这一点，专业的律师在PPP合同编制中往往起到很大的作用。

22　关于 PPP 项目的工程咨询问题

一问一答

问：PPP 项目专业要求高、技术程度复杂，我们深感单靠社会资本一方的专业技术能力或没有什么技术背景的政府，很难完成高技术难度的 PPP 项目。是否有一个专业的机构，对 PPP 项目给予全程技术支持？最近我们在媒体上注意到工程咨询公司在 PPP 项目的推广中比较活跃，工程咨询公司是一个怎样的机构？在推行 PPP 项目中，社会资本或政府能从中得到什么帮助？

答：PPP 项目确实是一类专业要求高、技术程度复杂的项目。在当前社会环境下，希望寻找一家"包治百病"的机构，确保 PPP 项目全生命周期顺利完成，确实还比较困难。相对可行的方案是将社会资本、政府、各参与方动员社会各种资源上下同心、团结一致、诚信务实地推进 PPP 项目。

工程咨询机构，可以说是促进 PPP 项目健康发展的各种社会资源之一。工程咨询是遵循独立、公正、科学的原则，运用多学科知识和经验、现代科学技术和管理方法，为政府部门、项目业主及其他各类客户提供社会经济建设和工程项目决策与实施的智力服务。其目的是要提高经济和社会效益，实现可持续发展。工程咨询机构是在中国境内设立的开展工程咨询业务并具有独立法人资格的企业或事业单位。

工程咨询机构也是改革开放的产物。改革开放之前，我们国家实行的是计划经济，"上什么项目？如何上？"都由计划部门根据国家发展需要自身决定，不需要可行性研究报告。即使有可行性研究报告，其对所实施的项目实施参考价值不太大。改革开放之后，随着国家实力的增强，国家投资不断增多，科技的发展也使得社会经济得到了迅速的发展，计划部门的承继者发展改革委无论从人员还是专业都不能满足国家和社会对投资的增长，为发展改革委提供专业投资服务的工程服务机构应运而生。

工程咨询机构在发展改革委的力主下建立。机构的资质、从业人员的资格由发展改革委认定。发展改革委下文要求所有基本建设项目立项，都必须由有资质的工程咨询机构编制项目建议书和可行性研究报告。由此形成了工程咨询机构对立项申请文件业务的垄断，工程咨询行业就是在这种环境下生长起来的。

直到有一天，国家对投资管理进行改革。非国家资金投入的项目，无需强制编制可行性研究报告。但是对于国家投入资金的项目，项目建议书、可行性研究报告编写还是延续过去，是必经的程序。

对于国家投资的项目，项目建议书的主要内容是对项目建设的必要性、主要建设内容、拟建地点、拟建规模、投资匡算、资金筹措以及社会效益和经济效益等进行初步分析。可行性研究报告的内容是对项目在技术和经济上的可行性以及社会效益、节能、资源综合利用、生态环境影响、社会稳定风险等进行全面分析论证，落实各项建设和运行保障条件，并按照有关规定取得相关许可、审查意见。对于项目建议书和可行性研究报告的审核标准，发展改革委的要求是达到"规定的要求"。这个要求，对可行性研究报告与项目实施结果所产生的差异性，没有硬性考评指标。

投资改革之后，民营企业具有是否编制可行性研究报告的决定权，对自己的投资盈亏承担责任。可行性研究报告与项目实施结果的差异性没有具有说服力的数据支持，民营企业投资选择咨询机构编制可行性研究报告就缺乏了动力。

PPP的推广，形势又发生了变化。PPP虽说是社会资本投资，从国家的投资政策上讲，不需要工程咨询机构编制可行性研究报告。但是PPP项目为社会提供的是公共产品，因此属于必须核定的投资项目，依据发展改革委的规定，必须由工程造价咨询机构编制项目建议书和可行性研究报告。在这种背景下，在PPP的市场里，又看到了工程咨询机构的身影。工程咨询机构从事的业务领域主要有31个专业，例如：公路（道路、桥隧、交通工程）、铁路（轨道、枢纽、桥隧、通信信号）、城市轨道交通（轨道、枢纽、桥隧、通信信号）、民航（场道、通信、导航、航管、供油工程）等。

注册咨询工程师（投资）执业范围主要包括：(1) 经济社会发展规划、计划咨询；(2) 行业发展规划和产业政策咨询；(3) 经济建设专题咨询；(4) 投资机会研究；(5) 工程项目建议书的编制；(6) 工程项目可行性研究报告的编制；(7) 工程项目评估；(8) 工程项目融资咨询、绩效追踪评价、后评价及培训咨询服务；(9) 工程项目招投标技术咨询；(10) 国家发展计划委员会规定的其他工程咨询业务。

而项目核准机关对项目建议书和可行性研究报告主要根据以下条件对项目进行审查：(1) 符合国家法律法规和宏观调控政策；(2) 符合发展规划、产业政策、技术政策和准入标准；(3) 合理开发并有效利用资源；(4) 不影响我国国家安全、经济安全和生态安全；(5) 对公众利益，特别是项目建设地的公众利益不产生重大不利影响。

归纳工程咨询机构和执业人员的咨询范围、咨询内容以及发展改革委对项目建议书与可行性研究报告的审查内容可以发现，可行性研究报告含金量最大的部分，即项目的技术分析与经济分析，不在发展改革委的审查范围之内。而投资者期待对项目资金、技术、经济、市场的未来分析，发展改革委很明确由投资者自己承担。这是社会资本聘请工程咨询机构所必须清楚的。

律师建议

社会资本还是应当依靠自己聘请的工程咨询机构来编制可行性研究报告。纵观工程咨询机构所编制的各类文件，唯有缺失的就是法律法规的可行性研究没有涉及。在 PPP 项目前期浩瀚的文件资料中，如何保证各文件之间不发生法律冲突，使各文件均能落到实处，作为社会资源之一的律师服务，确实不能缺位。

23 关于律师在 PPP 项目中的作用问题

一问一答

问：工程咨询机构的主要工作是编制项目建议书与编制项目可行性研究报告。我们注意到，可行性研究报告主要是对项目经济、技术的可行性进行考证，对项目法律风险的可行性分析在工程咨询机构出具的可行性研究报告中并没有体现。对法律的可行性是否需要进行论证，由谁来论证？如何论证？能否请律师就这个问题给予解答。

答：项目可行性研究报告的主要内容，都是针对项目的经济、技术的可行性进行分析。通常对法律风险的分析与防范，本身不在工程咨询机构出具的可行性研究报告之中。但这并不意味着项目的合法性、合规性风险防范就不重要，对项目法律风险的分析与防范所提供的服务属于律师的服务范围。

从目前项目可行性研究报告审批流程上看，项目法律法规的审查权在发展改革委。这种权力的设置与安排，是计划经济沿袭下来的模式。对国家出资投入的项目，不存在任何问题。但对PPP项目，社会资本全额投资，承担项目全生命周期经济风险，从理论上说，肩负合法合规性审查的发展改革委审批之后，就法律方面风险对社会资本构成了承诺。从业务上说，发展改革委是项目审批机关，仅对可行性研究报告所涉内容进行批复。超过可行性研究报告范围之外的事项。发展改革委是政府机构，行政职能要求其执行上级政府指令，对上级政府的政策变更不承担责任。而社会资本要对PPP项目法律风险进行分析、防范，必须依靠自己的团队。

PPP是一种全新的商业模式，律师对PPP项目提供法律服务，尤其是对PPP项目前期提供法律服务也是一种全新的尝试。这种法律服务不是天外来物，而是基于PPP项目推进所产生的一种对法律的内在需求。这种需求在笔者看来，在PPP项目前期至少两个方面存在：一个是可行性研究报告；另一个是合同文本。

可行性研究报告如前所述，包括项目经济可行性研究和技术可行性研究。看似与法律毫无关联，稍加分析，就能发现法律风险的防控在经济、技术可行性研究中的重要性。

经济可行性研究分为商业模式可行性研究与融资工具可行性研究。项目商业模式是否成立，除了应当具备社会资本所期待的盈利能力之外，商业模式的合法性构成对商业模式的一票否决权。与之相反，在几种商业模式均难以实现商业目的之时，律师对商业模式的构建给予法律上的支撑，规划商业模式走出困境的路径，对商业模式的最后建立会起着点石成金的作用。

技术可行性分析所涉及技术的先进性、保密性、适用性，本身就是律师的业务范围。无论是发明专利、实用新型、外观设计的专利权还是技术秘密的保护，还是该等知识产权的使用与费用，都是基于法律的确认，也都是进行经济可行性研究的基础性文件。知识产权权利界定的范围不同，同一权利对PPP项目的经济价值不同，所得出的可行性研究报告的结论就会不同。因此，律师应当加入PPP可行性研究全过程。

合同文本的编制、拟定，是律师的看家本事。可行性研究得再好，社会法制经济环境再优，也需要将可行性研究的成果，以法律语言落实在文字上，这就是合同文本。

2014年底，发展改革委与财政部分别出台了自己的PPP合同指南。两份指南最大的共同点就是"真正的指南"。两份文本都不具有直接套用的适用性，要将指南转化为合同文本，还有一段很长的路要走。鉴于目前 PPP 实施的实际情况，项目的立项还是在于发展改革委。本着实操的原则，笔者以发展改革委通用合同指南为例，简要谈谈律师编制 PPP 合同应当注意的要素。

发展改革委的指南为《政府与社会资本合作项目通用合同指南》。从事房地产、建设工程法律服务的专业律师看到"通用"两字，就会自然联想到国际咨询工程师联合会的"FIDIC"条款。"FIDIC"合同条件由三部分组成：协议书、通用条款、专用条款。按照这一思路，"FIDIC"合同条件的通用条款与发展改革委通用条款相对应；"FIDIC"合同条件的专用条款与发展改革委指南中待具体细化的条款相对应；"FIDIC"合同条件的协议书与发展改革委哪一份文件相对应？笔者经过研究认为，以政府与社会资本签订的"特许经营权授予协议"作为发展改革委 PPP 合同文本中的"协议书"。这样发展改革委 PPP 合同结构与"FIDIC"合同条件结构相一致，使全新的 PPP 合同具有了坚实的社会基础。

根据 PPP 在国内实施的具体情况，将发展改革委的 PPP 合同的协议书定位在行政合同，由政府与社会资本签署，在 PPP 合同体系中效力效高。政府委托的 PPP 项目实施机构，代理政府作为民事主体以自身的名义与社会资本签订 PPP 合同通用条款。基于该合同所形成的权利义务为民事主体之间的权利义务，基于该合同产生的诉讼为民事诉讼。专用条款由各地、各行业、各路资金根据项目的实际情况磋商拟定。合同结构如此安排，能够有效地区分 PPP 合同中最基本的政府的行政行为与民事行为。

尽管是 PPP 项目，但是 PPP 合同仅是 PPP 项目合同体系中的一小部分。对于高质量的可行性研究报告，至少社会资本与承建方、社会资本与资金方、社会资本与运营商的合同文本都应当出现在可行性研究报告的附件中，而每一子合同的编制都包含着高度的专业性与深厚的法律功底。在此就不一一赘述，留待以后介绍。

律师建议

PPP 项目律师介入前期服务，可以有效地提示社会资本所面临的法律风险，及早为社会资本涉及法律风险寻找回避路径。PPP 项目对社会资本最大的法律风险是政府的违约；最大的经济风险是政府提前介入，接管项目。这些重大经济、法律风险在政府与社会资本合作之初就应当有一个清晰的定位，以便构建基础坚实的项目法律文件体系。

24 关于 PPP 项目前期工作的问题

一问一答

问：万事开头难，对 PPP 这样复杂程度高的项目尤其如是。社会资本与政府合作一项 PPP 项目，应当从哪里着手？双方的权利义务如何分配才能使项目合作有一个良好的开端？能否请律师就这一方面作一些介绍。

答：一个良好的开头，等于成功了一半。PPP 的前期工作确实千头万绪，要想最有效地推进 PPP 项目，促成各方互信，为 PPP 项目打造一个良好开端，笔者认为，从法律、法规、政策入手，是 PPP 项目走向成功的起点。

根据国家 PPP 的相关政策，PPP 项目的生成有两条路径：一是政府发起设立，即由政府各行业主管部门根据国民经济发展需要，向发展改革委提出立项申请，发展改革委受理后认为符合基本条件，将项目转批至土地、规划、环保、财政等部门征询意见。财政部门会对项目做财政承受能力论证和物有所值评估。通过财政部门审核的项目，会出现在地方政府公布的 PPP 项目库中，等待社会资本的参与；二是由社会资本发起，即社会资本根据自身和社会发展需要，向发展改革委提出 PPP 项目申请，发展改革委受理后认为符合基本条件，将项目转批至土地、规划、环保、财政等部门征询意见。财政部门会对项目做财政承受能力论证和物有所值评估。通过财政部门审核的项目，发展改革委会批复社会资本，同意立项。

政府发起的 PPP 项目，从项目的提出至项目的立项批准，都是在政府内部运行。一般情况下，社会资本没有机会参加政府 PPP 项目立项的过程。政府提出的项目立项，无论是 PPP 项目还是其他项目，均需申报单位提交立项报告，而立项报告只有发展改革委授予资质的工程咨询单位才有资格编制。因此，在政府发起的 PPP 项目中，最早介入的非政府单位为工程咨询机构。

社会资本发起的 PPP 项目，在向发展改革委提交立项报告时，同样需要具有资质的工程咨询机构编制立项申请报告。

从上面的介绍可知，一个 PPP 项目，无论是政府发起还是社会资本发起，都必须由具备资质的工程咨询机构编制项目立项申请报告。这是 PPP 项目开始的第一个阶段。对于政府立项的 PPP 项目，由于社会资本尚未介入，立项的各种经济技术指标，并没有体现社会资本的真实意思，因此社会资本在项目前期第二阶段的可行性研究报告编制期间，要将自己的项目意图充分地在可行性研究报告中体现出来。不排除对立项报告中的某些指标进行适当调整。对社会资本而言，立项申请报告所载明的各项经济技术指标，应当得到未来可行性研究报告的有效支持。政府发起的项目，立项获批，意味着工程咨询机构该阶段工作的结束。社会资本发起的 PPP 项目，立项的核准，意味着可行性研究报告的开始。

本着社会资本承担 PPP 项目全过程商业风险的原则，进入可行性研究报告阶段，工程咨询机构的选用，应当由社会资本决定。社会资本在选定工程咨询机构之时，律师服务团队也应当同时确定。

工程咨询机构为项目编制可行性研究报告，主要对推荐的拟建方案的建设条件、产品方案、工艺技术、经济与社会效益及环境影响做出结论性意见。建设条件分为技术条件与社会经济条件，技术条件由工程咨询机构完成；社会经济条件是由与项目所关联的法律、法规、政策所构成，解决各层级的法律文件的冲突，形成对项目落地、推进的支持，这是律师的工作范畴。产品方案分为经济方案与合法性方案，经济方案由工程咨询机构完成，产品方案的合法性，只能由律师审核。现行项目 BOT 难以为继最主要的原因就是产品方案合法性遭到中央的否定。BOT 项目的经济方案为对社会资本保底不封顶，违反了《民法通则》联营不得保底的规定。红极一时的 BOT 模式一夜之间被封杀，参与的民间资本苦不堪言。工艺技术的先进性、适用性由工程咨询机构论证；项目获得该等技术的合法性以及使用的合法性，在使用过程中所形成的新技术的权属等内容，必须按照相关知识产权法律规定论证，也是应当由律师界定。项目的社会与经济效益必须建立在项目自身的合法性基础之上，在我们国家大力推进改革开放、经济高速发展的今天，解决法律之间的冲突，是 PPP 项目必须面临的问题。如何为 PPP 项目搭建一个稳定的法律基础平台，只有资深的律师才能胜任。对环境影响的分析，无论是工程咨询机构还是律师，都将以环境评估单位出具的评估报告作为依据。

从上面的介绍可以发现，在可行性研究报告中，工程咨询机构与律师是对同一个问题，从不同角度进行必要的论证，其目的都是保障可行性研究报告具有操作性、可靠性。可以说，没有律师参与的可行性研究报告可能存在法律风险，没有工程咨询机构参与的可行性研究报告是摸着石头过河。可见，在 PPP 可行性研究报告中，工程咨询与律师的意见应当具有不可分割性。

律师建议

　　社会资本一旦决定参与 PPP 项目，应当做的第一件事就是选聘专业性强的工程咨询机构和资深的律师。由专业的人做专业的事，帮助社会资本迅速找到与政府合作的切入点，为项目赢得一个良好的开端。

---

25 关于 PPP 项目中政府前期工作的问题

一问一答

　　问：政府与社会资本合作，政府掌握着国家强大的资源，占据绝对优势。在这一合作当中，尤其是在 PPP 项目开始之初，政府应当为社会资本提供哪些服务，才有助于政府与社会资本对接？能否请律师就这一方面做一些介绍。

　　答：PPP 项目为政府与社会资本合作模式。现阶段，由政府发起设立的 PPP 项目占项目库总量的绝大多数。仅从数量上看，就能感受到政府在 PPP 项目中的主导地位。在 PPP 项目的初始阶段，政府很大的精力是放在寻找合作伙伴上。而要寻找到好的合作伙伴，不仅取决于政府的服务，更重要的还在于项目本身的质量。

　　一个项目质量的好坏，往往在其一"出生"时就已经决定了，这"出生"就是我们通常说的立项。PPP 项目的立项，是政府的 PPP 实施机构根据国民经济发展、国家和地方中长期规划、政策、生产力布局、国内外市场、所在地的内外部条件，提出上马具体项目的建议，经政府有关部门批准，列入政府计划的过程。政府批准之时为项目立项完成之日。

　　项目立项完成，各参与单位即获得合法实施项目的法律依据；同时立项批文载明的各项经济技术指标又构成对项目的制约。一个项目未来经济效益如何，业内人士通过立项批文中的各项指标就能做出初步的判断。吸引社会资本投资的原始冲动，就源于立项指标。

　　因此，对政府而言，希望 PPP 项目获得社会资本的青睐，所要准备的第一课，就是设计好项目各项经济、技术指标。指标设置得好，各路社会资本不请自来；指标设置得苛刻，再强大的招商力度，都难使项目落地。

PPP 项目前期，政府要做好的第二件事，就是设置好项目特许经营范围。PPP 项目中的基础设施和公共事业类项目，国家目前实行的是特许经营制度。基础设施和公用事业特许经营，是指政府采用竞争方式依法授权中华人民共和国境内外的法人或者其他组织，通过协议明确权利义务和风险分担，约定其在一定期限和范围内投资建设运营基础设施和公用事业并获得收益，提供公共产品或者公共服务。

特许经营权通常是政府以与社会资本签订特许经营协议的形式授予社会资本。特许经营协议一般包括以下内容：（1）项目名称；（2）项目实施机构；（3）项目建设规模、投资总额、实施进度，以及提供公共产品或公共服务的标准等基本经济技术指标；（4）投资回报、价格及其测算；（5）可行性分析，即降低全生命周期成本和提高公共服务质量效率的分析估算等；（6）特许经营协议框架草案及特许经营期限；（7）特许经营者应当具备的条件及选择方式；（8）政府承诺和保障；（9）特许经营期限届满后资产处置方式；（10）应当明确的其他事项。

特许经营协议内容，是政府与社会资本进行商业性洽商的基础性文件。可以说该协议真实、准确、完整地表达了政府在 PPP 项目中的意思，构成法律意义上的要约。因此就政府而言，其特许经营协议文本向社会资本提供，文本的商业性与合法性必须经过专业人士审核。

政府在 PPP 项目前期要做好的第三项工作就是合同文本的准备。政府之所以选择与社会资本合作，社会资本的专业与高效是政府期待引入的重要因素。社会资本所选定的 PPP 项目，在专业上政府往往相对具有优势，由于长期在本行业内摸爬滚打，通常也都具有自己的合同文本。政府一是在专业上相对社会资本处于弱势，二是政府所辖面广，在其辖区内各行业 PPP 项目交错进行，乃至几个同类项目同时进行，也非政府之力完全可以控制。因此政府要熟悉、了解各社会资本的合同文本，逐一进行洽商，不符合效率原则。使用政府提供的合同文本，就摆上了议事日程。而使用政府的文本又有以下几大好处：

（1）主动原则。政府通过合同文本结构设计，将自身特别关注的条款、内容加大效力层级，即守住自己的合作底线，又告知社会资本合作原则。在合同的洽商中，始终处在主动地位。

（2）公开公平原则。就同一类 PPP 项目，对不同的社会资本使用的是同一个合同文本，实现对各类社会资本的公开公平，体现政府开放姿态，更有益于吸引社会资本参与。

（3）法定必备。中央要求 PPP 项目选择合作伙伴必须通过竞争的方式。公开的招投标是中央首推的竞争方式。政府发出招标公告，向社会资本提供的招标文件，合同文本是法定必备文件。采用非招投标竞争方式，合同文本也是竞争性谈判前提交给社会资本的必备文件。

这里所说的合同文本，绝非 PPP 合同通用条款，而是指 PPP 合同体系所涉合同文本，包括 PPP 合同协议书、通用条款、专用条款、建设工程总包合同、融资合同、运营合同、维护合同以及与项目有着较为重要关联性的第三方与社会资本的合同。当然这一套合同体系，政府不可能完全凭着自身的力量编制完成。因此聘请专业的工程咨询机构与专业律师，就成为政府启动 PPP 项目前首先要完成的热身运动。

律师建议

政府对 PPP 项目的推进态度，完全反映在政府立项文件、特许经营协议、PPP 合同体系文本的编制水平上。社会资本发现政府这三份文件思路清楚、表述准确，可以说具备实施 PPP 项目的条件。

26 关于 PPP 项目中规划的问题

一问一答

问：PPP 模式受到国务院大力推广，各地方政府也积极跟进。在这种大趋势下，不排除某些地方政府为了引进社会资本，开出超出国家法律、政策规定之外的"优惠政策"。为了创造政绩，与国家政策"抢跑"。对于带有此类"优惠政策"的项目，社会资本应当如何正确对待，能否请律师做一个介绍。

答：这类问题在现实生活中时常遇到，对于 PPP 项目，可能遇到的概率会更高。因为 PPP 项目出炉之时，从法律程序上看，已经是完成了立项。对于社会资本而言，似乎对项目的合法性审查已经可以忽略，然而这样的疏忽，往往是法律风险产生的温床。

项目通过政府立项，并不意味着项目就完全具有当然的合法性。根据国家有关规定，项目申报单位以隐瞒有关情况或者提供虚假申报材料等不正当手段申请核准的，项目核准机关不予受理或者不予核准；已经取得项目核准文件的，项目核准机关应当依法撤销该项目核准文件，已经开工建设的，依法责令其停止建设。如政府有关机构为了上项目而使用虚假的申报材料获得项目立项核准，社会资本不经认真审查，项目的恶果就会落在社会资本的头上。

对立项是否具有合法性的审查第一项，就是要看看所立的项目是否符合规划。这是一个基本常识，却又是常常在"上项目"、"抓机遇"的口号中遗忘。立项不得违背规划源于《中华人民共和国城乡规划法》的规定。该法调整的范围为制定和实施城乡规划，在规划区内进行建设活动。城乡规划，包括城镇体系规划、城市规划、镇规划、乡规划和村庄规划。城市规划、镇规划分为总体规划和详细规划。详细规划分为控制性详细规划和修建性详细规划。

总体规划由城市人民政府组织编制。直辖市的城市总体规划由直辖市人民政府报国务院审批。省、自治区人民政府所在地的城市以及国务院确定的城市总体规划，由省、自治区人民政府审查同意后，报国务院审批。其他城市的总体规划，由城市人民政府报省、自治区人民政府审批。城市人民政府城乡规划主管部门根据城市总体规划的要求，组织编制城市的控制性详细规划，经本级人民政府批准后，报本级人民代表大会常务委员会和上一级人民政府备案。

从上述可知，总体规划的编制，是一项十分严肃的行政行为。各地的总体规划，受到国务院和各上级政府的严格控制。也正因为此，许多地方政府为了地方经济发展的需要或迎合社会资本的喜好，答应变更总体规划，以体现政府"改革"的力度，吸引社会资本投资。变更总体规划是一项怎样的工作，难度有多高，笔者不妨介绍一下。

有下列情形之一的，组织编制机关方可按照规定的权限和程序修改总体规划：（1）上级人民政府制定的城乡规划发生变更，提出修改规划要求的；（2）行政区划调整确需修改规划的；（3）因国务院批准重大建设工程确需修改规划的；（4）经评估确需修改规划的；（5）城乡规划的审批机关认为应当修改规划的其他情形。

修改省总体规划前，组织编制机关应当对原规划的实施情况进行总结，并向原审批机关报告；修改涉及城市总体规划、镇总体规划强制性内容的，应当先向原审批机关提出专题报告，经同意后，方可编制修改方案。修改后的总体规划，应当依照原规划的审批程序，申请报批。

可以说，对总体规划的修改，是完全超越本级政府权限、能力的一项工作。

社会资本要启动这项工作，所面临的法律风险，是政府与社会资本双方均不可控的。对控制性详细规划的修改，也非政府说了就算。

城市人民政府城乡规划主管部门根据城市总体规划的要求，组织编制城市的控制性详细规划，经本级人民政府批准后，报本级人民代表大会常务委员会和上一级人民政府备案。

修改控制性详细规划的，组织编制机关应当对修改的必要性进行论证，征求规划地段内利害关系人的意见，并向原审批机关提出专题报告，经原审批机关同意后，方可编制修改方案。修改后的控制性详细规划，应当依照法律规定的审批程序报批。控制性详细规划修改涉及城市总体规划、镇总体规划的强制性内容的，应当先修改总体规划。城市、县、镇人民政府修改近期建设规划的，应当将修改后的近期建设规划报总体规划审批机关备案。

可见，控制性详细规划的修改，也是具有严格的法定程序。在项目的实际操作中，地方政府为吸引社会资本，开出种种"优惠"条件，社会资本投资后，又以种种理由收回政策或者上级政府一纸政令将下级政府给出的"优惠"政策一夜取消，在业内戏称为"关门打狗"，此类案例不是没有发生过，社会资本尤其要重视。

律师建议

地方政府为吸引社会资本开出优惠条件本身是一件有利于PPP项目落地的好事，但是社会资本在考量地方政府的优惠政策时，一定要考察此优惠政策是否超出地方政府的权限。即使有地方政府的红头文件，若涉及越权、违法，最终经济上受损失的还是社会资本。

27 关于PPP项目中土地的问题

一问一答

问：我们关注到，自国务院出台推广PPP模式以来，国务院相关部委或多或少地都出台过相应落实文件，唯有国土资源部没有任何回应。PPP项目的落地，少不了国土部门的支持，国土资源部为什么没有出台PPP跟进政策？PPP项目用地上，社会资本应当注意些什么？能否请律师就这一方面问题做一解答。

　　答：PPP项目主要以公共设施、基础设施为主，一个项目用地量大，所使用的土地性质、用途复杂，而且又没有经验的积累，所以如何管理好、支持好PPP项目用地，可以说是土地部门所遇到的新课题。在相关问题研究尚不成熟的情况下，估计国土部门也不敢轻易出台相关文件。

　　在国土部门没有针对PPP项目土地利用出台专门的文件之前，不妨将我国现行的土地使用相关法律、法规做一个介绍。

　　我们国家幅员辽阔、人员众多。尽管地域广阔，但是耕地、可利用土地仍然是稀缺资源，必须进行有效的保护，因此我们国家实行的是严格的土地保护政策。国家将土地资源划分为三类，即农用地、建设用地、未利用地。农用地是指直接用于农业生产的土地，包括耕地、林地、草地、农田水利用地、养殖水面等；建设用地是指建造建筑物、构筑物的土地，包括城乡住宅和公共设施用地、工矿用地、交通水利设施用地、旅游用地、军事设施用地等；未利用地是指农用地和建设用地以外的土地。

　　对土地的利用也实行规划管理。省、自治区、直辖市的土地利用总体规划，报国务院批准。省、自治区人民政府所在地的市，人口在一百万以上的城市以及国务院指定的城市的土地利用总体规划，经省、自治区人民政府审查同意后，报国务院批准。其他城市及乡镇土地利用总体规划可以由省级人民政府授权的设区的市、自治州人民政府批准。

　　任何单位和个人进行建设，需要使用土地的，必须依法申请使用国有土地。省、自治区、直辖市人民政府批准的道路、管线工程和大型基础设施建设项目、国务院批准的建设项目占用土地，涉及农用地转为建设用地的，由国务院批准。这是我们审核PPP项目用地合法性的基点。

　　PPP项目取得土地的路径有两种：一是出让取得；另一种是划拨取得。出让取得是指国家将国有土地使用权（以下简称"土地使用权"）在一定年限内出让给社会资本，由社会资本向国家支付土地使用权出让金获得土地使用权的行为。划拨取得是指县级以上人民政府依法批准，在社会资本缴纳补偿、安置等费用后将该幅土地交付其使用，或者将土地使用权无偿交付给社会资本使用，由其取得土地使用权的行为。城市基础设施用地和公益事业用地，国家重点扶持的能源、交通、水利等基础设施用地属于法定的能够以划拨的方式取得土地使用权的范畴。PPP库中的诸多项目满足划拨用地的条件。

PPP项目需要占用总体规划确定的城市建设用地范围内的国有建设用地的，按照下列规定办理：

（1）建设项目可行性研究论证时，由土地行政主管部门对建设项目用地有关事项进行审查，提出建设项目用地预审报告；可行性研究报告报批时，必须附具土地行政主管部门出具的建设项目用地预审报告。

（2）建设单位持建设项目的有关批准文件，向市、县人民政府土地行政主管部门提出建设用地申请，由市、县人民政府土地行政主管部门审查，拟订供地方案，报市、县人民政府批准；需要上级人民政府批准的，应当报上级人民政府批准。

（3）供地方案经批准后，由市、县人民政府向建设单位颁发建设用地批准书。有偿使用国有土地的，由市、县人民政府土地行政主管部门与土地使用者签订国有土地有偿使用合同；划拨使用国有土地的，由市、县人民政府土地行政主管部门向土地使用者核发国有土地划拨决定书。

（4）土地使用者应当依法申请土地登记。

通过招标、拍卖方式提供国有建设用地使用权的，由市、县人民政府土地行政主管部门会同有关部门拟订方案，报市、县人民政府批准后，由市、县人民政府土地行政主管部门组织实施，并与土地使用者签订土地有偿使用合同。土地使用者应当依法申请土地登记。

PPP项目涉及使用农用地的，按照下列规定办理：

（1）建设项目可行性研究论证时，由土地行政主管部门对建设项目用地有关事项进行审查，提出建设项目用地预审报告；可行性研究报告报批时，必须附具土地行政主管部门出具的建设项目用地预审报告。

（2）建设单位持建设项目的有关批准文件，向市、县人民政府土地行政主管部门提出建设用地申请，由市、县人民政府土地行政主管部门审查，拟订农用地转用方案、补充耕地方案、征收土地方案和供地方案（涉及国有农用地的，不拟订征收土地方案），经市、县人民政府审核同意后，逐级上报有批准权的人民政府批准；其中，补充耕地方案由批准农用地转用方案的人民政府在批准农用地转用方案时一并批准；供地方案由批准征收土地的人民政府在批准征收土地方案时一并批准（涉及国有农用地的，供地方案由批准农用地转用的人民政府在批准农用地转用方案时一并批准）。

（3）农用地转用方案、补充耕地方案、征收土地方案和供地方案经批准后，由市、县人民政府组织实施，向建设单位颁发建设用地批准书。有偿使用国有土地的，由市、县人民政府土地行政主管部门与土地使用者签订国有土地有偿使用合同；划拨使用国有土地的，由市、县人民政府土地行政主管部门向土地使用者核发国有土地划拨决定书。

（4）土地使用者应当依法申请土地登记。

建设项目确需使用土地利用总体规划确定的城市建设用地范围外的土地，涉及农民集体所有的未利用地的，只报批征收土地方案和供地方案。

PPP项目涉及使用未利用地的，按照省、自治区、直辖市的规定办理；但是，国家重点建设项目、军事设施和跨省、自治区、直辖市行政区域的建设项目以及国务院规定的其他建设项目用地，应当报国务院批准。

不按照上述方式取得、使用土地，法律后果也非常清楚。无权批准征收、使用土地的单位或者个人非法批准占用土地的，超越批准权限非法批准占用土地的，不按照土地利用总体规划确定的用途批准用地的，或者违反法律规定的程序批准占用、征收土地的，其批准文件无效。对非法批准征收、使用土地的直接负责的主管人员和其他直接责任人员，依法给予行政处分；构成犯罪的，依法追究刑事责任。非法批准、使用的土地应当收回，有关当事人拒不归还的，以非法占用土地论处。

擅自建设的后果。责令限期拆除在非法占用的土地上新建的建筑物和其他设施的，建设单位或者个人必须立即停止施工，自行拆除；对继续施工的，作出处罚决定的机关有权制止。建设单位或者个人对责令限期拆除的行政处罚决定不服的，可以在接到责令限期拆除决定之日起十五日内，向人民法院起诉；期满不起诉又不自行拆除的，由作出处罚决定的机关依法申请人民法院强制执行，费用由违法者承担。

为了增大PPP的促进力度，国务院提出地方政府可以将土地划拨、入股、作价与社会资本进行合作。正如前文所述，国土资源部没有表态；发展改革委、财政部也没有表态。从已经发布的各省PPP落实文件中，也没有跟进的迹象。社会资本在取得PPP项目建设用地的方式上创新之举，一定要专业的法律人士出具法律意见书。

律师建议

PPP项目用地是PPP项目推进的关键，也是至今为止尚未露出其峥嵘面目的领域。在国家政策尚不明朗的情况下，先期跟进的项目建议以传统的方式取得项目土地使用权较妥。

28 关于 PPP 项目招投标的问题

一问一答

问：建设工程招投标也是 PPP 业内热议的话题，众说纷纭、莫衷一是。在理论界尚存争议的领域，作为具体实践者的社会资本应当如何独善其身，保障项目安全度过法律"雷区"呢？这一方面能否请律师给一些建议。

答：近些年我们国家法治化的步伐很快，各个领域的法律体系基本建成。但是我们国家近些年的发展更快，法律体系的建立，不足以及时覆盖社会经济生活中出现的新的经济现象。PPP 就是其中之一。

我们国家目前的经济体系是从计划经济改革而来，计划经济下，发展改革委（当年称国家计划委员会）负责全国范围内的国家投资，财政部只是为其提供资金。改革开放后，项目投资也一直沿用这种管理模式。

本次推广 PPP 模式，国务院将 PPP 主管部门指定为财政部，绝不是一时兴起，而是基于 PPP 是政府购买社会公共产品的理念。因为购买为主导，项目建设只是为了提供满足购买的产品，故将财政部列为推广、实施 PPP 模式的主管部门。因为是政府购买，所以适用《政府采购法》也就实至名归。

《政府采购法》调整的是在境内进行的政府采购活动。政府采购，是指各级国家机关、事业单位和团体组织，使用财政性资金采购依法制定的集中采购目录以内的或者采购限额标准以上的货物、工程和服务的行为。PPP 入库的项目就属于集中采购目录以内的项目。采购是指政府以平等的民事主体的身份通过合同方式有偿取得货物、工程和服务的行为，包括购买、租赁、委托、雇用等。货物是指各种形态和种类的物品，包括原材料、燃料、设备、产品等。工程是指建设工程，包括建筑物和构筑物的新建、改建、扩建、装修、拆除、修缮等。服务是指除货物和工程以外的其他政府采购对象。

对于采购方式也有明确规定，主要有：（1）公开招标；（2）邀请招标；（3）竞争性谈判；（4）单一来源采购；（5）询价；（6）国务院政府采购监督管理部门认定的其他采购方式。其中，对于各种方式适用规范也作了较为具体的规定。

使用中央、地方预算的政府采购，必须采用公开招投标方式。因特殊情况需要采用公开招标以外的采购方式的，应当在采购活动开始前获得设区的市、自治州以上人民政府采购监督管理部门的批准。

具有特殊性，只能从有限范围的供应商处采购的；或者采用公开招标方式的费用占政府采购项目总价值的比例过大的，可以采用邀请招标方式。而符合下列情形之一的货物或者服务，可以采用竞争性谈判方式采购：（1）招标后没有供应商投标或者没有合格标的或者重新招标未能成立的；（2）技术复杂或者性质特殊，不能确定详细规格或者具体要求的；（3）采用招标所需时间不能满足用户紧急需要的；（4）不能事先计算出价格总额的。而采用单一来源方式采购的货物或服务应当属于以下几个情形之一：（1）只能从唯一供应商处采购的；（2）发生了不可预见的紧急情况不能从其他供应商处采购的；（3）必须保证原有采购项目一致性或者服务配套的要求，需要继续从原供应商处添购，且添购资金总额不超过原合同采购金额百分之十的。

《政府采购法》规定的采购方式看起来全面、规范，具有可操作性，但是一条"政府采购工程进行招标投标的，适用招标投标法"的规定，打破了政府采购PPP的平静。而《招投标法》规定："在中华人民共和国境内进行下列工程建设项目包括项目的勘察、设计、施工、监理以及与工程建设有关的重要设备、材料等的采购，必须进行招标：

（一）大型基础设施、公用事业等关系社会公共利益、公众安全的项目；

（二）全部或者部分使用国有资金投资或者国家融资的项目；

（三）使用国际组织或者外国政府贷款、援助资金的项目。

前款所列项目的具体范围和规模标准，由国务院发展计划部门会同国务院有关部门制订，报国务院批准。"

大型基础设施和公共事业设施的PPP项目，属于《招投标法》招标的必需范围。《招投标法》将招投标分为两类：一是公开招投标；一是邀请招投标。公开招标，是指招标人以招标公告的方式邀请不特定的法人或者其他组织投标。邀请招标，是指招标人以投标邀请书的方式邀请特定的法人或者其他组织投标。

国务院发展计划部门确定的国家重点项目和省、自治区、直辖市人民政府确定的地方重点项目不适宜公开招标的，经国务院发展计划部门或者省、自治区、直辖市人民政府批准，可以进行邀请招标。换句话说，国家重点项目不进行公开招投标需要经过国家发展改革委批准；省重点项目部不进行招投标要经过省级人民政府批准。非国家、省级重点项目，都必须进行招投标。

新建、改建的大型基础设施、公共事业设施的 PPP 项目，工程建设是整个项目不可缺少的一个环节。PPP 项目的特性决定了项目公司股东中必须要有工程承包商参与。如何将 PPP 项目中的建设工程合法有效地对接到项目公司股东承包商名下，确实是对 PPP 项目结构模式设计的考验。值得庆幸的是，我所 PPP 律师团队较好地解决了这一法律问题，能够为地方政府与社会资本合作，商业结构构建的合法性，给予有效的专业支持。

律师建议

PPP 项目推进过程中，发生法律冲突不可怕。可怕的是回避冲突，不以法律的思维、方式、手段去解决冲突。PPP 在全国正在热火朝天地推广，实践中所遇到的各类法律问题，相信都会引起各地法律专业人士的关注，解决方案也会不断推出。这也正是 PPP 对法律人的魅力所在。

29 关于 PPP 项目合同文本的问题

一问一答

问：PPP 合同本质上是一份采购合同，但是发展改革委出台的《PPP 合同通用条款指南》中，也包含了一些 PPP 项目建设工程内容的条款。对于非以建设工程为主业的社会资本来说，这一部分专业性相对较强的条款拟定，应当注意些什么？能否请律师就这一方面给予一些建议。

答：说 PPP 合同编制复杂，并不是仅指其某一专业技术难度大，而是指所涉的诸多专业，各专业都要精通。这就是为什么 PPP 合同绝非政府或社会资本单方就能独立编制完成的原因所在。

需要将 PPP 合同中的工程建设章节条款编制好，首先要了解当下我国建设工程领域所使用的建设工程施工合同文本的主流有几家。了解了各主要流派的建设工程施工合同特点，无论 PPP 项目方选择何种流派的合同文本，我们都可以有的放矢地编制好相应的 PPP 合同工程建设章节。

建设工程合同文本从全球范围上看，最成熟、最具有权威性的合同文本为 FIDIC 合同条件。它是由国际咨询工程师联合会编制，1957 年颁布第一版，包含《业主咨询工程师标准服务协议书》《设计—建造与交钥匙工程合同条件》、《电气与机械工程合同条件》、《土木工程施工合同条件》、《土木工程施工分包合同条件》。第二版于 1963 年颁布，第三版于 1977 年颁布，并于 1988 年及 1992 年做了两次修改，习惯将 1988 年版称为第四版。1999 年国际工程师联合会根据多年来在实践中取得的经验以及专家、学者的建议与意见，在继承前四版优点的基础上进行重新编写（即新编 FIDIC 合同条件）。新编 FIDIC 合同一套四本：《施工合同条件》、《生产设备和设计—施工合同条件》《设计采购施工（EPC）／交钥匙工程合同条件》与《简明合同格式》。此外，FIDIC 组织为了便于雇主选择投标人及招标、评标，出版了《招标程序》，由此形成一个完整的体系。

由国际咨询工程师联合会于 1913 年成立，至今已有 100 多个国家和地区成为其会员。中国于 1996 年正式加入。FIDIC 合同条件是在总结了各个国家、各个地区的业主、咨询工程师和承包商各方经验基础上编制出来的，也是在长期的国际工程实践中形成并逐渐发展成熟起来的，是目前国际上广泛采用的高水平的、规范的合同条件。这些条件具有国际性、通用性和权威性。其合同条款公正合理，职责分明，程序严谨，易于操作。考虑到工程项目的一次性、唯一性等特点，FIDIC 合同条件分成了"通用条件"（General Conditions）和"专用条件"（Conditions of Particular Application）两部分。通用条件适于某一类工程，如红皮书适于整个土木工程（包括工业厂房、公路、桥梁、水利、港口、铁路、房屋建筑等）。专用条件则针对一个具体的工程项目，是在考虑项目所在国法律法规不同、项目特点和业主要求不同的基础上，对通用条件进行的具体化的修改和补充。发展改革委将其颁布的 PPP 合同指南命名为"通用合同指南"，其通用之义就来自 FIDIC 条款的通用合同条件。

2002 年，中国工程咨询协会经 FIDIC 授权将新版合同条件译成中文本。FIDIC 合同条件中的四种合同文本，《施工合同条件》文本一般用于业主提供设计，承包商进行施工的模式；《生产设备和设计—施工合同条件》文本，一般用于设计、施工均由总包方承担，部分工程施工范围、内容价格固定，部分采用固定单价的总包模式；《设计采购施工（EPC）／交钥匙工程合同条件》文本一般用于设计、施工、调试、产出均由总包方承担，采用固定总价的总包模式。第四种文本是前三种的减缩版，将前三种文本弄清楚了，第四种文本皆可迎刃而解。这里暂且介绍到这里，至于各文本如何与PPP合同工程建设章节对接，以后再做介绍。

FIDIC合同条件随着国家的改革开放传入我国，其科学性、合同结构设计、章节条款的安排深受国内青睐，成为改革开放初期许多大型工程建设的首选文本。在实践中，其外来文本的缺陷逐渐暴露出来，主要是因为国内社会经济环境以及合同当事人的合同意识、法律理念尚与FIDIC合同条款设计的背景存在差异。为了弥补这种不足，建设部、国家工商总局借鉴FIDIC合同文件，于1999年出了一份《建设工程施工合同》示范文本。虽为示范文本，但在某些地区一段时期内，到当地政府备案的建设工程总包合同被要求强制使用示范文本。因此该文本在国内使用面较广，影响力较大。

但是由于当时在编制1999版示范文本之时，国内对FIDIC合同条件的理解尚不完全充分，只是基于取代FIDIC合同条件之需，故FIDIC条款中一些与我国国情不太相符的条款没有本土化到位。在使用过程中，合同当事人基于对合同文本的信任，双双签约。一旦发生纠纷，合同条款安排设计缺陷的瑕疵暴露，1999版示范文本也因此备受业内人士诟病。好在经过十几年市场经济的洗礼，一批有能力调整、修改1999版示范文本的建设工程专业律师成长起来了，用他们的专业水准，弥补1999版示范文本的不足。

21世纪初，经过二十多年的改革开放，国家的经济实力明显增强。以国家为主体的基础建设投资开始加大。为了规范国家投资，促进国家投资项目公开、公平和公正，国家发展改革委、财政部、住房和城乡建设部、铁道部、交通部、信息产业部、水利部、民用航空总局、广播电影电视总局联合制定了《〈标准施工招标资格预审文件〉和〈标准施工招标文件〉试行规定》及相关附件，2007年11月1日国家发展改革委令第56号发布，于2008年5月1日起试行。该标准施工招标文件中的建设工程总包合同，也是脱胎于FIDIC条款。该文本主要采用工程量清单报价，在国家主管投资的项目中被强制使用。PPP项目属于发展改革委核准的项目，其建设工程总包合同选择使用标准施工招标文件，易于与政府沟通。

工程建设章节是PPP合同中的重头戏。这一章节如何编制取决于政府与社会资本选择哪一种建设工程施工合同。通过上面的介绍我们知道了建设工程施工合同当下主要有三个流派：其一是FIDIC合同条件；其二是示范文本；其三是标准施工招标文件。以后我们会对每一文本逐一介绍，以便使用者编制PPP合同。

律师建议

　　PPP 合同编制专业性很强，无论是政府还是社会资本，在其决定参与 PPP 项目的建设时，就应当具有借外力的思想准备。聘请专业的咨询机构与律师，是 PPP 项目合同编制事半功倍的有效途径。

30 关于 FIDIC 合同红皮书的问题

一问——答

　　问：PPP 项目的社会资本方如果具有建设工程背景，PPP 合同中工程的建设章节的内容比较好把握，若社会资本不具有工程建设背景，是资金方或运营方，面对投资巨大的建设工程，合同条款如何编制确实无力胜任。能否就以非工程建设背景方作为社会资本主体为例，结合 FIDIC 红皮书，介绍一下有关进度、质量、安全及管理方面应注意的事项。

　　答：PPP 项目中社会资本是境外资本，无论其背景是工程建设还是国际财团，抑或是国际运营公司，建设工程使用 FIDIC 条款为首选。

　　红皮书对工程进度的安排与管理有一套较为成熟的体系，下面做一简要介绍：关于开工日的内容，红皮书中约定有具体开工日，以此日为建设工程开工日；若约定以发包方通知送达之日为开工日，红皮书通常要求发包方应当在所确定的开工日前七天通知承包商。关于竣工日的内容，红皮书中所载明的竣工时间，并不仅仅指整体工程竣工时间，还包括整个施工期间的各时间节点应当完成的工程量或形象工程，与国内通常意义的工程竣工有所不同。此条款直接关系到工程索赔，地方政府应当特别关注。关于进度报告制度的内容，除非专用条件中另有说明，承包商应编制月进度报告，并将 6 份副本提交给发包人。第一次报告所包含的期间应从开工日期起至紧随开工日期的第一个月历的最后一天止。此后每月应在该月最后一天之后的 7 天内提交月进度报告。报告应持续至承包商完成了工程接收证书上注明的完工日期时尚未完成的所有工作为止。每份报告应包括:(1) 设计（如有时）、承包商的文件、采购、制造、货物运达现场、施工、安装和调试的每一阶段以及指定分包商实施工程的这些阶段进展情况的图表与详细说明;(2) 表明制造情况和现场进展状况的照片;(3) 与每项主要永久设备和材料制造有关的制造商名称、制造地点、进度百分比，以及各项的实际或预期日期;(4) 在承包商的人员和设备的记录中描述的详细情况;(5) 若干份质量保证文件、材料的检验结果及证书;(6) 依据雇主的索赔和承包商的索赔颁发的通知清单;(7) 安全统计，包括涉及环境和公共关系方面的任何危险事件与活动的详情;(8) 实际进度与计划进度的对比，包括可能影响按照合同完工的任何事件和情况的详情，以及为消除延误而正在（或准备）采取的措施。关于进度计划制定的内容，在开工日后 28 天内承包商应向工程师提交详细的进度计划。当原进度计划与实际进度或承包商的义务不符时，承包商还应提交一份修改的进度计划。关于工期延误处理的内容，如果由于下述任何原因致使承包商对工程和区段的接收中的竣工在一定程度上遭到或将要遭到延误，承包商可依据承包商的索赔要求延长竣工时间:(1) 一项变更或其他合同中包括的任何一项工程数量上的实质性变化;(2) 导致承包商根据本合同条件的某条款有权获得延长工期的延误原因;(3) 异常不利的气候条件;(4) 由于传染病或其他政府行为导致人员或货物的可获得的不可预见的短缺;或 (5) 由雇主、雇主人员或现场中雇主的其他承包商直接造成的或认为属于其责任的任何延误、干扰或阻碍。如果承包商认为他有权获得竣工时间的延长，承包商应按承包商的索赔的规定，向工程师发出通知。工程师应复查以前的决定并可增加（但不应减少）整个延期时间。关于质量保证的内容，承包商应按照合同的要求建立一套质量保证体系，以保证符合合同要求。该体系应符合合同中规定的细节。工程师有权审查质量保证体系的任何方面。

在每一设计和实施阶段开始之前均应将所有程序的细节和执行文件提交工程师，供其参考。任何具有技术特性的文件颁发给工程师时，必须有明显的证据表明承包商对该文件的事先批准。遵守该质量保证体系不应解除承包商依据合同具有的任何职责、义务和责任。另外，还有安全管理等内容。

以上介绍的是红皮书通用条款的内容。实际操作中，专用条款的约定，取决于不同项目的具体情况。在本介绍中，为了便于说明问题，对红皮书相关内容进行了删减、调整、归纳。本解答的内容，不宜直接列入 PPP 合同作为工程建设章节之条款，必须要经过专业的律师还原方可使用。

律师建议

合同文本的编制必须保持思维与逻辑的一致性。选用 FIDIC 合同条件红皮本作为 PPP 合同工程建设章节的依据，则在与承包商签订总包合同时，也必须使用 FIDIC 合同文本红皮书。

31 关于 FIDIC 合同黄皮书的问题

一问一答

问：PPP 项目所涉行业广泛，建设工程施工内容缺乏统一性，针对这种多样性，有些社会资本对建设工程会选择固定价与可调价相结合的方式。我们了解 FIDIC 合同文件黄皮书是针对这一社会需求所编制的，能否请律师就黄皮书中的工程进度、质量、安全与管理做一个介绍。

答：黄皮书所适用的范围，以产品生产制造业项目为宜。在 PPP 项目中，发电类、污水处理等类型的项目较为适应。黄皮书的编制，为业主与承包商提供了更大范围的合作空间，因此也有更大的灵活性。符合 PPP 项目风险由最适宜的一方承担的原则。

为了在 PPP 合同体系中较好地引入黄皮书，下面对该合同文件中有关进度、质量、安全与管理的条款内容做一个介绍。

1. 进度内容管理

进度的内容通过必要的工作进度计划实施管理。承包商应当向业主代表提交季度计划以取得批准，下列事项应当纳入计划。

（1）承包商拟实施工程的顺序（包括设计、制造、运至现场、安装、检验及试运行）；

（2）提交和批准承包商的图纸所需要的时间；

（3）承包商要求业主完成下列工作的时间：

（4）提交任何业主的图纸；

（5）提供通往现场的通道；

（6）完成必要的土木工程工作（包括设备所需地基）；

（7）获得为工程之目的所需的任何进口许可证、同意、道路通行权及批准。

2. 进度时点管理

承包商应当在开工日之后 28 天内按照合同约定的格式提交进度文件。

进度的修改。如果工程的进展不符合进度计划时，业主代表可指示承包商修改进度计划。如果要求作出上述修改的原因不是由承包商负责时，业主代表应为编制修改的进度计划之费用开具证明，并将之加到合同价格中。

3. 雇员管理

承包商应提交详细的统计表，说明承包商以及分包商在现场随时雇佣的管理人员和各种等级的劳务人员的数量。该统计表应按业主规定的格式和时间间隔提交。

4. 质量管理

（1）施工方法

拟提供的全部工程设备的制造以及要做的全部工作的实施均应按合同规定的方法进行。如果合同中没有规定制造与实施的方法，则该项工作应按公认的良好的习惯做法以恰当和熟练的方法去实施。

（2）隐蔽工程

承包商应给予工程师充分的机会去检查、测量和检验现场上即将封盖或掩蔽的任何工作。

当此类工作已为检查、测量或检验做好准备时，承包商应及时通知业主代表。除非业主代表通知承包商没有必要进行检查、测量或检验，业主代表没有理由拖延。

（3）移去封盖工作

如果业主代表发出指示，承包商应剥露工程的任何部分，之后承包商应使该部分恢复原状并使之完好，以使业主代表满意。如果工程的任何部分已被封盖或掩蔽，并被发现是符合合同要求的，承包商遵照工程师的指示而招致的费用，包括利润，应由业主代表开具证明并加到合同价格中去。

（4）制造期间的检查和检验

在设备制造期间，业主代表有权检查、试验及检验材料和加工工艺，检查按合同提供的所有设备的制造过程。这项工作应在工作时间内于承包商的材料场地和加工车间内进行。如果设备在其他地方制造，承包商应为业主代表的检查、试验和检验获得许可。

（5）检查和检验的日期

承包商应按合同的规定与业主代表协商设备检验的时间和地点。业主代表应把他打算检验的意图提前 24 小时通知承包商。

如果业主代表未按协商一致的时间参加检验，除非业主代表指示承包商不必检验，承包商可单独进行检验，该检验可以被认为是在业主代表到场的情况下所进行的。

承包商应立即向业主代表递交检验结果的正式证明副本。如果业主代表没有参加检验，他应承认检验的数据有效。

（6）为检验提供设备

凡合同规定在承包商或分包商厂房进行检验时，承包商应提供为有效进行检验所必需的帮助、劳务、材料、电、燃料、备用品、装置和仪器。

（7）检验证书

当设备通过了本条所指的检验时，业主代表应向承包商颁发一份证书，或为此在承包商的检验证书上签字。

（8）拒收

如果按约定所进行的检查、试验或检验的结果使业主代表认为设备有缺陷，或不符合合同要求，可以拒收该设备并立即将有关情况通知承包商。通知应说明业主代表拒收的理由。业主代表不应拒收有微小缺陷的任何设备，只要该缺陷并不影响该设备的营利运行。承包商随后应迅速修补缺陷或保证任何被拒收的设备符合合同要求。

（9）对运送设备的许可

承包商应向业主代表书面申请运送工程设备或承包商的设备至现场，没有业主代表的书面同意，承包商不得将其运送到现场。承包商应负责在现场接收工程设备和承包商的设备。

选择黄皮书，合同编制人员不仅要具备深厚的法律功底，还要了解所建工程安装的重大设备的性能以及生产工艺流程。这是编制风险可控的合同文本的基础。

律师建议

本介绍只是以黄皮书作为载体介绍合同的编制的思路。上文所涉合同条款不宜直接引入合同文本，但是可以作为专业人士拟定合同文本之参考。

32 关于 FIDIC 合同银皮书的问题

一问一答

问：从国内外已有的 PPP 案例来看，PPP 项目中的工程建设采取 EPC 的模式较多。发展改革委与财政部的 PPP 合同方案中也都倾向于工程建设采用 EPC 模式。能否请律师就 EPC 模式下工程建设进度、质量、安全与管理等方面事项做一个简要介绍。

答：FIDIC 合同条件中的银皮书合同适用于通常所称的 EPC 工程。政府与社会资本合作，作为社会资本之一的承建商承建 PPP 项目之建设工程，较多采用 EPC 方式，也就是通常所称的"交钥匙"工程。通过这种方式，有利于社会资本控制住 PPP 项目之成本，满足 PPP 项目将风险分配给最适宜方承担的原则。下面就针对问题，将使用银皮书时应当注意的问题介绍如下：

关于进度方面的问题，承包商应编制月进度报告，一式六份，提交给雇主。第一次报告所包括的期间，应自开工日期起至当月的月底止。以后应每月报告一次，在每次报告期最后一天后 7 日内报出。报告应持续到承包商完成工程移交证书上注明的竣工日期时所有未完扫尾工作为止。每份报告应包括：(1) 设计、承包商文件、采购、制造、货物运达现场、施工、安装、试验、投产准备和试运行等每一阶段进展情况的图表和详细说明；(2) 反映制造情况和现场进展情况的照片；(3) 关于每项主要工程设备和材料的生产，制造商名称、制造地点、进度百分比，以及各项事项的实际或预计日期。

承包商应在开工日期后 28 天内，向雇主提交一份进度计划。当原定进度计划与实际进度或承包商的义务不相符时，承包商还应提交一份修订的进度计划。除非合同另有说明，每份进度计划应包括：(1) 承包商计划实施工程的工作顺序，包括工程各主要阶段的预期时间安排；(2) 审核期限；(3) 合同中规定的各项检验和试验的顺序和时间安排；(4) 一份支持报告等。

除非雇主在收到进度计划后 21 天内向承包商发出通知，指出其中不符合合同要求的部分，承包商即按照该进度计划，并遵守合同规定的其他义务，进行工作。雇主人员应有权依照该进度计划安排他们的活动。

承包商应及时将未来可能对工程施工造成不利影响或延误的事件或情况通知雇主。在此情况下，或在雇主通知承包商指出进度计划（在指出的部分）不符合合同要求，或与实际进度或承包商提出的意向不一致时，承包商应遵照本款要求向雇主提交一份修订进度计划。实际工程进度对于在竣工时间内完工过于迟缓，和（或）进度已（或将）落后于现行进度计划，雇主可指示承包商提交一份修订的进度计划，以及说明承包商为加快进度在竣工时间内竣工，建议采取的修订方法的补充报告。

除非雇主另有通知，承包商应采取这些修订方法，对可能需要增加工时、（或）承包商人员和（或）货物的数量，承包商应自行承担风险和费用。

关于质量控制的问题，承包商应建立质量保证体系，以证实符合合同要求。该体系应符合合同的详细规定。雇主有权对体系的任何方面进行审查。

承包商应在每一设计和实施阶段开始前，向雇主提交所有程序和如何贯彻要求的文件的细节，供其参考。向雇主发送任何技术性文件时，文件本身应有经承包商本人事先批准的明显证据。

关于健康和安全的问题，承包商应始终采取合理的预防措施，维护承包商人员的健康和安全。承包商应与当地卫生部门合作，始终确保在现场，以及承包商人员和雇主人员的任何驻地，配备医务人员、急救设施、病房及救护车服务，并应对所有必需的福利和卫生要求，以及预防传染病做出适当安排。

承包商应在现场指派一名事故预防员，负责维护安全和事故预防工作。该人员应能胜任此项职责，并应有权发布指示及采取防止事故的保护措施。在工程实施过程中，承包商应提供该人员履行其职责和权利所需要的任何事项。

任何事故发生后，承包商应立即将事故详情通报雇主。承包商应按雇主可能提出的合理要求，保持记录，并写出有关人员健康、安全和福利，以及财产损坏等情况的报告。

律 师 建 议

在 PPP 项目中，EPC 本身就是可以自成体系的一个项目。社会资本在与承包商签订建设工程总包合同之时，应当聘请专业的建设工程律师编制、审核总包合同，以奠定 PPP 项目成功之基础。

33 关于标准施工承包合同的问题

一问一答

问：FIDIC 合同条件更多的是适用于社会资本具有外资性质的项目。在国内社会资本与政府合作的项目中，FIDIC 合同条件更多得具有参考与借鉴作用。国内是否有适合 PPP 项目的建设工程总包合同示范文本？如何将其与 PPP 合同文本中的工程建设章节对接？这一方面能否请律师做一个介绍。

答：目前国内建设工程总包合同文本使用较多的是《标准施工招标文件》和《建设工程施工合同》示范文本。《标准施工招标文件》是由国家发展改革委、财政部、住房和城乡建设部、铁道部、交通部、信息产业部、水利部、民用航空总局、广播电影电视总局联合编制的，2007 年 11 月 1 日国家发展改革委令第 56 号发布，于 2008 年 5 月 1 日起试行。虽名为招标文件，但招标文件所附的建设工程总包合同为标准施工总包合同。在政府投资的项目中，被准强制性要求使用。《建设工程施工合同》示范文本是由住房和城乡建设部与国家工商总局推荐的示范文本，此处暂且不谈。

下面就标准施工总包合同有关工程进度、质量、安全与管理的相关内容做一介绍。关于工程进度的内容，承包人应按合同约定的内容和期限，编制详细的施工进度计划和施工方案说明报送监理人。监理人应在专用合同条款约定的期限内批复或提出修改意见，否则该进度计划视为已得到批准。经监理人批准的施工进度计划称合同进度计划，是控制合同工程进度的依据。承包人还应根据合同进度计划，编制更为详细的分阶段或分项进度计划，报监理人审批。不论何种原因造成工程的实际进度与进度计划不符时，承包人可以在合同约定的期限内向监理人提交修订合同进度计划的申请报告，并附有关措施和相关资料，报监理人审批；监理人也可以直接向承包人作出修订合同进度计划的指示，承包人应按该指示修订合同进度计划，报监理人审批。监理人应在专用合同条款约定的期限内批复。监理人在批复前应获得发包人同意。

　　关于工程质量的内容，首先，工程质量验收按合同约定验收标准执行，因承包人原因造成工程质量达不到合同约定验收标准的，监理人有权要求承包人返工直至符合合同要求为止，而造成的费用增加和（或）工期延误由承包人承担，如果是因发包人原因造成工程质量达不到合同约定验收标准的，发包人应承担由于承包人返工造成的费用增加和（或）工期延误，并支付承包人合理利润。而承包人应在施工场地设置专门的质量检查机构，配备专职质量检查人员，建立完善的质量检查制度。承包人应在合同约定的期限内，提交工程质量保证措施文件，包括质量检查机构的组织和岗位责任、质检人员的组成、质量检查程序和实施细则等，报送监理人审批。承包人应加强对施工人员的质量教育和技术培训，定期考核施工人员的劳动技能，严格执行规范和操作规程。承包人应按合同约定对材料、工程设备以及工程的所有部位及其施工工艺进行全过程的质量检查和检验，并作详细记录，编制工程质量报表，报送监理人审查。

　　关于监理人的质量检查的内容，监理人有权对工程的所有部位及其施工工艺、材料和工程设备进行检查和检验。承包人应为监理人的检查和检验提供方便，包括监理人到施工场地，或制造、加工地点，或合同约定的其他地方进行察看和查阅施工原始记录。承包人还应按监理人指示，进行施工场地取样试验、工程复核测量和设备性能检测，提供试验样品、提交试验报告和测量成果以及监理人要求进行的其他工作。监理人的检查和检验，不免除承包人按合同约定应负的责任。另外，工程隐蔽部位覆盖前应当通知监理人检查，经承包人自检确认的工程隐蔽部位具备覆盖条件后，承包人应通知监理人在约定的期限内检查。承包人的通知应附有自检记录和必要的检查资料。监理人应按时到场检查。经监理人检查确认质量符合隐蔽要求，并在检查记录上签字后，承包人才能进行覆盖。监理人检查确认质量不合格的，承包人应在监理人指示的时间内修整返工后，由监理人重新检查。监理人未按约定的时间进行检查的，除监理人另有指示外，承包人可自行完成覆盖工作，并作相应记录报送监理人，监理人应签字确认。监理人事后对检查记录有疑问的，可按约定重新检查。承包人按约定覆盖工程隐蔽部位后，监理人对质量有疑问的，可要求承包人对已覆盖的部位进行钻孔探测或揭开重新检验，承包人应遵照执行，并在检验后重新覆盖恢复原状。经检验证明工程质量符合合同要求的，由发包人承担由此增加的费用和（或）工期延误，并支付承包人合理利润；经检验证明工程质量不符合合同要求的，由此增加的费用和（或）工期延误由承包人承担。承包人未通知监理人到场检查，私自将工程隐蔽部位覆盖的，监理人有权指示承包人钻孔探测或揭开检查，由此增加的费用和（或）工期延误由承包人承担。

关于安全管理的内容，承包人应按合同约定履行安全职责，执行监理人有关安全工作的指示，并在专用合同条款约定的期限内，按合同约定的安全工作内容，编制施工安全措施计划报送监理人审批。承包人应加强施工作业安全管理，特别应加强易燃、易爆材料、火工器材、有毒与腐蚀性材料和其他危险品的管理，以及对爆破作业和地下工程施工等危险作业的管理。承包人应严格按照国家安全标准制定施工安全操作规程，配备必要的安全生产和劳动保护设施，加强对承包人人员的安全教育，并发放安全工作手册和劳动保护用具。承包人应按监理人的指示制定应对灾害的紧急预案，报送监理人审批。承包人还应按预案做好安全检查，配置必要的救助物资和器材，切实保护好有关人员的人身和财产安全。合同约定的安全作业环境及安全施工措施所需费用应遵守有关规定，并包括在相关工作的合同价格中。承包人应对其履行合同所雇佣的全部人员，包括分包人人员的工伤事故承担责任，但由于发包人原因造成承包人人员工伤事故的，应由发包人承担责任。由于承包人原因在施工场地内及其毗邻地带造成的第三者人员伤亡和财产损失，由承包人负责赔偿。

以上是以标准施工合同文本为基础所做的原则性介绍，建议在专业人士的指导下引用到 PPP 合同文本中去。

律师建议

国内社会资本与政府合作涉及建设工程的合同内容，以使用标准施工合同文本为宜。该文本政府方面较为熟悉，有利于达成共识。

34 关于建设工程施工合同示范文本的问题

一问一答

问：住房和城乡建设部与国家工商总局联合发布《建设工程施工合同（示范文

本）》GF-2013-0201，PPP 项目的工程建设章节条款是否能与该合同文本中的相关内容对接？使用该文本应当注意哪些问题？能否请律师做一些介绍？

答：《建设工程施工合同（示范文本）》GF—2013—0201（以下称"13 版"）已由住房和城乡建设部、国家工商总局于 2013 年联合发布使用，原《建设工程施工合同（示范文本）》GF—1999—0201（以下称"99 版"）同时废止。

99 版是国家层面第一部依据 FIDIC 合同条件结构编制的建设工程施工合同文本，曾经被作为建设工程备案合同的专用文本，广泛地应用在建设工程领域，为建筑行业所熟悉。但是作为第一部依据 FIDIC 合同条件结构编制的合同文本，其也存在历史的局限性。在编制该文本时，相关单位、人员对 FIDIC 合同条件理解尚不够精确，对国内的建筑市场判断缺乏依据，导致该文本在使用中所固有的瑕疵给当事人带来了困惑，受到业内外诟病。好在经过几十年建筑市场的洗礼，一批房地产、建设工程专业律师成长了起来，他们有能力根据自身的专业水准调整合同条款，减少、消除文本所固有的缺陷。

2013 年，住房和城乡建设部与国家工商总局组织人员对 99 版合同文本进行了修改，推出了 13 版合同文本。但因对建设工程备案合同文本选用的放宽等原因，99 版合同仍被不少企业使用。下面就以 99 版为例，就 PPP 项目工程建设章节进度、质量、安全与管理相关条款做一个初步介绍。

关于工程进度管理的内容，承包人应按专用条款约定的日期，将施工组织设计和工程进度计划提交工程师，工程师按专用条款约定的时间予以确认或提出修改意见，逾期不确认也不提出书面意见的，视为同意。

若是群体工程中单位工程分期进行施工的，承包人应按照发包人提供图纸及有关资料的时间，按单位工程编制进度计划，其具体内容双方在专用条款中约定。承包人必须按工程师确认的进度计划组织施工，接受工程师对进度的检查、监督。工程实际进度与经确认的进度计划不符时，承包人应按工程师的要求提出改进措施，经工程师确认后执行。因承包人的原因导致实际进度与进度计划不符，承包人无权就改进措施提出追加合同价款。因以下原因造成工期延误，经工程师确认，工期相应顺延：（1）发包人未能按专用条款的约定提供图纸及开工条件；（2）发包人未能按约定日期支付工程预付款、进度款，致使施工不能正常进行；（3）工程师未按合同约定提供所需指令、批准等，致使施工不能正常进行；（4）设计变更和工程量增加；（5）一周内非承包人原因停水、停电、停气造成停工累计超过 8 小时；（6）不可抗力；（7）其他专用条款中约定或工程师同意工期顺延的其他情况。

关于质量管理的内容，工程质量应当达到协议书约定的质量标准，质量标准的评定以国家或行业的质量检验评定标准为依据。因承包人原因工程质量达不到约定的质量标准，承包人承担违约责任。双方对工程质量有争议，由双方同意的工程质量检测机构鉴定，所需费用及因此造成的损失，由责任方承担。双方均有责任，由双方根据其责任分别承担。承包人应认真按照标准、规范和设计图纸要求以及工程师依据合同发出的指令施工，随时接受工程师的检查检验，为检查检验提供便利条件。工程质量达不到约定标准的部分，工程师一经发现，应要求承包人拆除和重新施工，承包人应按工程师的要求拆除和重新施工，直到符合约定标准。因承包人原因达不到约定标准，由承包人承担拆除和重新施工的费用，工期不予顺延。

工程师的检查检验不应影响施工正常进行。如影响施工正常进行，检查检验不合格时，影响正常施工的费用由承包人承担。除此之外影响正常施工的追加合同价款由发包人承担，相应顺延工期。因工程师指令失误或其他非承包人原因发生的追加合同价款，由发包人承担。工程具备隐蔽条件或达到专用条款约定的中间验收部位，承包人进行自检，并在隐蔽或中间验收前48小时以书面形式通知工程师验收。通知包括隐蔽和中间验收的内容、验收时间和地点。承包人准备验收记录，验收合格，工程师在验收记录上签字后，承包人可进行隐蔽和继续施工。验收不合格，承包人在工程师限定的时间内修改后重新验收。工程师不能按时进行验收，应在验收前24小时以书面形式向承包人提出延期要求，延期不能超过48小时。工程师未能按以上时间提出延期要求，不进行验收，承包人可自行组织验收，工程师应承认验收记录。经工程师验收，工程质量符合标准、规范和设计图纸等要求，验收24小时后，工程师不在验收记录上签字，视为工程师已经认可验收记录，承包人可进行隐蔽或继续施工。

关于安全管理的问题，承包人应遵守工程建设安全生产有关管理规定，严格按安全标准组织施工，并随时接受行业安全检查人员依法实施的监督检查，采取必要的安全防护措施，消除事故隐患。由于承包人安全措施不力造成事故的责任和因此发生的费用，由承包人承担。发包人应对其在施工场地的工作人员进行安全教育，并对他们的安全负责。发包人不得要求承包人违反安全管理的规定进行施工。因发包人原因导致的安全事故，由发包人承担相应责任及发生的费用。承包人在动力设备、输电线路、地下管道、密封防震车间、易燃易爆地段以及临街交通要道附近施工时，施工开始前应向工程师提出安全防护措施，经工程师认可后实施，防护措施费用由发包人承担。实施爆破作业，在放射、毒害性环境中施工（含储存、运输、使用）及使用毒害性、腐蚀性物品施工时，承包人应在施工前14天以书面形式通知工程师，并提出相应的安全防护措施，经工程师认可后实施，由发包人承担安全防护措施费用。

　　以上是对99版建设工程施工合同关于进度、质量、安全与管理的主要内容与思路的介绍，若参考以上条款主要思路起草相应的条款，应当结合具体的PPP项目的特点，在专业律师的指导下进行可能更加有效。

律师建议

　　99版建设工程施工合同具有广泛的使用基础。选用该文作为PPP项目建设工程总包合同，政府与社会资本均容易接受。只是在使用该文本时，要聘请专业律师，排除该合同文本中固有的瑕疵，防止PPP项目出现不必要的曲折。

35 关于社会资本在工程建设中的风险规避问题

一问一答

　　问：工程建设在PPP项目中是重头戏。基于合同的相对性，政府与社会资本签订PPP合同、社会资本与承建商签订PPP项目总包合同。社会资本的多样性又使得某些社会资本对工程建设知之甚少，由此形成政府与承建商之间出现脱节。如何有效地防止这种状况发生？能否请律师给一些建议。

　　答：PPP项目一旦进入施工阶段，那真正是"开弓没有回头箭"。各路资金、各路建设者都将源源不断地汇入项目，社会资本投入项目的成本急剧增加。若在施工过程中发现工程项目存在不到位之处，进行调整所花费的人力、物力、财力都将是巨大的，同时也会给PPP项目的推进产生严重不利的影响。

PPP 项目的特点决定了其合同期时间起计的重要性。施工阶段准备不到位造成工期的延长，其结果就是项目收益期缩短。对于项目风险承担者社会资本来讲，识别风险、防范风险、回避风险、分化风险就显得特别重要。通过对风险的识别，按照 PPP 模式的原则，由最合适一方承担项目风险，分化社会资本所承担的风险，是对社会资本处理风险能力的考验。

对社会资本而言，对项目总包单位的选择具有可控性。在与总包单位签订合同之前，尽可能对总包单位的资质、能力、经验进行考察，选择具有施工能力的承包商完成 PPP 项目工程建设任务。有能力的总包方根据项目的具体情况，同样有能力选择设计单位、勘察单位、土建施工单位、建筑安装单位、设备供给单位、设备安装调试单位。从而保障整个项目的施工、安装、调试都是在满足设计要求的前提下完成。

在工程项目质量、进度可控的情况下，社会资本的另一方风险则来自土地。PPP 项目工程建设不同于一般的工程建设。一般的工程建设总包方施工完毕，结算工程款离场。PPP 项目的工程建设完成以后，社会资本离不了场、也结不到工程款，只能从未来漫长的运营期逐年收回投资。因此社会资本在回收资金的运营期内，因土地权属发生的纠纷，直接的受害人首推社会资本。为了从根本上消除土地权益上可能存在的法律风险，对土地权属以及工程建设开工的合法性审查就显得尤为重要。

PPP 项目的土地的合法性，绝不是一张土地证就可以证明。从理论上说，政府应当承担 PPP 项目的土地风险，但是土地风险一旦爆发，实际受害人并非是政府一家，理应包括社会资本。因此社会资本绝不能以拿到项目土地证，作为取得使用项目土地合法性的凭据。还必须了解、查清土地证载明的土地来源以及路径的合法性。

应当明确土地证所涉四至的红线范围是农村土地还是城市土地。若是涉及农村土地，应当对土地的性质查清楚，农用地、林地、荒地、宅基地、农村公共事业用地等各种性质的土地所占比例，补偿标准、补偿资金来源、补偿对象、土地征收主体、补偿款发放单位、获得补偿主体出具的收款凭证、被安置对象的最终安置地点、被安置对象家庭内部因安置产生的矛盾以及解决状态、被安置对象对征收主体因安置产生的矛盾以及矛盾解决办法。因征地产生的矛盾是否已经经过了行政诉讼？民事诉讼？案件是否已经结案？该宗地征收是否发生过刑事案件？发生几起？涉及几人？刑期如何？等等。

所征收的农用地是否存在基本农田？如有，是否经过了征收基本农田的审批程序？项目所使用的土地总面积为多大？何时发布征收公告？征收主体分几个小组？每个小组具体人员名单、具体负责被拆迁户明细？还应查清各被拆迁户签订拆迁协议时间，领取拆迁款时间、金额明细，获得安置时间、地点明细。拆迁工作结束日期。征收主体解散日期。征收主体解散之日尚未解决的被征收人因土地被征收所产生的纠纷明细等等。

　　若涉及城市土地，则首先查清PPP项目所用之土地是否符合城市土地利用总体规划；所征收的土地是住宅用地、工业用地还是商业用地；被征收人是自然人、法人还是其他单位。被征收人是自然人的应当查清房产证、户籍簿、户籍人员是否存在参军、上大学、出国、判刑等户籍暂时迁出的情形；还应查清所征收房产是商品房还是房改房或者是公租房，各类性质房屋的补偿标准以及形成补偿标准的法律依据。对于工商业用地，对企业的动迁所引发的雇佣人员的变化明细。企业是否足额按照《劳动法》给予终止劳动合同的员工以补偿，企业是否为离职员工足额缴纳了在职期间的社会保险，是否存在拖欠员工工资的行为等等。

　　另外，土地动迁在程序上是否存在合法性，符合国家相关城市土地动迁的法律法规。动迁款是否按照动迁协议足额支付。是否存在因动迁引发的民事、行政、刑事纠纷？尚未解决的应当明列并落实解决纠纷的单位与具体责任人，等等。

　　本项目在当地建设生产是否会给当地造成不利的环境影响？是否可能由于当地居民认识上的错误发生引发阻碍项目进行的状况？等等。

　　本着风险应当由最合适一方承担的PPP原则，因土地引发的风险，应当在合同中明确完整地约定由政府承担，并约定明确相应的违约责任。以便将社会资本的风险合法正当地予以避免。

律师建议

　　PPP项目中工程建设应由政府承担的内容，从发挥政府与社会资本合作各自的长处来讲，由政府完成具有效力性；但是由于政府在其中可能没有经济性，其工作的严谨性就有可能会受到削弱。社会资本可以通过加强政府违约责任承担的约定，来保障政府行为的合法性。

36 关于政府在工程建设中的监管问题

一问一答

问：本着风险与责任共担的原则，社会资本承担PPP项目所有商业风险，似乎PPP项目合同一签，政府就应当主动退出项目，任由社会资本操盘。但是所生产的产品以及将来的资产均属于政府方，如何保障未来产品的质量以及所建设工程的质量，政府在工程建设中能够如何作为？这一方面能否请律师做一个介绍。

答：PPP项目由社会资本承担商业风险这是毋庸置疑的，因此社会资本在PPP合同履行过程中起着决定性作用。但是PPP项目所提供的公共产品的性质，又决定了作为公共产品消费者代表的政府有义务对PPP项目设施以及未来产品质量行使检查、监督权。如何界定好政府在合同履行过程中的权利，使政府既不会对项目失去控制，也不会过多地以行政权力干预社会资本对PPP项目的运作，确实是PPP模式中需要处理好的核心问题。

政府对PPP项目的干预、检查、监督的权利来源于两个不同的层面：一个是民事层面，政府作为地位平等的PPP项目合同当事人一方，有权利依据合同约定施行自己的权利，主动了解或者要求社会资本报告项目进展状况，对合同的履行进行宏观把握。需要指出的是，政府的这一权利只能是在合同约定的范围内，超过这一范围对社会资本提出要求，政府方面构成违约，社会资本对于政府的违约行为可以置之不理；另一个层面是行政层面，政府作为社会的管理者，对提供社会公共产品的供应商社会资本发出行政指令，构成对PPP项目的干涉。依据行政法原理，行政行为一经做出就具有法律效力。因此社会资本依法必须执行行政指令，该指令如果与政府先期做出的行政许可——特许经营权相悖，则政府构成行政违约，将引发国家赔偿。

因此政府方面在PPP项目行使自己的干预、检查、监督权利时，首先应当考量自己行为的法律依据为何？行使的是民事权利还是行政权力？厘清这一基本问题可以有效地帮助政府以最佳的切入点介入PPP项目的检查、监督，也有助于政府与社会资本良性互动。可以在合同条款中明确约定，政府 PPP 项目实施机构的作为，均作为 PPP 项目民事主体行为；PPP 特许经营权授予机构的行为，为政府的行政行为。

政府与社会资本进行有效良性互动，能够第一时间掌握 PPP 项目存在的问题，一旦社会资本发生资金、技术方面的危难，政府也能够对整个事件做出有效的判断。其中最重要的就是社会资本资金链断裂，退出项目，对已完工程如何估值。

建设工程的计价目前通行的有三种方式：一是单价固定；二是部分单价固定、部分总价固定；三是总价固定。对于单价固定比较好处理，计算出已经完成的实际工程量就能得出已完工程造价，实现与总包方有效结算。对于固定价部分，由于施工工序安排所限使总包方在整个施工过程中的利润获得不具有均匀性，如何平衡这等利益，社会资本与政府在 PPP 合同中应当做好约定，以备工程中止之需。

合同履行过程中被迫中止，是合同守约方最不愿意接受的结果。为了防止这一现象的出现，在合同条款编制时，应当对导致这一结果产生的违约方应承担的违约结果做出明确约定。政府方面违约导致项目中止、社会资本退场，一般是由于政府方面违背了特许经营协议。政府方面违背 PPP 合同的行为，并非一定构成社会资本项目中止、退场的条件。政府行政违约所应当承担的国家赔偿的范围、期间、社会资本损失计算方式、赔偿资金安排、支付时间、项目再启动条件制约等条款，都应当明晰地载明在合同条款之中。对社会资本违约导致项目中止、退场的赔偿条款同样应当明确退场时间、赔偿内容、赔偿计算方式、现场遗留物处置方式、赔偿资金安排、工程结算时间、工程款不足以赔付担保的设定、工程尾款的支付。清晰的约定应当使双方都能够较为准确地预见到严重违约自己所应承担的赔偿责任，也能够同样准确地预见到对方违约自己所能获得的赔偿。

通过合同条款的安排，使政府和社会资本都能明白，守约对双方而言成本最低，是双方签约后的唯一选择。反之，对于社会资本在合同约定的期限内按时乃至提前完成工程建设，或者社会资本使用新技术、新工艺促成工程建设投资节余，政府方面也可以设定条款给予奖励。

对于工程监理单位的选择，可以考虑通过政府采购选择工程监理单位，费用由社会资本通过政府渠道支付，对工程质量的把关、对政府和社会资本实现对工程建设有效控制都是一种有益的尝试。

律 师 建 议

工程建设是 PPP 项目投资密度最大的环节，工程建设的顺利与否，除了一些外界的客观条件发生重大变化之外，很大程度上取决于双方合同的约定。合同中能够明确展示合同履行后的收益以及违约应当支付的沉重代价，能够促使当事人面对外界的不利因素更加紧密地团结起来去战胜困难，而不是一走了之。此等合同条款的安排绝非商业条款所能胜任，需要资深的律师综合项目诸多因素才能实现这一条款目的。

37 关于存量 PPP 项目中的资产尽职调查问题

一问一答

问：PPP 模式中除了新建、改建项目外，还有一种是盘活存量。在政府现有负债沉重的状况下，盘活存量对政府减轻负债而言，或许具有更大的现实意义。按照 PPP 模式操作，盘活存量应当将资产移交给社会资本运作，资产如何认定、移交，这是项目启动所面临的第一个问题，如何做好这项任务，能否请律师给予一些建议？

答：存量资产作为 PPP 项目进行运作，坦率地说，要比新建一个 PPP 项目的难度还要大。PPP 为政府与社会资本合作，存量资产通常为纯国有资产，将纯国有资产剥离出来与社会资本合作，最敏感的一个问题就是是否存在国有资产流失。这不仅是一个商业问题，更是一个法律问题，甚至是一个政治问题。因此在操作过程中一定要慎重，同时要规范和专业。

盘活存量资产引进 PPP 模式主要应当把好三道关：第一，对政府作为与社会资本合作的项目做好尽职调查；第二，寻找有资质的、具有良好信誉的中介机构做好资产评估；第三，做好项目现有人员的过渡、安置。为了便于将问题说得清楚，这里仅对如何把好第一道关展开介绍，其他两项后续再谈。

尽职调查是国有资产流转过程中必须经过的法定程序。尽职调查分为两部分：一部分为法律尽职调查，一部为财务尽职调查。法律部分由律师承担，财务部分由具有资质的会计师事务所承担。法律尽职调查报告应当有两名执业律师签名并加盖律师事务所公章；财务尽职调查报告由两名注册会计师签名，并分别加盖注册印章和会计师事务所公章。

尽职调查的目的是使社会资本尽可能地发现有关他们要接收资产的全部情况。从社会资本的角度来说，尽职调查也就是风险管理。接收本身存在着各种各样的风险，诸如，目标公司过去财务账册的准确性；并购以后目标公司的主要员工、供应商和顾客是否会继续留下来；是否存在任何可能导致目标公司运营或财务运作分崩离析的任何义务。因而，社会资本有必要通过实施尽职调查来补救买卖双方在信息获知上的不平衡。一旦通过尽职调查明确了存在哪些风险和法律问题，政府与社会资本双方便可以就相关风险和义务应由哪方承担进行谈判，同时社会资本可以决定在何种条件下继续进行接收活动。政府也明确知道目标公司价值几何，也就不会出现国有资产流失的状况。

对于 PPP 项目政府资产移交给社会资本来说，通常主办尽职调查律师与会计师事务所由社会资本聘请，政府聘请的律师与会计师事务所全程参加，掌握、了解、协助尽职调查的进行。

尽职调查程序一般是按如下程序进行：(1) 由社会资本成立移交小组负责整个资产移交的协调和谈判工作；(2) 由社会资本聘请专家组成尽职调查小组（通常包括律师、会计师和财务分析师）；(3) 由社会资本和其聘请的专家顾问与政府签署"保密协议"；(4) 由政府实施机构或由目标公司在政府的指导下把所有相关资料收集在一起并准备资料索引；(5) 由社会资本准备一份尽职调查清单；(6) 指定一间用来放置相关资料的房间（又称为"数据室"或"尽职调查室"）；(7) 建立一套程序，让社会资本能够有机会提出有关目标公司的其他问题并能获得数据室中可以披露的文件的复印件；(8) 由社会资本聘请的顾问（包括律师、会计师、财务分析师）作出报告，简要介绍对决定目标公司价值有重要意义的事项。尽职调查报告应反映尽职调查中发现的实质性的法律事项，通常包括根据调查中获得的信息对交易框架提出建议及对影响购买价格的诸项因素进行的分析；(9) 由社会资本提供资产移交合同的草稿以供谈判和修改。

尽职调查报告一般包括以下内容（包括但不限于）：(1) 公司简介（公司成立背景及情况介绍；公司历史沿革；公司成立以来股权结构的变化及增资和资产重组情况；公司成立以来主要发展阶段及每一阶段变化发展的原因；公司成立以来业务

发展、生产能力、盈利能力、销售数量、产品结构的主要变化情况;公司对外投资情况,包括投资金额,投资比例,投资性质,投资收益等情况和被投资主要单位情况介绍;公司员工状况,包括年龄结构、受教育程度结构、岗位分布结构和技术职称分布结构;董事、监事及高级管理人员的简历;公司股利发放情况和公司的股利分配政策等)。(2)公司组织结构(公司建立的组织管理结构;公司章程;公司董事会的构成,董事、高级管理人员和监事会成员在外兼职情况;公司股东结构,主要股东情况介绍,包括背景情况、股权比例、主要业务、注册资本、资产状况、盈利状况、经营范围和法定代表人等)。(3)公司供应情况(公司在业务中所需的原材料种类及其他辅料,包括用途及在原材料需求中的比重;公司主要外协厂商名单及基本情况,外协部件明细,外协模具明细及分布情况,各外协件价格及供货周期,外协厂商资质认证情况等)。(4)公司业务和产品情况(公司所从事的主要业务及业务描述,各业务在整个业务收入中的重要性;主要业务所处行业的背景资料;该业务的发展前景;主要业务增长情况,包括销量、收入、市场份额、销售价格走势,各类产品在公司销售收入及利润中各自的比重等)。(5)公司销售情况(公司产品销售市场开拓及销售网络的建立历程;公司主要客户有哪些,并介绍主要客户的有关情况,主要客户在公司销售总额中的比重;公司主要客户的地域分布状况;公司产品国内主要销售地域,销售管理及销售网络分布情况等)。(6)公司研究与开发情况(请详细介绍公司研究所的情况,包括成立的时间、研究开发实力、已经取得的研究开发成果、主要研究设备、研究开发手段、研究开发程序、研究开发组织管理结构等情况;公司技术开发人员的结构、工程师和主要技术开发人员的简历;与公司合作的主要研究开发机构名单及合作开发情况;合作单位主要情况介绍;公司自主拥有的主要专利技术、自主知识产权、专利情况,包括名称、用途、应用情况,获奖情况等)。(7)固定资产情况(公司主要固定资产的构成情况,包括主要设备名称、原值、净值、数量、使用及折旧情况、技术先进程度等)。(8)公司财务状况(公司收入、利润来源及构成;公司主营业务成本构成情况,公司管理费用构成情况;公司销售费用构成情况等)。(9)债权和债务情况(公司主要有哪些债权,该债权形成的原因;公司主要的银行贷款,该贷款的金额、利率、期限、到期日及是否有逾期贷款等)。(10)其他等。

尽职调查报告看起来较为繁琐,但是这一国有资产移交不可或缺的程序,一旦缺乏这一程序。PPP项目失败便是项目推进的唯一结局。

律师建议

尽职调查不是政府或社会资本单方的工作。社会资本组织尽职调查工作，政府方面全程放弃也会为将来项目的进展埋下隐患。双方都聘请专业人员，最好是专业水准相当的人员，不仅不会因意见不一导致项目流产，反而会最大限度地发现风险、消除风险，为项目的推进奠定一个可贵的基础。

38　关于存量 PPP 项目中的资产评估问题

一问一答

问：尽职调查反映的是目标公司潜在的风险或未来的收益趋势。评估报告反映的是目标公司的净值，是目标公司评估日价值的体现。目标公司的尽职调查报告与资产评估报告相结合能够较为客观的反映目标公司当下的状态以及未来发展趋势。为国有资产与社会资本的转让、移交、租赁奠定法律性基础。就有关评估方面的事项，政府与社会资本应当注意哪些方面的问题，能否请律师做一个介绍。

答：国家之所以把社会资本引入到过去属于事业性质的公共基础产业，其根本原因就是希望通过引进社会资本将市场机制嫁接到国有事业单位中去。市场经济最基本的要素是公开、公平、公正，所以在 PPP 推进过程中，在无明确的操作规程下，坚持这一原则，应当说符合国务院推广 PPP 的精神。

对 PPP 项目国有的目标公司进行资产评估，也是要坚守这一原则。评估机构的选择，就应当采取公开的方式面向社会招聘，以选择项目所在地政府所辖地域之外，具有资质的评估机构为佳。对于政府与社会资本来讲，关注评估报告出具人的资质、评估日、有效期即可。其他的数据，自有专业人士研究、使用。

资产评估报告，是指注册资产评估师遵照相关法律、法规和资产评估准则，在实施了必要的评估程序对特定评估对象价值进行估算后，编制并由其所在评估机构向委托方提交的反映其专业意见的书面文件。它是按照一定格式和内容来反映评估目的、假设、程序、标准、依据、方法、结果及适用条件等基本情况的报告书。广义的资产评估报告还是一种工作制度。它规定评估机构在完成评估工作之后必须按照一定程序的要求，用书面形式向委托方及相关主管部门报告评估过程和结果。狭义的资产评估报告即资产评估结果报告书，既是资产评估机构与注册资产评估师完成对资产作价，就被评估资产在特定条件下价值所发表的专家意见，也是评估机构履行评估合同情况的总结，还是评估机构与注册资产评估师为资产评估项目承担相应法律责任的证明文件。编写评估报告书又可分两步：

第一步，在完成资产评估初步数据的分析和讨论，对有关部分的数据进行调整后，由具体参加评估各组负责人员草拟出各自负责评估部分资产的评估说明，同时提交全面负责、熟悉本项目评估具体情况的人员草拟出资产评估报告书。第二步，将评估基本情况和评估报告书初稿的初步结论与委托方交换意见，听取委托方的反馈意见后，在坚持独立、客观、公正的前提下，认真分析委托方提出的问题和建议，考虑是否应该修改评估报告书，对评估报告中存在的疏忽、遗漏和错误之处进行修正，待修改完毕即可撰写出资产评估正式报告书。在完整评估报告中注册资产评估师应当详细说明：

（1）评估范围和评估对象的基本情况，评估目的的表述应当清晰、具体，不得引起误导。

（2）评估程序实施过程和情况，并重点说明：

1）评估业务承接过程和情况。

2）进行资产勘查、收集评估资料的过程和情况。

3）分析、整理评估资料的过程和情况。

4）选择评估方法的过程和依据、评估方法的基本原理、相关参数的选取和运用评估方法进行计算、分析、判断过程。

5）对初步评估结论进行综合分析，形成最终评估结论的过程。

具有资质的资产评估机构对目标公司所做的资产评估，是政府与社会资本进行合作作价的法定依据。双方已经签字，不可更改。政府与社会资本都应当高度关注。

律师建议

接受国有资产，在我们国家现有法律制度下，有着清晰的红线，必须经过具有资质的评估机构对移交资产进行评估。并且还要保证评估内容与程序合法。因此，律师应当全程跟踪。否则其后果不仅是PPP项目将半途而废，相关人员人身安全都将得不到法律保障。

39 关于存量 PPP 项目中的人力资源问题

一问一答

问：我们注意到，发展改革委的文本中对 PPP 项目存量部分资产的移交没有涉及人员的安排。PPP 存量项目很多都是国有事业单位，资产移交之后，人员如何安排？这或许是比资产移交更复杂的问题，如何处理好这一问题，能否请律师从法律角度给一些建议？

答：事业单位是我国社会主义制度下的一种特有的社会主体。是指国家为了社会公益目的，由国家机关举办或者其他组织利用国有资产举办的，从事教育、科技、文化、卫生等活动的社会服务组织。

事业单位一般要接受国家行政机关的领导，要有其组织或机构的表现形式，要成为法人实体。事业单位绝大部分由国家出资建立，大多为行政单位的下属机构，也有一部分由民间建立，或由企业集团建立。与企业相比，事业单位有以下特征：一是不以盈利为目的；二是财政及其他单位拨入的资金主要不以经济利益的获取为回报。

中国的事业单位在功能上对应国外的是非营利组织（NPO）、非政府组织（NGO），国外的这些组织是社会自治组织，而中国的事业单位和政府的关系比较密切。这种不同点，有些是社会制度不同造成的，有的是由于中国的社会自治能力不足造成的。

事业单位的性质是相对于企业单位而言的，首先事业单位包括一些有公务员工作的单位，它们不是以盈利为目的，是一些国家机构的分支。

事业单位是以政府职能、公益服务为主要宗旨的一些公益性单位、非公益性职能部门等。它参与社会事务管理，履行管理和服务职能，宗旨是为社会服务，主要从事教育、科技、文化、卫生等活动。事业单位主要有以下特征：（1）依法设立。事业单位的设立，应区分不同情况由法定审批机关批准，依法登记，或者依照法律规定直接进行法人登记。（2）从事公益服务。事业单位从事的是教育、科技、文化、卫生等涉及人民群众公共利益的服务活动,一般不履行行政管理职能。(3)不以营利为目的。事业单位一般不从事生产经营活动,经费来源有的需要财政完全保证,有的可通过从事一些经批准的服务活动取得部分收入,但取得的收入只能用于事业单位的再发展,不得用于管理层和职员分红等。(4)社会组织。事业单位是组织机构而不是个人,要有自己的名称、组织机构和场所,有与其业务活动相适应的从业人员和经费来源,能够独立承担民事责任。

事业单位经费来源一般可分为全额拨款、差额拨款和自收自支三类,其中全额拨款事业单位也称为全供事业单位,也就是全额预算管理的事业单位,是其所需的事业经费全部由国家预算拨款的一种管理形式。这种管理形式,一般适用于没有收入或收入不稳定的事业单位,如学校、科研单位、卫生防疫、工商管理等事业单位,即人员费用、公用费用都要由国家财政提供。采用这种管理形式,有利于国家对事业单位的收入进行全面的管理和监督,同时,也使事业单位的经费得到充分的保证。差额拨款事业单位,按差额比例,财政承担部分,由财政列入预算;单位承担部分,由单位在税前列支,如医院等。差额拨款单位的人员费用由国家财政拨款,其他费用自筹。这些单位的人员工资构成中固定部分为60%,非固定部分为40%。按照国家有关规定,差额拨款单位要根据经费自主程度,实行工资总额包干或其他符合自身特点的管理办法,促使其逐步减少国家财政拨款,向经费自收自支过渡。自收自支事业单位,是国家不拨款的事业单位。自收自支事业单位作为事业单位的一种主要形式,由于不需要地方财政直接拨款,因而一些地方往往放松对它的管理,造成自收自支事业单位有不断膨胀的趋势。

从上面的介绍可知,事业单位本身的内部机构就各有差异。再加上我们国家正在对事业体制进行改革,各地各行业事业单位改革的进展也不尽相同。因此在处理事业单位资产转移涉及人员的问题,更应当依靠国家的法律与政策。

事业单位人员的安排、分流首先要解决的一个问题就是人员的社保缴纳问题。我们国家历经三十余年的经济体制改革,所涉及的领域主要是对企业单位的改革,对公务员系统、事业单位系统还没有进行实质性改革。企业全员已经进入社会保障系统,企业人员的生老病死均与所从业企业脱钩,由社会承担。社保基金的缴纳由劳动者所受雇的企业与劳动者自己承担。事业单位不同,由于事业单位的经费主要由国家拨款,因此事业单位的员工享有免于缴纳社保金的义务,其生老病死由所在单位承担。事业单位资产移交给社会资本之后,全员进入企业系统,事业单位与事业单位员工应当补缴社保金,这将是一笔巨大的金额。这是资产移交之外的开支,政府与社会资本都应当认真面对。

在社会的认识中，公务员岗位要优于事业单位、事业单位要优于企业单位。PPP项目使事业单位一夜之间转变为企业单位，员工的思想工作也要花大力气去做。对于国有企业，工会在企业资产合并中的法律作用不可小觑。即使工会同意资产移交，也不排除会有一批要求解除合同的员工，对此类劳动合同解除性质的认定，补偿的测算，也是存量PPP项目事先应当关注的问题。

律师建议

存量PPP项目的实施，不仅要符合国家法律法规以及有关PPP的专项规定，还要按照国家有关事业单位改革方案操作，才能有效地推进项目进展。对项目决策合法合规性要求尤其高，只有专业精良的律师才能担当此任。

40 关于PPP项目合同文本编制的问题

一问一答

问：PPP项目行业跨度大，所涉及专业广泛。其运营模式各不相同，就是同一行业，不同的生产方式，有的运营模式也不尽相同。对于政府而言，要编制各类可供谈判所需的PPP项目合同文本，几乎不太可能。政府如何通过合同约定去实现保障社会资本所提供的社会公共产品能够满足大众的需求的目的？这一方面能否请律师做一个介绍。

答：国务院推广采用政府和社会资本合作模式提供公共服务。涉及能源、交通运输、水利、环境保护、农业、林业、科技、保障性安居工程、医疗、卫生、养老、教育、文化等公共服务领域。每一地方政府所辖区域均可能通过PPP模式提供上述公共服务。因此，要求地方政府随时准备各类具有专业水准的PPP合同文本，既与当地的项目需求不相适应，也不具有经济性。但是作为相对社会资本专业技术处于劣势的政府，不使用自己编制的合同文本，又难以从专业、技术上保障自身的合同利益，所以，政府聘请专业的中介机构编制合同、代表政府进行 PPP 谈判就应运而生。

作为 PPP 项目的社会资本，也不是天外来物。每一个社会资本的组合，其发起人无非为三者之一：第一，承建商；第二，资金方；第三，运营方。任何一家发起方，其在进入与政府进行意向性谈判之时，政府方就应当考察与其合作的另外两家，并同期考察另外两家的背景、实力。三方都具备 PPP 项目基本资质的社会资本合作团队，政府才有与其进行进一步接触的价值。因此，我们可以说，PPP 项目公司中一定有一方股东具有 PPP 项目成熟的运营经验。这为 PPP 合同文本编制中运营技术条件的确认，提供了技术支撑。

作为 PPP 项目本身，也不是一个与世隔绝的项目。PPP 项目从商业风险角度上说，由社会资本承担，作为合作方的政府，不承担项目任何商业风险。似乎 PPP 项目外界无法干预，任由社会资本独来独往。实质并非亦然。PPP 作为为社会提供公共产品的项目，其所提供的产品并非高、精、尖之物，而是我们日常生活不可或缺的必需品。在 PPP 项目推广实施之前，PPP 项目所应提供的社会公共产品就广泛地为公众所享有。因此，PPP 模式生产的社会公共产品的品质以及技术标准，已经在社会公众之间形成固化。这固化的品质、技术标准就是对 PPP 项目所提供的社会公共产品品质、技术的最低要求。

政府在 PPP 项目的技术方案以及技术的实现方面是处于劣势，但是在技术标准、行业技术标准方面乃至技术价值比方面并不劣于社会资本。经过新中国成立60 余年科技进步与发展，我国各行各业的基础技术标准已经形成，较为完善的国家技术标准体系已经建立，PPP 项目所涉所有技术指标首先都应当满足国家技术标准。对于使用的新工艺、新技术，各行各业的行业标准也能够成为 PPP 项目技术指标的基本要求。对于运用当代最新科技的创新性技术、工艺、专利技术以及其设计资质、制造资质、安装资质、操作资质等一系列技术保障措施，也有成熟的验证机制。

政府在技术方面也并非完全孤立。PPP 项目以入库作为项目生成的标志。项目的发起，却是政府所属主管能源、交通运输、水利、环境保护、农业、林业、科技、保障性安居工程、医疗、卫生、养老、教育、文化等公共服务领域各个部门。每个部门对本部所涉的基础性技术以及前沿技术并不陌生，因此，在编制 PPP 合同时，政府各主管部门对其所辖的 PPP 项目的技术、经济指标的合理性、可行性应当提出具有指导性乃至否决性意见。这是政府代表公众购买公共产品对产品品质选择的权利。

PPP 合同是 PPP 合同体系中的一个文本，是 PPP 合同体系中的一部分。PPP 合同中的"运营和服务"章节中的内容当然不能例外。PPP 合同"运营与服务"章节中的技术指标"承上"于政府与社会资本签署的《特许经营许可合同》的技术指标；"启下"于社会资本与运营商签订的《PPP 项目运营合同》。从 PPP 合同体系上说，PPP 合同所辖三大合同：《PPP 项目施工总包合同》、《PPP 项目融资合同》、《PPP 项目运营合同》。只有在这三大合同签订之后，社会资本才能与政府签订《PPP 合同》。由此，《PPP 合同》中有关运营各项技术指标不能高于《PPP 项目运营合同》载明的技术指标，同时也必须与《特许经营许可合同》相对接。一则可以保证《特许经营许可合同》规定的各项运营指标能够忠实地得到贯彻；二是也可以有效地转移社会资本团队的风险。

律师建议

PPP 合同"运营与服务"章节中的技术指标的约定，应当以《特许经营许可合同》规定的指标为基础，以保障这一技术指标能够实现为目标，政府实施机构的专业技术人员与社会资本运营方技术人员以及具有工科背景的资深律师实现有效对接，编制《PPP 合同》文本中本章节之技术指标。各行业技术指标的专业语言背景不同，要将各不同专业背景的技术语言转换成法律语言成为 PPP 合同中之条款。可见，具有工科背景的资深律师确实是 PPP 合同编制中不可或缺的人物。

41 关于 PPP 项目的运营团队建设问题

一问一答

问：PPP 项目特点之一就是社会资本运营时间长，短的 10 年，长则 30 年。在这漫长的运营期内，运营团队的建设是保障社会公共产品质量稳定、满足社会公众需求的前提，也是社会资本获得投资回报的必要条件。我们注意到在发展改革委 PPP 合同通用条款中没有这方面的内容，能否请律师就这一方面给出一些法律方面的建议？

答：PPP 项目投资额巨大、社会资本运营期间长。新建或改建的 PPP 项目，从技术的先进性来讲，不说在世界上，在国内应当说具有技术先进性。具有技术先进性的项目，必须有与之相匹配的团队、人员管理、操作，才能最大限度发挥 PPP 项目的效能。管理出效益，在这里就体现出来了。对于 PPP 项目，尤其如是。

PPP 项目公司要挖掘潜能，在运营期内将 PPP 项目运营好，一个规范的公司治理结构必不可少。公司股东会、董事会、监事会的设立，股东会、董事会、监事会的议事规则的建立，各股东对委派的董事的选人以及股东会对各股东委派董事人员的弹劾机制，在建立 PPP 项目公司之际，就应当在项目公司的章程中明确约定。各股东单位委派至项目公司的高级管理人员任职岗位、资格、职权，岗位变动的审批程序及人员更换程序，同样应当进入项目公司成立谈判的内容当中。项目公司工会组织的建立、活动规则、职权以及经费，也都是公司治理结构中不可缺少的内容。

项目公司人员编制、岗位设置、岗位说明书、岗位任职资格说明书、各岗位人员与专业素质相适应的企业行政管理制度、财务制度、人事制度、安全管理制度、资产管理制度、激励制度、惩罚制度构成企业内部管理基本架构。PPP 项目公司内部的静态管理，应当达到每一岗位人员的职责范围都具有透明性与互换性，保障任何一个级别员工的更替，对公司运营的平稳性，都不会产生明显的波动。

PPP 项目公司所生产的社会公共产品的单一性，对公司运营的动态管理的有效性，提供了可能。动态管理首先就是制定计划、分解计划，调动资源发挥主观能动性去实现计划；其次通过公司内部工作流程、操作流程的科学性，高效安全地实现计划；第三，计划实施过程中发生偏离及时反馈、调整，实现新一轮计划与实施的互动。科学的计划、高效安全的实施是企业核心凝聚力产生的源泉。而要实现这一良性循环，对生产的科学计划以及对计划一丝不苟的落实到位，人才是不可或缺的关键要素。

获得人才通常有三种途径：一是引进，通过公开招聘或猎头公司以高薪聘请的方式，将人才纳入自己的麾下。这种方式人才召集快，但成本高。在项目公司成立初期不妨采用这种方式。二是培养，通过自己的企业培训、岗位历练，培养出一批"本土"的人才。这种人才对企业的忠诚度高，但是花费的时间长，且成功率具有不确定性。三是留住心，所谓留住心就是"筑巢引凤"，建立一种良好的企业文化，使四方人才慕名而来，"本土"人才脱颖而出。对于为社会提供公共产品的 PPP 公司，其企业文化的优质性体现在提供的公共产品品质的优质性上。PPP 公司建立优良的企业文化也是社会公众对其的要求。

PPP 公司由社会资本方运营，所有的商业风险也是由社会资本方承担。因此 PPP 公司是完全市场经济下的企业，其员工也是实行全员招聘制。员工基本福利待遇的保证，就成为稳定员工队伍的红线。市场经济条件下比较优势的原理，同样适用于 PPP 公司。公司人才、员工的薪酬待遇对其他企业不具备比较优势，招来再高端的人才，脱颖而出再多的"本土"人才，企业文化唱得再响，要长期稳住一批骨干人才、员工队伍，都是枉然。没有一批具有敬业精神、专业技术过硬的员工队伍，社会资本想在运营期内依靠提供社会公共产品收回投资，只能是黄粱美梦。

PPP 项目的特性是对社会资本的投资实行"保底削峰"。这一投资回报的特性使社会资本所获得的投资回报是在扣除运营成本之后，而员工的薪酬待遇是计入 PPP 项目成本的，这使社会资本提高 PPP 项目公司员工薪酬待遇，维护一支相对稳定的员工队伍成为可能。当然过高的费用必将导致社会公共产品价格的上涨，引发公众不满，处理不当还容易导致社会群体事件的发生，这也是 PPP 项目公司应当注意，不能纵容的原则性问题。

律师建议

　　PPP 项目公司管理团队与员工队伍的稳定性较一般意义的企业有所不同，稳定的员工队伍对提供社会公共产品品质的安全性与持续性具有特殊的意义。从这个角度上说，适当地提高 PPP 项目管理团队与员工的薪酬待遇对政府、社会资本、社会公众都具有积极的意义。PPP 项目公司一旦进入运营阶段，由于其投资的巨大性、产品的单一性、运营维护的重复性、收入的稳定性，使得其也不易发生重大技术更新时间，对专业持续更新的需求会降低，因此，对员工的薪酬待遇不会呈持续高增长态势。应当说对管理团队与员工的稍高薪酬会得到社会的认同。

42 关于 PPP 项目运营阶段政府与社会资本的互动关系问题

一问一答

问：PPP 项目的商业风险由社会资本独家承担，因此 PPP 项目运营的决定权掌握在社会资本手中。但是在政府与社会资本合作承担几十年的过程中，社会资本也并非超凡脱俗，与政府绝无往来。相反，由于 PPP 项目所提供产品的公共性和社会发展的动态性，使社会资本与政府在满足社会需求方面存在必然的持续互动。如何界定好这种关系？使政府与社会资本建立一种良性的互动关系？这一方面能否请律师做一个介绍。

答：PPP 项目从商业风险分担的角度上看，是由社会资本独家承担，表面上似乎 PPP 合同签订以后，剩下的就是社会资本的事情。但是从更深一个层面看 PPP 项目，就会明白：PPP 项目的最根本的基础是政府与社会资本合作。因此，从事 PPP 项目政府与社会资本合作的概念应当贯穿始终。

目前，国务院推广的 PPP 模式所适用的项目，基本上都是社会基础设施项目，属于原先所称国家事业单位所从事范围。新中国成立 60 余年来，国内的基础设施建设已经覆盖整个城市乡村。现将其中一部分拿出来做 PPP 项目，也是该基础设施网络中的一部分或必将接入该网络中去。因此，PPP 项目签订后，并不存在自成一体，不与外界发生联系的可能性，与外界无关，且不具备独门操作的客观基础。

PPP 项目政府与社会资本合作的理念贯穿于项目全生命周期。在政府与社会资本 PPP 合同谈判之处，其实双方的目光就不仅仅是聚焦在项目本身，而是也关注到合同之外对项目实施的必然支持条件。对存量项目而言，以现有状态移交还是对所移交的资产状况做有益于 PPP 项目的调整，是整体移交，还是一部分实体移交，还是一部分以融资租赁的方式或租赁的方式移交？

对新建项目而言，新建项目选址宗地的道路、供水、供电、排污等现场基本条件如何实现与项目建设运营对接？PPP 项目生产运营所必须的特定资源供给如何保障？比如火力发电项目煤的供应商、数量、质量、价格、供应年限等；比如垃圾发电项目垃圾站的设立，垃圾的收集、运输，垃圾的数量，垃圾的类别（生活垃圾还是建筑垃圾）等等。对项目运营所产生的特定物的排放方式、标准及渠道如何设定？如污水处理项目处理之后的污水排放管道、水力发电项目水库排沙渠道、方式等等。这些看似PPP项目之外的内容，也都应纳入PPP合同前期谈判内容。

在PPP项目实际运营过程中，存在一种被动的相关性。由于社会经济生活发生变化，导致项目合同签订时所确定的技术经济指标继续执行对政府或社会资本存在现实的不公平性，比如供水项目由于供水区居住人口大量外迁导致用水量不足，影响社会资本投资回报；或者汽车工业高速发展、油价持续下跌，高速公路收费项目收益快速增长；或者增加一个高速公路上下口、关闭一个高速公路上下口等等，都会引发对PPP合同该条款的调整与修复。因此在具体PPP项目合同中，根据项目特性，设定启动变更社会公共产品技术标准的条件，以及实现技术条件变更所应付出的费用的计算方式、费用承担方式、社会资本收益调整方式都应当在PPP合同中一揽子约定清楚。

在PPP项目运营过程中，也存在一种主动引发合同内容变更的可能性。那就是政府依据对社会发展的判断或要求，主动要求更新改造、追加投资。例如：北京某区供水项目以PPP的模式交由社会资本运营。北京举办奥运会，要求该区内奥运会场馆项目均需配备直供可饮用水。由此，政府向PPP合作者社会资本提出提高部分供水标准的要求，从而引发PPP合同的变更。在PPP合同中，对这一条的引进，应当根据项目特性，设置附明确条件的合同条款，以限制该条款被滥用。所谓明确的条件是指对条件的解释只具有唯一性。以体育赛事的级别为例，国家级赛事为不明确约定，因为国家级赛事包括中华人民共和国主办的赛事、中华人民共和国体育部主办的赛事，甚至还包括国家级体育协会如全国乒乓球协会举办的赛事。国家级究竟是哪一个层面的国家级赛事，应当具体到不可拆分的程度，指向唯一。所附的条件，应当以不得广义解释为要件，将社会资本接受变更的条件逐一单列明示。

在PPP项目运营过程中，会存在一种政府对社会资本的补偿。该补偿分为两类，一是无偿性。本着PPP项目社会资本与尚未改制的同样为社会提供公共产品的同类事业单位同等待遇的原则，国家对同类事业单位的优惠政策及资金补助，PPP社会资本方应当同等享受。二是有偿性。政府对社会资本提出的合同之外的要求，造成PPP项目公司支出增加、收入减少，都应当给予社会资本补偿，补偿的方式、计算方法、支付主体、资金来源都应当在PPP合同中约定清楚。

律师建议

从以上的介绍可以看出，PPP项目在运营过程中，政府与社会资本主要有四种合作状态：无偿服务、经济发展、社会事务、特别补偿。除第一种为政府为社会资本无偿服务外，其他三种政府提出PPP合同之外的服务要求都应当承担相应的对价，而且还应当符合合同约定的程序。这四种合作态势，既是PPP模式政府与社会资本合作的界面，也是双方矛盾产生的节点。双方应当充分沟通，并由资深PPP律师通过法律的语言予以表达，才能最大限度地减少摩擦，增进合作。

43 关于PPP项目的运营监管问题

一问一答

问：PPP项目全生命周期一般都在十年以上，更有甚者长达三十年。在这么漫长期间，项目公司难免会发生人员的变动，甚至股东的更换。但是作为社会产品的消费者，当地的公众并不会因项目公司各因素的变动而减少对社会公共产品的需求。除了社会资本应当自律，保持社会公共产品供给质量与数量的稳定，政府方面能有一些什么作为来保证社会公共产品能够获得持续有效供给，这一方面能否请律师做一个介绍。

答：PPP项目的社会资本的投资回报来源于运营期项目的收益，从这个角度上说，社会资本存在着将项目运营管理到极致，以获得利益最大化。其自身会关注保持PPP项目产品的供给与质量。但是PPP项目公司对产品质量、数量的监督属于企业内部之监督，内部监督先天性不足在PPP项目中同样会体现出来，因此，外来监督不可少。而作为PPP项目的合作者政府，对项目的监督就具有外部监督的特性，能够更好地帮助PPP项目公司实现对社会公共产品供给的有效监督。

政府对PPP项目的监督主要包括人员监督、质量监督、供给监督、收支监督。

而人员监督包括对项目公司管理层以及骨干岗位人员的监督和对项目公司股东的监督。对PPP项目公司用人管理的监督主要是对公司用人程序合法性的监督。PPP项目公司各股东委派的公司董事、中级以上管理人员以及关键岗位的员工姓名、任职资格、任职时限、任职程序、免职程序、替代者资格均应当在合同中约定清楚。未经过合同约定的任职程序、未通过项目公司任职资格考核合格，无权在PPP项目公司担任相关职务。PPP项目公司股东的变更，除按照《中华人民共和国公司法》、PPP项目公司章程规定的程序办理，还应当取得政府方的书面同意。在合同条款的编制中应当注意，政府只对PPP项目合同中约定的相关股东、人员变更的内容进行监督，对合同中没有约定的人员任职情况不能行使监督权。

对产品质量的监督。作为社会公共产品的采购方，政府不是社会公共产品的终端用户。但是社会公共产品的质量存在缺陷，受损害的是使用该公共产品的社会大众，政府无论从PPP合同的相对性还是从政府管理社会职能的法定性来讲，对PPP项目提供的社会公共产品质量都具有监督权。监督的内容不是来自法定，而是来自合同的约定。合同中应当明确约定社会公共产品应当达到的诸项技术指标、允许波动范围、各指标检测的方法、采样的端口、每次检测的次数、加权平均的计算方法、检测的期间、检测单位的资质、检测人员的资格、检测单位的选择方式，以及对检测结果的确认或对检测结果有异议的救济渠道。政府要求增加检测指标或者增加检测频率，都将视为对PPP合同提出的变更要求，第一，要获得社会资本的同意，其次要给予社会资本可以接受的补偿。否则政府的监督不具有合法性。

对产品数量的监督。PPP项目一般都获得政府的特许经营许可，而且这种许可是独家许可。社会资本所提供的社会公共产品在特许经营许可区域内具有垄断经营的权利。如果社会资本供给的社会公共产品不足、不能满足该区域公众的最低需求，则政府对PPP项目公司供给的充足性监督将会启动。政府对PPP项目公司生产的社会公共产品供给量的监督权同样来自PPP合同的约定。因此在PPP合同中应当明确约定对产品供给量实施监督的启动条件、供给数量的计量单位、计量检测位置、计量检测方法、计量检测器具、计量器具的精度、计量器具的校准时效、计量器具的校准单位的选择、计量器具校准单位的资质、校准人员的资格等等。

对量的检测的约定，不仅适用于政府因社会资本提供公共产品不足而启动的检测；同样适用于政府提供进料资源性项目中因进料资源不足（如污水处理项目，污水供给不足）而由社会资本启动的检测。

收支监督。PPP项目商业风险由社会资本单方面承担，社会资本所从事的行业又是社会公共福利事业，因此，保障社会资本在 PPP 项目中有合理收益，这是 PPP 项目应有之义。也是政府对 PPP 项目收支进行监督的出发点与归宿。

在 PPP 合同中应当明确约定政府对项目公司收支监督的启动条件。笔者认为只有满足以下两种条件之一，政府才能启动收支监督的权利：

(1) PPP 项目公司出现亏损，需要政府给予保底补助；

(2) PPP 项目公司出现超额利润，按照合同约定政府享有利益分配。

政府作为 PPP 项目的合作方，本身具有对 PPP 项目财务状况的知情权。其对财务报表反映出来的一点，享有要求社会资本给予释明的权利，但这都不足以作为政府启动收支监督权的条件。除非政府司法权的介入，否则 PPP 合同编制中，都应当将政府的收支监督权限制在最小范围。

律师建议

从一般意义上讲，政府远离市场，是市场健康发展的前提。市场经济下的 PPP 项目运营也不例外。因此在 PPP 合同编制中，有关政府干预 PPP 项目公司运营的启动条件要设置得明确、具体，而且具有清晰的限制。这不仅仅是合同条款的问题，还涉及对 PPP 项目相关经济、政策、法律的深刻认识，唯有对 PPP 项目的法理、社会政治经济背景有清晰、准确的认识，才能够在谈判中说服政府，将政府的权力关进合同条款的笼子里。所以说，PPP 合同的编制笔头重千金，绝非一般律师、人员所能胜任。

44 关于 PPP 项目的政府介入问题

一问一答

问：我们注意到发展改革委《政府和社会资本合作项目通用合同指南》中有一种极端情况的约定，政府临时接管条款。该条款的设立对社会资本产生巨大威胁。我们应当如何理解这一条款的设置？如何拟定好这一条款？做到既达到政府设立这一条款的目的，又不会给诚实守信的社会资本带来无端之灾。这一方面能否请律师给一些建议。

答：PPP项目中的政府是以民事主体的身份，以公平的原则为基准，与社会资本签订合作协议。本着民事合作当事人双方法律地位平等的法律规定，政府依民法之规定，无权在未支付对价的状况下，取得社会资本的财产权或项目公司的经营权。但是，PPP项目所提供的产品不是一般的社会商品，是在某一特定区域具有垄断性的社会公众刚性消费的产品，比如供水、供电、污水处理、垃圾发电等项目。此等产品停止供给或出现明显供给不足，必然影响该区域社会公众正常的生产生活。从公民的权利层面上讲，影响到了公民的生存权、生命权。本着人权高于物权的原则，作为履行社会管理职能的政府，为保护公民的人权，强行介入、管制社会资本的财产权，在法理上，也是能够站得住脚的。

尽管政府的强行介入权、接管权具有法理基础，但这种权力一定不能被滥用。不仅不能被滥用，而且还会被严格的限制。即对政府介入权、接管权条件的设定应当清晰、准确。

从实际操作层面上说，政府出面介入或接管项目公司的前提，是项目公司自身难以为继。就是政府支持、扶持其经营，其自身支撑不下去。笔者认为，在法律上应当界定为合同中止。也就是说，PPP项目合同运营只有具备法定的合同中止条件，政府才有权启动介入权、接管权。

《中华人民共和国合同法》对合同中止的条件有明确规定，但是直接适用到PPP项目，则显得太过于原则。鉴于政府的介入权与接管权直接关系到社会资本的生死，因此，有必要在此对合同中止情形逐条结合PPP项目进行介绍。

《合同法》第六十八条关于合同中止的情形第一项为"经营状况严重恶化"。"经营状况"通过什么财务指标体现必须具体明确，比如销售量、销售额、利润、成本等等，根据每一具体项目的特点，政府与社会资本协商在合同中固定反映经营状况的具体指标。"严重"的评判标准，连续持续多长时间定义为"严重"还是连续出现若干次定义为"严重"，这是将"严重"量化的方式之一，各项目可根据具体情况量化"严重"之表述。"恶化"同样要通过量的指标进行界定。各项经营指标达到经营"恶化"的具体参数，对项目经营状况"恶化"的认定是其中之一指标达到"恶化"参数值还是所有指标同时达到，乃至其中某一些指标达到"恶化"参数值。都应当一一明列。

第二项为"转移财产、抽逃资金，以逃避债务"。国务院推广PPP项目的初衷之一，就是减轻政府负债。因此 PPP 项目所投入的资金均为社会资本对项目公司的注册资本金与自筹资金。社会资本为提高资金使用效力利用金融杠杆借贷都属于正常的筹资方式，这样社会资本从项目一开工就处在负债状态也是情理之中。PPP 合同在编制过程中，对"债务"的界定一定要清晰、准确、完整。此债务仅界定在 PPP 项目公司的负债还是界定为项目公司与项目发起人的负债，这在 PPP 合同中一定要进行唯一性表述。"转移财产"之"财产"是仅指 PPP 项目公司名下之财产还是在 PPP 项目掌管之下的用于 PPP 项目建设运营之财产。"转移"经过了政府同意是否还构成"逃避债务"。同样"抽逃"的界定也要具体明晰，经过政府同意的资金往来是否构成"抽逃资金"，这也应当在合同中达成一致。

第三项为"丧失商业信誉"。"丧失"的标志，应当在合同中明确约定是到期不偿还本金构成"丧失"，还是不能偿还利息构成"丧失"；是已发生这种状况就构成"丧失"，还是必须持续一定的期间才构成"丧失"；是发生延期偿还的情形就构成"丧失"，还是要债权人起诉之后才构成"丧失"，乃至案件执行完毕都不能还本付息构成"丧失"。设置不同的"丧失"成立的条件，构成政府介入权与接管权进入的门槛。在谈判之中，社会资本具有一定的主动权。合同该条款一旦成文，就成为社会资本得失的分水岭。

第四项为"有丧失或可能丧失履行债务能力的其他情形"。这一规定对于《合同法》来讲就是一个兜底条款，但是对于政府与社会资本，尤其是社会资本在编制 PPP 合同时，也必须穷尽该条款具体内容。有的人认为该条款是兜底条款，对社会资本不利，在 PPP 合同文本中明确排除该条款。笔者认为，在 PPP 合同中排除该条款欠妥。在该条款情形下罗列几条并特别载明"《合同法》第六十八条第（四）项兜底条款双方约定仅为以下几种情况"，更有利于社会资本与 PPP 项目的健康推进。

律师建议

　　PPP 合同中关于政府介入权与接管权条款的编制，可以说是社会资本的生死结，应该是社会资本坚守的底线。该底线有一丝的缝隙，就会激发政府"看得见的手"以合法的面目非法干预项目正常进行，甚至赶走社会资本。没有坚实法理基础、丰富社会经验的专业律师，是无法为社会资本把好这一关的。

45 关于 PPP 项目的纠纷解决机制问题

一问一答

问：PPP 项目全生命周期一般十年以上，有些甚至三十年。在这么漫长的合作期内，科学技术会有长足的发展，工艺与产品也会出现更新。政府官员的更替、行政区划的并合等等都是影响 PPP 项目合同签订时合同目的实现的因素。如何减轻甚至排除诸如此类的因素对 PPP 项目正常实施的不利影响，使政府与社会资本在 PPP 项目全生命周期内顺利完成合作，能否请律师给出一些建议。

答：无论是 PPP 项目还是其他的合作项目，当事人双方要能够长期友好地合作下去，一个良好的纠纷解决机制的设计，是实现这一目标的前提。任何合作都会产生纠纷，产生纠纷不可怕；可怕的是纠纷产生之后，对已发生的纠纷不能进行有效识别，没有预案能够充分调动当事人双方的资源共同化解纠纷。

对纠纷的有效识别，是分化、解决纠纷的前提。所谓对纠纷的识别是指对引起纠纷因素的性质、关联性、必要性、经济性、流动性逐项进行分析，厘清、聚焦收缩纠纷的核心。其作用是为政府与社会资本建立最大限度的共识，进而寻找到解决纠纷的有效路径。比如对垃圾发电 PPP 项目，由于科技水平的不断发展，项目使用的垃圾发电主机设备在投入运营三年后，就有了技术上更加先进、经济上更有竞争力的同类设备。就是否需要更新乃至更换正在使用的主机设备发生纠纷，对该纠纷的识别就具有先期指导意义。首先从引起纠纷因素的定性上我们可以确定这是一个由于技术因素引起的纠纷；科技的发展使本行业系统内出现了新的更具有竞争力的同类设备，与本项目具有关联性；本项目全生命周期三十年，刚投产三年，是否需要将现有的主机设备报废，更换新的设备？是否具有必然性？这是对纠纷产生的因素必要性分析所要给出的答案；更换新的主机设备投资回报是否具有商业性？这是经济分析所要给出的答案；更换主机的资金从何而来？这是流动性分析所要解决的问题。五大问题能够达成一致，纠纷自然解决。不能形成一致，依据合同约定办理。合同中没有约定，以"谁诉求、谁投资、谁受益，配合方获得合理补偿"为原则，作为达成共识的基础。

笔者认为，这五大"性"中，只要有一"性"不能落实，就不能构成PPP项目政府与社会资本的纠纷，应当先期排除。坚持这一原则，可以在PPP项目全生命周期内，事先解决许多不是"纠纷"的纠纷。经过纠纷识别程序认定为"纠纷"的纠纷，在PPP合同的编制中也应当分门别类地设计纠纷解决路径，固定双方解决纠纷的基础。对既有纠纷的解决，一般认为有五种路径解决严重性各不相同的纠纷。

自纠性纠纷解决机制。所谓自纠性纠纷解决机制就是政府或社会资本在PPP合同履行期内，通过自查发现自身的违约行为，主动、自觉地予以纠正，免于纠纷的产生的机制。社会资本加强企业内部管理，对项目公司实行ISO9000认证，企业内部质量管理体系、安全管理体系、设备维护保养体系等等均是企业内部对自身潜在违约自我纠正的作为。尽管该"纠纷"尚不成为法律意义上的"纠纷"，但是解决此"纠纷"在PPP项目全生命周期内的重要性首屈一指。对政府方同样是这样。

磋商性纠纷解决机制。社会资本与政府PPP项目的实施机构建立固定的磋商例会机制。参与的人员以及人员的更替程序，费用的负担都应当在编制PPP合同时做出妥善安排。会议讨论的问题、双方的分歧与共识都如实地载明于各期的会议纪要之中。为了便于达成共识、提高磋商会议的效率，双方均可邀请自身聘请的专业中介机构专家，如律师、投资顾问参与会议，减少专业壁垒、增进专业共识。磋商性例会不仅是解决政府与社会资本纠纷的机制，同时也是社会资本尽职、尽力履行PPP合同向政府展示的窗口。在未来的社会资本服务质量的评估中，各期磋商例会会议纪要所载明的内容，将是社会资本服务质量、服务态度的评价依据。

整改性纠纷解决机制。在磋商性解决机制中不能解决的纠纷，将交由PPP项目纠纷解决机制联合小组解决。联合小组有政府、政府实施机构、双方PPP项目之常年法律顾问、社会资本发起人、承建商、资金方、运营方以及双方在PPP合同中约定的人员参加。按照合同约定的纠纷解决方式、程序进行。纠纷解决机制联合小组按照PPP合同约定的内容、程序所做出的决定，对政府与社会资本均有约束力。对于不执行纠纷解决机制联合小组决定方，执行方可以向其发出书面的整改通知书，要求其整改。

介入性纠纷解决机制。在社会资本接到政府发出的整改通知书后局部整改或整改没有通过。政府可以按照PPP合同的约定，直接介入PPP项目公司的管理工作，以保障PPP项目整改得到落实。对介入尚不足以推动PPP项目整改的情形下，政府可以按照 PPP 合同的约定暂时接管 PPP 项目公司，主持 PPP 项目公司工作，实施 PPP 项目整改内容。整改通过后，将 PPP 项目公司返还社会资本。PPP 合同中有关介入性条款的编制一定要公正、规范。既要保护社会资本的合法权益不受到政府权力的侵害，也要防止纵容社会资本绑架社会、对抗政府。

终止性纠纷解决机制。在政府接管之后，社会资本仍不能以自身之力完成 PPP 合同约定的任务，PPP 合同的解除就成了最终的选择。当然在 PPP 合同编制中，政府强权介入 PPP 项目公司，社会资本以政府严重违约为由提起解除合同的情形，也应当安排在合同条款之中。由于 PPP 合同投资金额大、运营期间长、入职员工众多，因此在 PPP 合同编制中，有关合同终止的条件设置一定要慎重、科学，作为合同的重点章节来编制。

律师建议

PPP 合同期限的长期性，决定了其与其他合同不同的特点。一般的合同标的物明确、履行期短，纠纷解决条款简单明了。PPP 合同却不然，它是政府与社会资本在 PPP 项目中权利交织、渗透的边际。认识到这一重要性，才能将有关 PPP 合同纠纷解决机制的合同条款编制好。

46 关于 PPP 项目移交的问题

一问一答

问：政府与社会资本合作期届满，社会资本应当将合作项目之资产无偿移交给政府，同时还应当保障社会公共产品供给的持续稳定性。对 PPP 项目而言，进展到这个阶段是一个重要的节点，也是 PPP 项目画出的一个圆满的句号。如何做到 PPP 项目顺利移交而不留后患？这一方面能否请律师给予一些建议。

答：PPP 项目能够进入到移交阶段，说明政府与社会资本有着十几年乃至几十年友好合作的基础。我们有理由相信政府与社会资本在合作的过程中也战胜过诸多困难、排除了诸多障碍。在此基础之上，可以说，项目移交在本质上不会存在过多的分歧。

值得注意的是，资产的移交不是简单的两个市场经济主体之间的财产转移，而是社会资本名下的资产转移到政府名下，在当今社会主义市场经济体制下，该等财产转移不仅是所有权的转移，资产的属性也发生了本质性变化，即由过去的民营资产转化为国有资产。与国有资产往来之间产生差异，常常不仅仅是商业中的数量差异，有时还会涉及资产性质中的定性的差异，即：可能涉及国有资产是否流失的问题。一旦与这一问题牵扯上，对政府和社会资本的直接参与人往往不是简单地通过补差就能解决，不排除引发刑事责任的可能。从这一点上说，PPP项目资产的移交一丝也不能放松。

国务院推广PPP模式，从国家体制改革的层面上说，因归属于事业单位企业化改革。而国有企业市场化的改革，早在三十年前就开始了，为今天事业单位企业化改革也积累了宝贵的经验。当年企业改制的起步是从企业承包制入手的。企业承包就是国家将国有企业资产交给个人独立经营，自负盈亏。承包人根据承包合同向职工支付薪酬福利，向国家缴纳承包费。改革之初，所实行承包制的改制企业经济效益明显好于未改制企业，对企业实行承包制上下一片叫好。可惜好景不长，三五年的承包期已满，当承包人将企业还给国家之时，个人承包国有企业的弊端尽显。固定资产没有折旧、机器设备车辆没有维修、维护、大修，没有技术开发项目，根本上没有长期发展的计划，因此，所谓企业承包的高效益不是来自企业自身竞争力的增强，而是拼设备的结果。国家为第一轮国企改革交出巨额学费，其中也不乏企业承包人和相关官员锒铛入狱。当然，在当时的历史环境下，上上下下都缺乏市场经济头脑，都是以积极的心态、善意的思维去推进改革，没有预见到承包人会以拼设备的方式追求自身利益最大化。在我们企业改革进行了三十年的今天，推进事业单位改革，在国有资产交接方面，这种低级错误当然不能再犯。

PPP项目资产移交从总体上来讲有两种类型，一种是TOT形式下的资产返还，另一种是非TOT形式下的资产移交。所谓的TOT（Translate-Own-Translate）是指政府部门或国有企业将建设好的项目的一定期限的产权或经营权，有偿转让给投资人，由其进行运营管理；投资人在约定的期限内通过经营收回全部投资并得到合理的回报，双方合约期满之后，投资人再将该项目交还政府部门或原国有企业的一种商业模式。而所谓的TOT的启动，是基于政府将国有资产移交给社会资本，因此，社会资本在经营若干年后将资产返还政府时，机器、设备、产品质量、产量的各项技术指标不应低于接受时的各项参数，应当是基本的要求。由于PPP项目运营期限较长，社会资本原接受的机器、设备被新的高技术、新设备所取代，设备更换的档案资料以及新技术形成的新的各项设备、各项技术参数，都应当作为社会资本保证移交之资产，设备性能不低于接手时指标的参数。

静态的移交以不导致国有资产流失为原则，动态的移交则以供给的社会公产品质量、数量稳定为原则。保持产品质量、数量稳定的决定因素是人。为了保证职工队伍的稳定，在编制PPP合同之时，就应当给政府到期顺利接受社会资本资产，并保持生产经营稳定预留空间。通常情况下，社会资本在PPP合同到期前一年就应当向政府方提交PPP项目详细的资产、人员移交方案。政府方根据关键岗位人员的去留意向，至少要提前半年安排具有相应资格技能的人员进场、跟产熟悉生产经营过程。社会资本发现政府安排的跟产人员不具备相应岗位的任职资格或经过培训认为不足以胜任所从事的工作，应当及时向政府方面报告，以免影响项目交接。

政府与社会资本签订资产交接书后，并不意味着社会资本所从事的PPP项目事项的终结。通常情况下，社会资本在资产移交之后，还应当继续对设备的运营承担一段时期的维修、维护义务，以对设备能够按照各项参数指标的正常运营提供担保责任。PPP项目在移交节点前半年政府方全面介入，项目进入正式交接状态；移交节点之后，社会资本再全程跟踪服务半年。应当说移交工作能够画一个圆满的句号。

非TOT形式主要是指新建或改建的PPP项目，是以PPP项目设计任务书中载明的各项技术指标经验收合格，作为PPP项目运营起始日的项目。该形式与TOT形式相比，只是少了前期从政府手中接受国有资产的环节。在PPP项目合作期届满，将资产移交给政府的内容与程序与TOT形式相同，在此就不再赘述。

律师建议

PPP项目移交因为涉及国有资产，内容与程序都应当慎重和严谨。成立一个PPP项目移交联合小组是移交不可缺少的一个环节。参加的人员应当包括但不限于政府方、社会资本方、律师等中介机构专家。项目移交联合小组在接受社会资本提交的移交方案后成立并审查、细化移交方案，对项目的顺利移交将会起到举足轻重的作用。

47 关于 PPP 项目的投资回报问题

一问一答

问：PPP 项目社会资本投资回报商业模式的设计，是 PPP 合同中重点之重点。PPP 是一个全新的模式，当下，能符合国务院 PPP 方案的项目少之又少，各地大力推进中的 PPP 模式各异，必然导致 PPP 项目投资回报商业模式设计的多样性。在编制 PPP 合同时，有关"收入和回报"章节，我们应当注意哪些方面的问题？能否请律师做一个介绍。

答：PPP 合同的投资回报条款相对于一般合同而言确实比较复杂。首先体现在 PPP 项目合同回报的不确定性。具体是在签订 PPP 合同之时以及合同已经在履行过程中，社会资本的合同对价都无法确定，只能通过合同条款的描述，这给社会资本带来风险。其次，就是对价确定之后，还要经过一个"填谷削峰"的过程，才能明确社会资本所应获得的对价。

好在 PPP 模式发展到今天，也是经历了一个演变的过程。PPP 模式形成的始作俑者是建筑商。有实力的建筑商为了在建筑市场上形成竞争优势，提出为业主部分垫资的概念，深得业主认同。这就是建筑市场承包商垫资的起源。为了在建筑市场上形成新的竞争优势，有实力的建筑商不仅提出部分垫资，而且还提出对所承建的项目按"交钥匙工程"实施，这便是 EPC 的由来。在此基础上，对于具有支付难度的业主，更有建筑商提出全额垫资，在工程"交钥匙"后支付工程款的方案，迅速获得业主的订单。这时 BT 模式就产生了。此时取得了"交钥匙"后再付款的业主的信赖，一般都已经局限在政府为业主的前提下。面对政府，更有承建商提出全额垫资、"交钥匙"后若干年内付清工程款。这种新方案大体可被称为 BOT 模式。政府尤其是中国政府，具有最优的信誉等级、最强的支付能力，因此 BOT 模式在国内各地得到迅速推广。只是 BOT 项目对社会资本投资回报实行兜底，急剧加重了地方政府负债，遭到了国务院的否定。PPP 应运而生。

对 BOT 模式社会资本的回报进行"削峰"、对项目运行进行评估后再确定

BOT 合同对价，BOT 模式便转换成了 PPP 模式，因此，可以说，PPP 模式是对 BOT 模式的改进与完善，是 BOT 模式的高级阶段。BOT 模式、PPP 模式目前在国际上没有统一的定义，在国内各流派也众说纷纭，莫衷一是。但是通常认为：BOT 是基础设施投资、建设和经营的一种方式，以政府和私人机构之间达成协议为前提，由政府向私人机构颁布特许，允许其在一定时期内筹集资金建设某一基础设施，并管理和经营该设施及其相应的产品与服务。PPP 模式是指政府与私人组织之间，是为了提供某种公共物品和服务，以特许权协议为基础，彼此之间形成一种伙伴式的合作关系，并通过签署合同来明确双方的权利和义务，以确保合作的顺利完成，最终使合作各方达到比预期单独行动更为有利的结果。

如何认定 PPP 项目的收入和回报？如何给 PPP 项目各种收益进行定性？目前我们国家尚没有具体的官方文件说明，本着 PPP 的发展路径，官方对 BOT 模式收入的相关规定是对 PPP 项目最具有参考价值的依据。通常认为，同时满足以下条件的项目可以认定为 BOT 模式：(1) 合同授予方为政府及其有关部门或政府授权进行招标的企业；(2) 合同投资方为按照有关程序取得该特许经营权合同的企业 (以下简称"合同投资方")，合同投资方按照规定设立项目公司 (以下简称"项目公司") 进行项目建设和运营，项目公司除取得建造有关基础设施的权利以外，在基础设施建造完成以后的一定期间内负责提供后续经营服务；(3) 特许经营权合同中对所建造基础设施的质量标准、工期、开始经营后提供服务的对象、收费标准及后续调整作出约定，同时在合同期满，合同投资方负有将有关基础设施移交给合同授予方的义务，并对基础设施在移交时的性能、状态等作出明确规定。

因为 PPP 是从 BOT 发展而来，因此 PPP 项目能满足官方有关 BOT 模式的认定。PPP 模式中与 BOT 相交集的部分，可以适用官方有关 BOT 对收入认定的规则。

PPP 项目合同是一份，但合同的对价构成具有多样性。按照特许经营权合同规定，项目公司应提供不止一项服务 (如既提供基础设施建造服务，又提供建成后经营服务) 的，各项服务能够单独区分时，其收取或应收的对价应当按照各项服务的相对公允价值比例分配给所提供的各项服务。

BOT 项目施工的合同收入，除了按合同规定应由授予方拨付的占公共设施公允价值很小比例的施工价款外，还必须加上特许经营权合同即项目公司收益权的价值。否则，合同收入 (有些 BOT 项目，政府只给特许经营权不给资金) 会远远低于合同成本。实际上，这一差额属于项目公司与政府之间的资产交换行为，是以工程的公允价值 (减去实际可收到价款) 为对价，换取项目建成后一定期限的特许经营权 (收益权)。因此该项换入资产应按公共基础设施的公允价值减去实际可收到价款的余额确认为无形资产（收益权），并与工程价款合并确认施工收入。

合同规定项目建成后一定期间内，项目公司可以无条件地自授予方收取确定金额的货币资金或其他金融资产的，或者在项目公司提供经营服务的收费低于某一限定金额的情况下，授予方按照合同规定负责将差价补偿给项目公司的，应当在确认收入的同时确认金融资产（主要指货币资金和应收账款）。

合同规定项目公司在有关基础设施建成后，从事经营的一定期间内有权利向获取服务的对象收取费用，但收费金额不确定的，该权利不构成一项无条件收取现金的权利，而是一种收益权，属于无形资产。BOT业务所建造基础设施不应作为项目公司的固定资产。

以上仅是对BOT官方认定的收入做一个简要介绍，更加详细、具有操作性的方案有待专业的财务分析师来为PPP项目筹划。

律师建议

PPP项目的政策的不确定性决定了社会资本投资回报方案的多样性。这里就存在政府与社会资本之间的博弈。谁的方案通透、优化、技术含量高，谁在PPP合同有关投资回报条款的谈判、拟定、编制上就具有话语权。该章节合同条款的编制、财务分析师、律师必不可少。

48 关于不可抗力法律概念的问题

一问一答

问：不可抗力在合同履行过程中，是当事人双方都不愿意遇到的。但是，PPP项目合同履行期长，社会资本投资收回缓慢，遭遇不可抗力的几率就增大。PPP合同不可抗力章节如何编制才能最大限度地减少不可抗力对项目的不利影响？法律的变更能否纳入不可抗力范畴？能否请律师就这一方面给一些建议。

答：不可抗力是民事活动中不可忽视的一种自然、社会现象。对合同期动辄十几年、乃至几十年的 PPP 合同尤其如是。我国法律对不可抗力的定义是指不能预见、不能避免并不能克服的客观情况。具体通常主要包括以下几种情形：(1) 自然灾害，如台风、冰雹、地震、海啸、洪水、火山爆发、山体滑坡；(2) 政府行为，如征收、征用；(3) 社会异常事件，如战争、武装冲突、罢工、骚乱、暴动等。因为不可抗力是一种自然、社会现象，因此通过列举的方式无法穷尽不可抗力的情形。

不可抗力一旦发生，不可避免地会对民事法律行为发生实质性改变。对 PPP 合同而言，必然发生合同内容的变更。因此正确识别不可抗力，应当从以下三方面入手。

(1) 不可预见性。法律要求构成不可抗力的事件必须是有关当事人在订立合同时，对这个事件是否会发生是不可能预见到的。在正常情况下，对于一般合同当事人来说，判断其能否预见到某一事件的发生有两个不同的标准：一是客观标准，就是在某种具体情况下，一般理智正常的人能够预见到的，合同当事人就应预见到；如果对该种事件的预见需要有一定专门知识，那么只要具有这种专业知识的一般正常水平的人所能预见到的，则该合同的当事人就应该预见到。另一个标准是主观标准，就是在某种具体情况下，根据行为人的主观条件如年龄、智力发育状况、知识水平、教育和技术能力等来判断合同的当事人是否应该预见到。这两种标准，可以单独运用，但在多种情况下应结合使用。

(2) 不可避免性。合同生效后，当事人对可能出现的意外情况尽管采取了及时合理的措施，但客观上并不能阻止这一意外情况的发生，这就是不可避免性。如果一个事件的发生完全可以通过当事人及时合理的作为而避免，则该事件就不能认为是不可抗力。

(3) 不可克服性。不可克服性是指合同的当事人对于意外发生的某一个事件所造成的损失不能克服。如果某一事件造成的后果可以通过当事人的努力而得到克服，那么这个事件就不是不可抗力事件。

不可抗力条款的法律性质是免责条款。当不可抗力发生之后，当事人根据合同约定的通知时间、方式告知对方，便可减轻或免除合同责任。不可抗力是法定的条款，当事人在合同中排除该条款，不能得到法律的支持。相反，当事人在合同中扩大对"不可抗力"认定的范畴，会被认定为当事人双方另行对免除责任的约定，具有法律效力。循着这一思路，法律变更能否纳入不可抗力的范畴，就比较容易得到明确的答案。在民事活动中，国家规定"法律"仅指全国人民代表大会和全国人民代表大会常务委员会颁布的法令；国家法规是指国务院颁布的法令。

法律与法规是人民法院裁判案件的刚性依据。地方性法规以及中央各部委、各省级人民政府颁布的法令、各级政府及其机构发布的文件都只能是各级人民法院裁判案件的参考，而不能作为人民法院裁判案件的依据。

在编制合同过程中，在合同词语释义时，我们就扩大"法律"定义。对"法律"进行扩充解释，将中央部委、地方各级政府的政策、文件定义为PPP合同的"法律"，并将"法律"的变更纳入不可抗力的范畴。这样我们就从技术上实现了将各级政府的政策变化都纳入了不可抗力的范畴的目的。

当然，任何事情都具有两面性。由于PPP目前在我国还处在起步阶段，尚没有一部法律、法规对PPP活动中的民事法律行为进行规范。PPP项目的主要法律依据还是来自政府各部门。在政府各部门对PPP都没有统一认识的情形下，各部门的政策本身就缺乏稳定性，各部门之间的政策的冲突更是不可避免。如果将政府各部门的政策都定义为"法律"，纳入PPP合同不可抗力的范畴，那么，PPP合同的稳定性、预见性就会大打折扣。合同的内容随各级政府的政策而动，为社会资本所不能接受。PPP项目就无法落地。

笔者认为，应当根据PPP项目的不同，分层级界定进入"法律"层面的政府政策。具体为，县级政府立项的PPP项目，其上级政府即地级市政府的政策，可以纳入"法律"的范畴；地级政府立项的PPP项目，其上级政府即省政府的政策，可以纳入"法律"范畴，以此类推。其原则为本级政府的政策，不能成为本级PPP项目的"法律"。本级政府出台的政策有违PPP项目合同的约定构成违约，政府应当承担违约责任；而不是属于不可抗力，政府享有免责。

律师建议

在我国现有的体制下，政府与经济有着天然的联系。政府有可能通过各种"合法"的手段干涉经济，是其本性所决定的。在PPP合同中，对"法律"定义门槛的高低，是政府"合法"介入PPP项目的难易程度的指数。门槛设置过高，当地政府插手无望，给予的支持力度小；门槛过低，当地政府支持的力度或许会大些，但干预的力度会更大。

49 关于 PPP 项目合同解除的问题

一问一答

问：PPP 项目根据"风险由最适宜一方承担"的原则，所有的商业风险都由社会资本承担，作为对等，所有的社会政治风险都由政府承担。社会资本的商业利益在 PPP 合同中能够明确约定，而政府的社会政治利益在合同中就不能穷尽。在漫长的社会资本与政府合作过程中，一旦发生社会资本追求合同约定的利益与政府追求社会政治利益发生冲突，在不可调和的情形下，合同解除就成为一项不得不面对的选项。由于 PPP 项目的投资可能全部是由社会资本承担，合同解除之后，社会资本合法权益如何得到有效保障？社会政治的负影响如何降到最低？这是双方各自关心的问题。在编制 PPP 合同时，如何安排好这些条款，能否请律师就这一方面给一些建议？

答：PPP 项目最终走向解除合同，可以说是双方都不愿意看到的。但不能因为双方都不愿意看到就回避这一问题。恰恰相反，正因为双方都不愿意看到这种情形的发生，因此更应当在编制合同之时，将解除合同的条件、程序、责任、后果约定清楚。使双方都能都明确知晓解除合同的难度以及违约方因解除合同所要付出的代价，以权衡利弊，减少解除合同的概率。

合同解除从法律层面上讲，大体可以分为两类。一是法定解除；一是协议解除。法定解除就是合同当事人一方按照法律的规定，解除合同。所谓协议解除，就是当事人双方达成新的合意，通过签订新的协议的方式来解除原协议。就法律规定上，当事人双方在解除合同问题上民事权利平等。稍加分析就能发现情况并非如此。

就协议解除而言，政府与社会资本就解除 PPP 合同达成一致，在实体上和程序上都是平等的。但对法定解除则不亦然。按照法律规定，法定解除是合同在履行过程中，出现法律规定的解除合同的情形是，守约方可以向违约方发出解除合同通知书，合同自违约方收到解除合同通知时解除。这已经表述得非常清楚，对合同当事人双方都具有约束力。

我们知道 PPP 合同本质上是特许经营权授予合同，特许经营权授予何方社会主体，是要经过政府相关部门批准的。因此 PPP 合同是属于经过政府相关部门批准后成立的合同，根据法律有关合同解除的"但书"条款《中华人民共和国合同法》第 96 条规定：法律、行政法规定解除合同应当办理批准、登记等手续的，依照其规定。PPP 合同的解除也要经过政府批准。而 PPP 合同的另一方当事人就是政府，据此，PPP 合同的社会资本不能享有合同法定解除权的实体权利。即使社会资本依照法律规定行使法定合同解除权，因为 PPP 合同是经过政府批准成立的，所以解除也必须经过政府批准，政府不批准，合同就不能解除。概而言之，PPP 合同政府不同意，合同就不能解除。在合同解除与否的问题上，同为民事主体的政府与社会资本不具有平等性。

国务院大力推广 PPP 模式，其出发点之一，就是强调在 PPP 模式中政府与社会资本地位平等。也期待将平等的理念在行政系统中根植、推广。但是，我们看到在 PPP 项目推进到深处，政府与社会资本在民事活动中的不平等性还是不可避免地显现了出来。当然，这并不意味着 PPP 项目就不可行，而是我们要看到这一不平等性。只有对这一不平等性有了充分清醒的认识，在编制 PPP 合同相关合同解除条款时，才能最大限度地限制政府的特权，保护社会资本的合法权益。

合同解除贯穿于合同履行的始终。从法律角度上看还不止，在合同的谈判阶段就存在合同的解除权。PPP 合同期几十年、有的三十年，为了便于说明问题，笔者将 PPP 合同的解除分为四个阶段。第一，签约阶段的合同解除；第二，工程建设阶段的合同解除；第三，项目运营阶段的合同解除；第四，移交后跟产阶段的合同解除。

签约阶段的合同解除，法律业内称之为违反先合同义务。即合同在谈判过程中，一方当事人违反诚实信用的原则，导致合同谈判失败，违约方应当承担违约责任。所谓违反诚实信用的原则主要指谈判一方假借投资之名，以刺探商业情报、摸清对方商业底价为目的，进行合同谈判。违约方应当承担守约方参与谈判所发生的直接费用。为了防止 PPP 项目发生类似情况，PPP 项目开展正式谈判前，一般都签署保证、保密协议，以防范先合同义务的违反。

工程建设阶段的合同解除。该阶段合同解除要安排好两方面问题。一是建设工程计价补充；一是社会资本方对给各社会资本合作方、合作伙伴的违约赔偿。建设工程计价应当以工程预算为基础，按照实际完成的工作量，结合合同量、价的计算、结算规则进行结算。对于纳入 PPP 合同附件中的合同、协议以及属于 PPP 合同体系中的合同里约定的违约责任和违约金的计算方式，PPP 合同的违约方都应当无条件接受。社会资本违约导致合同解除，赔偿金应当从 PPP 项目资产中折价扣除；政府违约的，也应当平等地由政府承担违约赔偿责任。

项目运营阶段的合同解除。该阶段合同解除要安排好三方面问题：一是建设工程计价补充；二是社会资本方对给各社会资本合作方、合作伙伴的违约赔偿；三是依据合同所期待的利益。前两个问题与工程建设阶段相同。第三个问题是基于 PPP 项目已经进入运行状态，良好的现金流已经产生，根据 PPP 合同的约定，很容易计算出整个合同期社会资本所能获得的利益。依据国家法律，违约方对这一损失应当承担责任。

移交后跟产阶段合同解除。主要是承担项目移交后对设备、设施的维修、保养工作。该阶段时间短的半年，长也不超过一年，并且社会资本留有维修、维护保证金。一般情况在保修金范围内就能解决。

律师建议

从理论上说，PPP 项目合同的解除权在实际操作层面上只掌握在政府的手中，为制衡政府的特权，可以通过编制 PPP 合同加重政府方违约的责任承担。但是政府方承担责任资金的落实不同于市场经济主体，在现有的体制下，政府不能按时清偿债务不可能令政府破产还债。从这个角度上说，PPP 项目也是属于高风险项目。

50 关于 PPP 项目争议解决的问题

一问一答

问：PPP 项目政府与社会资本发生纠纷，不能得到有效解决，最终双方将通过法律途径寻求救济。在编制 PPP 合同时，是选择仲裁还是诉讼？是属于行政诉讼还是民事诉讼？目前学界与实务界都有不同的声音。一旦选择错误，将直接导致纠纷解决条款有效性受到质疑。如何保障纠纷解决条款的可操作性和有效性？能否请律师将贵所最新研究成果与我们做一个分享。

答：我们平时所签订的合同，在履行过程中发生纠纷，要么属于民事纠纷，要么属于行政纠纷。在纠纷发生之际，对所发生之纠纷是民事纠纷还是行政纠纷，不仅当事人说不清，就是一些专业人士也难以认定，现阶段，这种事件还较为罕见。PPP项目的复杂性与不确定性，在裁判定性的问题上，就属于这种罕见的情形。

PPP项目源于政府特许经营权的授予。社会资本根据自身经济、技术、实力状况选择政府公开发布的PPP库中的项目，向政府申请行政许可——特许经营权。政府授予社会资本特许经营权的行为构成行政许可。政府与社会资本因特许经营权授予发生纠纷，依法应当属于行政诉讼。特许经营权本身在法律上属于用益物权，在PPP项目中体现为收益权。从民法的角度上说，掌握社会资源的民事主体政府将PPP项目的收益权让渡给社会资本，社会资本向政府支付对价，构成一个民事法律行为的完成。也就是说，社会资本建设、经营、管理PPP项目的所有投资构成支付政府PPP特许经营权的对价。这一交易的事实基础是民事行为，因此基于这一行为产生的纠纷应当属于民事纠纷。

民事纠纷的解决途径一般有两种，一是民事诉讼，另一是仲裁。究竟以哪一种方式解决纠纷，当事人在合同中具有选择权。在目前状况下，PPP项目一般属于市级的项目，属于县级的项目可以忽略不计。一个市级的项目，通常是由市里主要领导亲自抓。当政府与社会资本发生纠纷，市级领导都没有能力解决的情况下，若通过诉讼程序，由当地的中级法院审理，审理法官的领导尚属于当地市里主要领导的下属，要指望主审法院能够比当地领导有更高的解决问题的能力、水平与资源，本身就缺乏社会常识。由此，PPP项目与政府签订的民事协议，通过诉讼途径解决纠纷，不能成为编制合同的一个选项。

仲裁是一种民间的裁判方式，它实行一裁终结制。不像诉讼，一审不服可以上诉，实行二审终审制。在我国仲裁也是一种合法、规范地解决经济纠纷的有效途径。仲裁有自己规范的仲裁规则，仲裁庭一般由三名仲裁员组成。当事人双方可以在仲裁委仲裁员名单中各选一名自己认同的仲裁员作为仲裁庭成员，第三名仲裁员为首席仲裁员，由当事人双方共同选择，双方达不成一致，由仲裁庭指定。仲裁员一般是由深资的退休法官、教授、律师、行业专家组成，尤其适合裁判PPP这类技术含量高、专业涉及面广、运作模式复杂的经济纠纷。法律规定各省、设区的市均可以成立自己的仲裁委员会。笔者建议PPP合同仲裁委员会的选择应当选择项目所在地省域以外的仲裁机构，更能保障仲裁的公正性。

对于社会资本，仲裁比诉讼确实更具有公平性，至少在形式上是如此。但是在目前的国家结构下，仲裁也不是万能的，也不能保障给社会资本以公正的结果。

仲裁裁定之后，如社会资本胜诉，去执行裁判书确认的权利，还是要到当地中级人民法院去申请执行。由中级人民法院去执行当地政府的财产。中级人民法院的执行法官去市政府强制执行政府财政资金，法院的办公经费都是由政府财政资金拨付，这种执行程序的设置，缺乏权利层级的考量，没有可操作性。其次，政府的资金专款专用，受《中华人民共和国预算法》调整，政府的预算中就没有PPP项目的赔偿金一项，法院即使强制执行，本身就是一种违法行为。这使得执行在法律上成为不可能。

反观行政诉讼，在行政诉讼中，程序上实行举证责任倒置。政府要对自身行政行为的合法性举证。在PPP合同编制中，对政府在合同中的权利作出清晰、准确的约定，减少、消除合同条款的灰色地带。政府一旦违约，通过合同就能作出明确的判断，由此可以判断PPP合同条款的编制对纠纷解决的重要性。还有一个好处就是行政诉讼，其潜台词就是政府违法行为引发的纠纷。行政诉讼的发生以及发生的数量都是当地政府执政能力、水平的考量指标，为当地政府所关注。第三也是最重要一点，行政诉讼社会资本一旦胜诉，其执行的金额直接从国库中拨付，无需当地政府安排资金。这是对社会资本最有效的保护。

律师建议

《中华人民共和国行政诉讼法》直接将特许经营权授予合同纠纷列入行政诉讼管辖范围；近一年来国务院所出台的有关PPP的推广文件一直在强调PPP模式中的政府与社会资本地位平等，政府以平等的民事主体的身份与社会资本合作。从法律的位阶上说，《中华人民共和国行政诉讼法》的法律位阶高于国务院的文件；从国务院的文件中体现出来的精神，也是强调在PPP模式中，政府与社会资本平等协商，政府不能将自身的意志强加到社会资本头上。而非改变PPP项目政府特许经营的法律性质。

下 篇

《政府和社会资本合作项目通用合同指南》
解读

使用说明

　　为规范政府和社会资本合作项目合同编制工作，鼓励和引导社会投资，增强公共产品供给能力，根据《国务院关于创新重点领域投融资机制鼓励社会投资的指导意见》（国发〔2014〕60号）有关要求，编制《政府和社会资本合作项目通用合同指南（2014年版）》。

【解读与说明】

　　上文中只提到了《国务院关于创新重点领域投融资机制鼓励社会投资的指导意见》（国发〔2014〕60号），是国务院首次提出PPP的概念。其实，在此文签发之前的2014年9月16日，国务院出台《国务院关于加强地方政府性债务管理的意见》（国发〔2014〕43号）之文,首次在中央层面提出政府与社会资本合作的模式。此文顾名思义，为加强地方政府性债务管理，而对该债务管理的最高境界就是政府的职能不能缺位，债务却还可以减轻。由此，我们说减轻政府债务负担，是国务院推进政府与社会资本合作的初衷。

　　国务院在国发〔2014〕43号文中提出推广政府和社会资本合作模式之后，财政部于同月23日出台《关于推广运用政府和社会资本合作模式有关问题的通知》（财金〔2014〕76号）。具体落实国务院国发〔2014〕43号文关于"财政部门作为地方政府性债务归口管理部门，要完善债务管理制度，充实债务管理力量，做好债务规模控制、债券发行、预算管理、统计分析和风险监控等工作"要求。并提出要成立专门机构履行政府与社会资本合作政策制定、项目储备、业务指导、项目评估、信息管理、宣传培训等职责。

　　国务院国发〔2014〕43号文要求发展改革委"要加强政府投资计划管理和项目审批，从严审批债务风险较高地区的新开工项目"。但是，发展改革委并没有像财政部一样发文落实国务院国发〔2014〕43号文的精神。直到国务院国发〔2014〕60号文出台之后，发展改革委才于2014年12月2日签发《国家发展改革委关于开展政府与社会资本合作的指导意见》（发改投资〔2014〕2724号），并附本《政府和社会资本合作项目通用合同指南（2014年版）》。

　　值得特别一提的是,财政部于2014年12月30日以财金〔2014〕156号文的形式,签发了《关于规范政府与社会资本合作合同管理工作的通知》，文件中附有《PPP项目合同指南（试行）》。

这样，PPP项目的合同指南就有两个版本，一个是发展改革委的《政府和社会资本合作项目通用合同指南（2014年版）》，另一个是财政部的《PPP项目合同指南（试行）》。本文解读的是发展改革委《政府和社会资本合作项目通用合同指南（2014年版）》。财政部的《PPP项目合同指南（试行）》的解读版本，我们将会在今后陆续推出。

【实操与建议】

PPP项目的发起有两条途径：一是政府发起；二是社会资本发起。

由政府发起，就项目立项启动而言，与之前的申请立项没有实际性差异。一般由政府所属部门或事业机构作为项目发起单位向发展改革委提交立项申请书、可行性研究报告、资金申请报告，发展改革委批复为立项。作为PPP项目，发展改革委受理后，须征求财政部门意见，由财政部门对项目进行"物有所值"评价和"政府财政承受能力"评估。评估获得通过，则发展改革委准予PPP项目立项，进入PPP项目库公示，供社会资本选择。

社会资本作为发起人申请PPP项目立项，则由社会资本向发展改革委提出申请。发展改革委受理后，审批程序与政府申请立项相同。

由于发展改革委常年负责国家工程项目的投资、管理。因此对工程实践相较于财政部而言更为熟悉，其所推出的文本，更接近工程实施操作。发展改革委之文本更关注PPP项目资本运营管理。从政府的审批来讲，形式要件第一，实质要件第二。故我们在编制PPP合同之时，形式要件首先要满足PPP项目受理机构——发展改革委的要求。PPP项目要想通过财政部门的"物有所值"评价和"政府财政承受能力"评估，财政部《PPP项目合同指南（试行）》文本中的内容，一项也不能少。

一、编制原则

【解读与说明】

本合同指南给出了编制PPP合同的六大编制原则。分别是平等、效率、兜底、公开、合法、创新。PPP合同涉及能源、交通运输、环境保护、农业、林业、科技、保障性安居工程、医疗、养老、教育、文化等公共领域，地域遍及全国各地。行业的多样性以及地域的广阔性，使得PPP合同在编制过程中，既要坚持基本原则，又要结合行业与当地的实际情况，体现出政府与社会资本的真实意思。在具体的一份PPP合同中，其编制原则可能多于本合同指南的原则，也可能少于本合同指南给出的原则。减轻政府负债，增加社会公共产品供给效率，是编制PPP合同、统一政府与社会资本分歧的基本原则。

【实操与建议】

PPP项目所涉行业的多样性以及所在地域的广阔性，决定了PPP项目不是一地政府、一个中介机构、一家企业所能够独揽的。PPP项目技术的复杂性、金融的多样性、运营的规范性使得政府必须要靠中介机构，社会资本也必须要靠中介机构。就中介机构而言同样具有多样性。擅长于做能源PPP项目的中介机构或许就不擅长做教育PPP项目。仅就擅长做能源项目的中介机构而言，能源项目本身也具有多样性（如就发电而言，有核电、水电、火电、垃圾发电、风力发电等等）。每一种发电模式的PPP项目的合同文本都不具有互换性，但某种程度上具有通用性。发展改革委的合同指南的专业性与优势在此就体现了出来。

发展改革委的指南全称为《政府和社会资本合作项目通用合同指南（2014年版）》。"通用"二字，笔者认为发展改革委得益于FIDIC条款的启发。FIDIC条款是国际咨询工程师联合会颁布的用于工程建设的合同条件，其将工程合同分为协议书、通用条款、专用条款。经过几十年世界各地的实践，获得了世界各地业主与施工单位的认可。我国也加入了国际咨询工程师联合会，FIDIC合同条件在我国也得到了较为广泛的应用。2007年，发展改革委等六部委以FIDIC合同条件为蓝本，颁布了《建设工程施工招投标标准文件》，该文件中所附的《建设工程施工合同》由通用条款、专用条款、协议书三部分组成。

本合同指南为"通用"合同指南。可以说，发展改革委言下之意是，PPP合同按此指南编制完成之后，还应当有专用条款和协议书，方为完整的PPP合同。然而，当PPP合同按照发展改革委合同指南编制完成之后，专用条款、协议书究竟是一些什么内容？

FIDIC合同条件与发展改革委颁布的《建设工程施工招投标标准文件》，之所以将合同分为三部分，是为了使合同具有重复适用性，提高合同谈判、签约的效率。协议书为合同的核心内容，通用条款适用于各类建设工程，专用条款针对具体建设工程项目编制。对于PPP项目，以上述发电类为例：通用条款按照发电类PPP项目条件编制，专用条款按照核电、水电、火电、垃圾发电、风力发电编制，协议书则为发电类PPP项目的核心条款，以此构成发电类PPP合同协议书、通用条款、专用条款。

需要特别指出的是，PPP 项目能源、交通运输、水利、环保、市政工程等特定领域是实行特许经营的，将特许经营合同设置成协议书，以区别于地位平等的通用条款与专用条款，不失为一种有益的尝试。

1. 强调合同各方的平等主体地位。合同各方均是平等主体，以市场机制为基础建立互惠合作关系，通过合同条款约定并保障权利义务。

【解读与说明】

《宪法》对国家财产的保护表述为："社会主义的公共财产神圣不可侵犯"。对私有财产保护的表述为"公民的合法的私有财产不受侵犯"。《宪法》中对公私财产保护的不同表述，一度受到热议。认为国家法律对公私财产保护具有不平等性。而今，政府与社会资本在 PPP 项目中实现主体的平等，确实是社会资本长期的渴望，同时也是政府与社会资本直接面临的困惑。如何实现平等？

从法律层面上看，平等权不是来自于当事人的约定，而是源于法律结构的设计。目前仍然争议不休的是 PPP 合同究竟是一份行政合同还是一份民事合同？主要的冲突还是在于法律的冲突。

行政说认为，PPP 项目能源、交通运输、水利、环保、市政工程等特定领域是实行特许经营的，社会资本必须取得政府授予的特许经营权，与政府签订特许经营许可协议。政府授予特许经营权的行为是一种行政行为，因此 PPP 合同属于行政合同，这是其一；其二，《行政诉讼法》直接将特许经营协议纳入行政诉讼管辖范围，这是 PPP 合同属于行政合同最直接的证明。

民事说认为，行政行为分为两类：一类是抽象行政行为；一类是具体行政行为。抽象行政行为一经做出，对不特定的人具有约束力；具体行政行为只对特定的对象发生约束力。当政府决定某一具体项目为 PPP 项目之后，对不特定的人或特定的人都没有约束力。因此，政府认定 PPP 项目的行为不是行政行为。政府将某一 PPP 项目纳入 PPP 库，向社会公开、招揽、吸引社会资本合作的行为，在法律上是一种民事要约的行为。社会资本同意与政府合作是民事法律中的承诺。政府与社会资本基于民法要约与承诺所达成的合意、签订的协议应当属于民法范畴。

PPP 项目中推行政府与社会资本合同主体地位平等固然是社会进步的体现。但是对于 PPP 合同而言，这种进步一定要落实到社会资本的实体权利之中。没有法律作为基础支撑的"平等权"，可以说不是社会资本在 PPP 项目中所追求的利益所在。

【实操与建议】

PPP合同在编制过程中，编制者一定要清楚所编制的PPP合同是行政类合同还是民事类合同。这一基本立场不清楚，所编制的合同中政府与社会资本的权利义务一定不会清楚。将来发生纠纷属高概率事件，不可避免。

国务院推广的政府与社会资本合作从本质上说，笔者倾向于民事合作。但是2015年新修改颁布的《行政诉讼法》将特许经营协议纠纷列入行政诉讼范围的事实也不能回避。笔者认为，对于特许经营许可的PPP项目，将协议书部分设定为行政合同，将通用条款与专用条款设置为民事部分。协议书由政府与社会资本签订，内容界定在行政特许范围之内；通用条款与专用条款由政府实施机构与社会资本签订，为实现行政许可目的由政府实施机构与社会资本平等协商。

目前PPP项目库中的项目，绝大多数都是政府发起的项目。库中的PPP项目，也是通过政府立项的项目。政府批准立项的依据是投资中介机构所作的可行性研究报告。这个可行性研究报告是用于政府立项之用，还是可用于社会资本投资的参考？作为社会资本一定要有一个充分清醒的认识。可行性研究报告中的诸多经济技术指标，将来都很有可能成为PPP合同中的技术要求。尽管立项具有不可更改之性，作为"平等主体"的社会资本发现可行性研究报告中相关技术参数缺乏商业性或专业性，一定要与政府磋商，进行调整或者修改自身的投标方案，达成共识。

PPP模式的特性就是社会资本承担所有商业风险，政府不承担商业风险。因此，社会资本要充分利用好与政府具有"平等地位"的谈判阶段，全方位地了解PPP项目的社会、经济条件，设计公平、合理、具有可操作性的方案。通常由社会资本自己的专业团队对项目进行尽职调查，做可行性研究报告是不能省却的过程。

2.强调提高公共服务质量和效率。政府通过引入社会资本和市场机制，促进重点领域建设，增加公共产品有效供给，提高公共资源配置效率。

【解读与说明】

效率的前提是质量得到保证，没有质量的产出，无论数量多大，都是没有效率的。在市场经济状态下，提高效率的手段就是竞争。高度的专业分工、高水平的专业能力，是市场竞争胜出的最有力保证，也是提高效率的法宝。

PPP项目尽管过去都属于政府直接投资项目，也会存在政府出资，但是PPP项目的操作模式与过去政府投资模式完全不同。本条原则也表述得非常清楚——"政府引入社会资本和市场机制"。这说明，政府与社会资本合作是建立在市场机制基础之上，是党的十八届四中全会"市场要在资源配置中起决定性作用"的精神在具体工作中的体现。

国务院之所以推出社会公共领域引进社会资本，发展混合所有制经济，就是因为从过去几十年的实践中总结出，在社会公共领域引进社会资本、引进竞争会提高社会公共产品的供给效率，满足社会城市化发展的需求。

财政部副部长王保安提出，我国预计 2020 年城镇化率将达到 60%，由此带来的投资需求约为 42 万亿，通过 PPP 模式的引入，可以在很大程度上解决城镇化建设所需大量资金，提高基础设施建设和公共服务的运营效率，缓解政府负债压力。

提高效率不仅仅局限在新增项目的投资效率的提高上，存量项目、盘活存量项目同样属于提高投资效率的范畴。PPP 模式的推进，不仅仅是社会公共设施项目投资模式的改变，也是政府调整经济结构、改变政府掌控经济模式的改革。因此，在 PPP 合同谈判中，不可避免地会出现政府职能的交错、缺位、重叠的情形。在编制 PPP 合同时，都应该以改革的思路、以提高效率的思路来修复、对接政府与社会资本、政府各相关部门、社会资本各合作伙伴之间的关系，保障 PPP 项目实现高效。

【实操与建议】

PPP 项目国务院首推为 2014 年 9 月 16 日发文（国发〔2014〕43 号），至今一年有余。可以说 PPP 项目在国内完全是一种新生事物。一时间在国内铺开，对政府与社会资本如何高度分工，如何寻找高水准的专业人才，都是推进 PPP 所急需解决的现实问题。

政府为加快推进 PPP 项目设置新部门、扩充编制有悖行政管理基本原理。现有的人员与专业又不足以胜任推进 PPP 项目之职。对该项政府服务实行政府采购，使政府快速推进 PPP，迅速集聚一批 PPP 专业人才成为可能。本着 PPP 项目商业风险由社会资本独家承担的合作原则，政府与社会资本合作专业的需求上，在商务谈判阶段为集中需求区。一旦 PPP 合同签署，政府则不必承担 PPP 专业人员的相关费用。

从政府角度上说，为 PPP 项目提供中介服务的机构主要有四家。投资咨询公司、会计师事务所、工程造价咨询机构、律师事务所。投资咨询公司主要承担项目编制可行性研究报告任务；项目商业模型的设计以及未来财务的规划属于会计师事务所注册会计师的法定业务范围；新增的 PPP 项目工程造价预算、未来的工程结算是工程造价工程师的业务范围；而对整个项目商业结构设计的合法性、项目运作的合规性的审核，是律师的专属范围。可行性研究报告通常包括技术可行性、财务可行性、法律可行性，缺少这三家单位确认的可行性研究报告，可以很明确地说是一份缺乏商业性的可行性研究报告。

需要特别说明的是，政府聘请四家中介机构从事 PPP 项目前期工作，并不需要增加当地政府预算。按照国家有关规定，PPP 项目前期的费用均可以计入项目成本。

社会资本尤其是与政府合作的社会资本发起人通常自身具有 PPP 项目某一方面的专业优势，一个完整的 PPP 项目一般包括建设、融资、运营三个方面。就目前国内的企业现状，无论哪一方面的企业牵头发起 PPP 项目，对其他方面的专业把控，仍然需要依靠专业机构。当政府拥有强大专业的专家咨询团队的时候，社会资本更应当聘请能与之对垒的专业咨询团队，才能在商业谈判中摆脱被动。

实现高效率是 PPP 项目合同编制的一个原则，PPP 项目谈判同样需要高效率。双方都具备完整的专业 PPP 项目咨询团队，是 PPP 项目谈判、建设、融资、运营、顺利完成的技术保障。

3. 强调社会资本获得合理回报。鼓励社会资本在确保公共利益的前提下，降低项目运作成本、提高资源配置效率、获取合理投资回报。

【解读与说明】

市场经济条件下，投资人对其投资结果的盈亏承担责任。这是一般的原则。PPP 项目尽管政府引入市场机制，但是还是不适用这一原则。从产品特性上说，PPP 项目提供的是社会公共产品，该产品为特定区域居民的刚性需求并且不具有替代性。从投资回报的收益上说，具有特许经营权的 PPP 项目具有垄断性，市场经济的原则在垄断状态下会出现失灵的状况，在 PPP 项目中同样得到体现。从产品供给责任上说，公民向国家缴纳税金，国家有义务为公民提供基本的社会公共产品；PPP 项目改变了提供社会公共产品供给的主体，由政府转变为社会资本，这并不意味着政府放弃为社会提供公共产品的义务，而是通过政府向社会资本购买公共产品，实现向公民供给。基于社会资本代政府履行为社会提供公共产品的职能并承担此过程中的全部商业风险，政府有义务保证社会资本的合理收益。

所谓合理收益既非过高也非过低。PPP 项目收益低于 PPP 合同约定的回报低值，政府将启动补助机制，保障社会资本投资的最低收益；作为对等，当社会资本收益高于合同约定的回报高值，高出的部分应当按照合同约定的分配方式执行。社会资本的投资收益被限定在双方约定的区间内浮动，这是判断一个项目是否属于 PPP

项目的显著特征之一。

早些年各地推行的 BOT 项目，从项目的结构上说，也属于政府与社会资本合作。但这种合作模式是，政府对社会资本最低收益保底，上不封顶。随着近些年国家社会经济的高速发展，这种模式的弊端很快就暴露出来。以高速公路为例，通车初期，由于通行车辆少，社会资本亏损由政府予以保底。但随着国家扶持汽车产业政策的不断出台，汽车迅速向家庭普及，高速公路的车流量以几何级数增长，出现了项目投资收益严重失衡。更为严重的是，BOT 式的政府与社会资本合作，对社会资本投资进行保底，违背了《民法通则》关于民事合作不得保底的规定。全国如火如荼的 BOT 模式，在国务院一纸文书的禁令下，戛然而止。PPP 项目以"削峰"平衡"保底"，具备民事活动的公平性，此种收益模式为现行法律所保护。

PPP 项目实行"削峰保底"的投资收益模式，主要是基于项目提供的社会公共产品具有市场长期的需求性和垄断性，因此销售风险较小。由此可以看出 PPP 项目是投资风险小、收益率低、收益期长的项目。

【实操与建议】

"合理回报"究竟定在多少比较合适，是政府与社会资本进行商业谈判时需要敲定的数值，而非合同履行过程中确定社会资本实际获得的回报。正如《国务院办公厅转发财政部发展改革委人民银行关于在公共服务领域推广政府和社会资本合作模式指导意见的通知》（国办发〔2015〕42 号）所要求的政府与社会资本必须坚守的基本原则——"重诺履约"，合同编制者对于这一点一定要清醒。

社会资本所获得的回报，可以从两条路径测算：一是当下社会公共产品的价格，这是一个公开的、为消费者所接受的价格，可以作为政府与社会资本谈判、确定社会资本回报的依据；二是根据社会资本投入建设生产社会公共产品的成本，确定合理回报。

PPP 项目全生命周期涵盖前期、建设、融资、运营、移交、维护整个过程。每一个环节的专业、每一个阶段商业模式的优化、每一个对接点法律风险的防范，就构成 PPP 项目"合理回报"的核心。当政府与社会资本的专业咨询机构专业能力失衡的时候，专业优势方就掌握了"合理回报"主动权，而此一役就决定未来十几年乃至几十年的收益。对政府与社会资本来说，都不能大意。

市场经济状态下，政治、政策风险对市场参与方的影响较小；市场风险对参与者的影响要大。在我们国家目前的形势下，政治、政策风险对 PPP 项目的影响，远大于对非 PPP 项目的影响。本着投资收益与投资风险呈正相关性的投资原则，社会资本对 PPP 项目投资的回报，与社会资本所面临的政治、政策风险还不完全相匹配，这在编制合同文本之时，要做好条款设计，尽量达到投资与风险平衡，保障社会资本的"合理回报"能落到实处。

4. 强调公开透明和阳光运行。针对项目建设和运营的关键环节，明确政府监管职责，发挥专业机构作用，提高信息公开程度，确保项目阳光运行。

【解读与说明】

本原则实质上是强调要构筑一个怎么样的 PPP 项目运营的社会环境。国务院推广 PPP 模式，就是要提高社会公共产品供给效率，提高效率最有效的途径就是引进竞争机制。但是要实现充分的竞争，是要有社会条件的。

市场参与者法律地位平等，是一切市场竞争的基础。对 PPP 项目而言，所有的参与主体——社会资本、承建商、资金方、运营方、主原料供应商、下游产品承接方、投资咨询机构、会计师事务所、工程造价机构、律师事务所等等各方，都应当具有平等地参与 PPP 项目的权利。失去了平等的基础，政府方面编制 PPP 项目招标文件之时，就对 PPP 项目的某一方实行量身定做，便失去了充分竞争，随之失去的必然是效率，即使整个过程公开透明也是枉然。

公开透明原则在 PPP 合同编制中不是一个目的，而是一个手段。PPP 项目的关键环节包括选择社会资本、选择承建商、选择资金方、选择运营方、确定运营考评方案等等。公开透明指的是向每一 PPP 项目的参与方与社会公众公开选择以上 PPP 项目的主要参与者的过程，便于上级政府、参与者和社会公众的监督。这种监督不仅仅只体现在文字上，还应当具体到监督救济的渠道上，包括中标的社会资本退出，政府与社会资本因量身定做进行招标给予其他参与者经济赔偿的计算方式。

这种公开透明不仅仅是政府对社会、对 PPP 的参与者公开透明，政府对自己内部也要公开透明。就政府与政府实施机构是否具有编制 PPP 合同的专业能力，是否能与社会资本的 PPP 咨询团队的水准匹敌，政府内部也应当公开，并进行充分的论证，以确定是否选聘专业的中介机构作为政府 PPP 项目的外脑。

【实操与建议】

"公开透明"属于官方表述，转换成法律语境就是"程序合法"，用通俗的语言表达就是路径清晰。PPP 项目投资金额大、回收期间长，合同中所确定的权利义务众多。如何使诸多的权利义务落到实处，编制 PPP 合同之时，实现权利义务的程序就显得尤为重要。

以政府违约为例。政府出现违约，社会资本是主张违约金还是主张特许经营权延期？此等选择只是权利的选择。如何实现该权利，这在于"程序"的约定。

如选择违约金，在编制PPP合同时就一定要明确政府支付的PPP项目的违约金在政府当年预算中属于哪一项目名下款项，当政府违约事实发生之后，由社会资本向政府哪一部门申请赔偿金，政府应当多长时间批复，不批复的法律后果如何？这些都应当"公开透明"地约定在PPP合同文本之中。至于合同中约定的政府名下的款项能否作为PPP项目的违约金支付以及是否足以支付违约金，社会资本的律师团队在对政府做尽职调查时应当清楚明了。

如选择特许经营权延长，特许经营权许可协议是否已有相关的约定？若没有该路径显然不通。若有，社会资本应当在政府违约发生后多少天之内向政府哪一部门申请？政府部门多少天内应当回复？不予回复的法律后果如何？乃至磋商解决机制的约定，参加的人员，磋商僵局的破解等等均可作为实现权利的"程序"在编制合同中体现出来。让双方都能看到"公开透明"的违约的后果。

当然有关实现权利"程序"方面的编制，律所的优势尤为突出。无论是政府还是社会资本，选择由自己的律师起草的PPP合同文本，在正式谈判之前就已经胜了一筹。

5.强调合法合规及有效执行。项目合同要与相关法律法规和技术规范做好衔接，确保内容全面、结构合理、具有可操作性。

【解读与说明】

强调合法合规及有效执行。在目前的社会环境下，本身就存在冲突。PPP模式是基础设施建设的一种全新的模式，国务院推广PPP模式，不仅是改变政府投资模式，而且也是转变政府职能，是经济体制、政府体制改革的举措。但是，今天的改革，与三十多年前十一届三中全会之后的改革完全不同。当年的改革，我们国家的法律基本上是一片空白，政府无论怎么改革，都不会存在政府违法的问题。经过三十余年的改革，正在建设法治中国的当下，社会主义初级阶段法律体系基本建立，现在的改革，首先遇到的就是法律上的障碍。

BOT模式在国内大面积失败就是惨痛的教训。BOT模式20世纪90年代引入国内，第一符合国内改革开放的大形势引进外资；第二符合地方政府GDP增长的需要；第三符合人民群众对高质量、高水准的基础设施的需求。因为同时符合国家、地方政府、人民群众的需要，也得到中央相关部委的认可，因此全国各地掀起了BOT热。权且不问BOT背后的经济因素，其最终因违背《民法通则》，被国务院叫停。这是一起典型的合法与合规冲突的案例。对官员而言，只要合规就不会被追究；但是对于社会资本来讲，合规对其而言没有意义，违法却意味着投资的彻底失败。

PPP从本质上讲是政府购买社会服务，因此《政府采购法》是PPP项目的基础法，违背这一基础法的所谓政策、变通的合法性会受到质疑。《政府采购法》明确规定，"政府采购工程进行招标投标的，适用招标投标法"。新增PPP项目都存在新建工程，新建工程项目的招标投标适用《招标投标法》，也是无法绕过的坎。而承建商往往都是社会资本的组成部分，这给PPP项目结构陡增设计难度。财政部设计出一套"磋商性竞争性谈判"方式选择社会资本的规定，属于"法"外之"规"。本着行政权"法无授权不可为"的基本原则，该"规"的合法性受到质疑。

PPP项目土地使用权的归属同样存在"法"与"规"的冲突。国务院推广PPP模式的初衷就是减轻政府负债。尽管从理论上说，PPP项目属于公共基础设施，符合土地划拨的法律规定，但是从减轻政府负债的角度上说，社会资本还是不要将土地划拨列入项目预期更具有现实性。PPP项目特许经营期届满应当无偿转交给政府，社会资本通过招拍挂取得项目土地使用权，土地使用权是否要落到社会资本名下？落下，将来一移交给政府税费如何安排？不落在社会资本名下，社会资本的财产权如何保障？

国务院力推PPP模式。主张通过特许经营权抵押贷款以解决社会资本资金压力。但是"特许经营权"是一种什么权利，学界尚有争议。本着提高"特许经营权"抵押贷款率，将其列入物权，却受制于"物权法定"的原则。我国《物权法》并没有将"特许经营权"列入物权的范围。将其界定为债权，《物权法》规定的权利质押名下又没有"特许经营权"。可见，目前以"特许经营权"进行质押在法律上存在障碍。

PPP项目肩负政府投资模式的改变、政府职能的转变、政府内部部委职责的再分配、银行业贷款规则的突破等等一系列重任，因此，PPP项目结构设计的合理性就成为PPP项目成败的关键。而合理性结构设计的基础就是项目结构合法性的设计，此重任也只有PPP项目三家专业中介机构的律师事务所才能胜任。

【实操与建议】

PPP项目结构的设计，本质上是"法律"与"法规"的妥协；形式上是"守法"与"改革"博弈。作为PPP合同的编制者——PPP项目的专业律师，吃透法律、法规的精神，为 PPP 项目的落地逢山开道、遇水搭桥方显现出律师在 PPP 项目服务中的价值。

律师在 PPP 合同编制中，"守法"是本分。在现有的法律框架下，不足以实现 PPP 合同目的情形下，吃透法规、政策精神，则又是对律师非诉讼业务能力的考验。就上文提及的"特许经营权"抵押贷款之事，银行贷款之路被直接堵死之后，是以"改革"为名，为"特许经营权"网开一面提供银行贷款，支持 PPP 项目，还是坚守现有法律，通过其他商业路径解决 PPP 项目的融资问题。这成为政府与社会资本的一个选项。

国务院（国发〔2014〕43 号文）《国务院关于加强地方政府性债务管理的意见》指出，"投资者或特别目的的公司可以通过银行贷款、企业债、项目收益债券、资产证券化等市场方式举债并承担偿债责任"。当我们要选择"违法"或曰改革的时候，作为律师首先应当反问自己，政府给我们的政策是否已经理解透？是否已经用足？从国务院（国发〔2014〕43 号）文中可以看到，PPP 项目除了通过银行贷款融资外，还可以通过企业债、项目收益债券、资产证券化等方式融资，甚至地方政府与社会资本共同出资成立专项 PPP 基金以解决 PPP 项目融资问题。可见，改革并不是遇到法律障碍就要"违法"。

当然无论是政府还是社会资本，对 PPP 项目融资，最熟悉、最有把握的还是通过银行贷款。通过其他金融工具融资，陌生、不熟悉、可靠性没把握都是拒绝的理由。也正是因为如此，需要引进专业的 PPP 项目咨询团队，使用宽泛的、多功能、高技术含量的金融工具，通过合法结构的设计，实现 PPP 项目的融资。政府与社会资本闭门造车所勾画的 PPP 项目、简单粗暴的融资方式，最都终难逃 BOT 项目的厄运。

6. 强调国际经验与国内实践相结合。借鉴国外先进经验，总结国内成功实践，积极探索，务实创新，适应当前深化投融资体制改革需要。

【解读与说明】

近代 PPP 源于英国铁娘子撒切尔夫人 20 世纪 80 年代当政时期推进的私有化。英国的私有化运动，激活了英国的经济，作为私有化的推手，政府与私人资本合作引起了世界各国学者的注意。研究、引进、推广形成了世界范围的 PPP 热。目前，世界上运用 PPP 较成功的国家也都是英联邦国家，诸如英国、澳大利亚、加拿大。

西方国家，尤其是英联邦制国家，实行的是三权分立制。国家权力分为立法权、司法权、行政权。行政权严格地受制于立法权，在行政法的范畴内运行，并受到司法权的监督。英国实施的是以公共采购法为核心，以财政部政策指南为补充的PPP法律和监管制度。

我国实行的是一个以行政权为中心的中央集权制。其优势是可以在最短的时间内动员、集中全国的资源；其劣势是行政权力过于强大，社会资本难以与之匹敌，一旦政府与社会资本发生纠纷，社会资本难以通过正常的渠道获得应有的救济。

PPP项目从国际上看，世界各国都将其界定为投资风险小、回报率低、投资回收期长的项目。投资回报率低是基于长期收益期可靠的基础之上。长期收益期可靠性受到质疑，则投资风险就增高，PPP项目投资回报率低就会打破。就国内的状况而言，意味着政府当前负债的加重。此并非国务院推广的PPP。因此在国内要实现国务院主导的PPP，地方政府对社会资本收益的保障，是PPP项目能否落地的商业基础。

PPP项目世界各国对其的定义各不相同，但这并不影响PPP模式对实施国经济发展的贡献。借鉴各国PPP成功的经验，最重要的是要借鉴世界各国实施PPP的法律理念：对政府而言，法无授权不可为；对社会资本而言，法无禁止皆可为。政府对社会经济活动只进行宏观调控、不介入具体经济事务；政府在PPP合同中的违约行为，社会资本能够得到公正的赔偿。这些实施PPP项目的国际先进的经验，国内并不陌生，现在需要的是将其转化为PPP合同的具体条款，将政府的权力关进笼子里。

【实操与建议】

国外PPP之所以能够取得良好的社会效果与经济效果主要原因在于政府的权力受到限制，政府违约社会资本能够获得应有的救济。故我们在编制PPP合同，设计政府与社会资本的权利义务条款时，时时不忘这两点。

作为社会资本首先应当承担起自身在PPP项目中的责任，担当PPP项目全生命周期的商业风险。如果社会资本缺乏自主经营能力，处处依赖政府，离开了政府就无能为力。政府干预、指导，乃至取代社会资本，也就不足为奇。

PPP项目是为社会提供公共产品。提供公共产品本身就是政府固有的义务，作为人民政府PPP项目合作方，会根据自身的财政能力出一部分资金支持当地的PPP项目以履行政府固有的义务，甚至上级政府乃至中央政府都会对某一具体PPP项目拨款，不排除拨出巨款。在这种情形下，就是对社会资本的考验。

"谁投资、谁所有"这是市场经济的一般原则。政府的资金，尤其是大笔的资金无论以什么名义进入PPP项目，作为PPP项目的社会资本要想完全排除政府对项目的影响力，有违于基本的商业规则。对于大笔的资金，让社会资本放弃同样不符合商业原则。笔者建议在这种情况下，社会资本或第三方可以与政府成立本PPP项目的专项基金，政府的优惠政策体现在专项资金之中，基金再与PPP项目结合，可以有效地隔离政府对PPP项目的直接干预，保障PPP项目商业化运行机制的完整性。

由于我们国家目前还没有一部《行政法》，因此政府权力边界在哪，尚没有一个明确的界限。这为行政权力干预微观经济创造了条件，同样也使得PPP合同是行政合同还是民事合同争议不断，无论哪一方都不能够在法理上、法律上、实践上得出吻合的结论。正因为如此，当政府行政权力干涉PPP项目，乃至侵犯社会资本合法权益之时，政府方面或许还不知晓，还认为是对PPP项目的关心与帮助。

政府与社会资本发生纠纷，如何解决纠纷，受害方如何得到应有的救济，就成为政府和社会资本所关注的实体问题。PPP项目一般都是地级市政府项目，案件标的额巨大，一旦诉讼，作为民事案件，当地中级人民法院一审应当说是"起步价"；作为行政诉讼，依据《行政诉讼法》一审也应当在中级人民法院。读者很容易发觉，一审法院都是在当地市委、市政府领导之下。在这种社会结构下，社会资本投资PPP项目心存疑虑，也就可以理解。

行政诉讼的管辖不具有选择性。但是作为民事纠纷，当事人双方可以通过协议选择仲裁。通过民间的仲裁机构仲裁来排除行政权力对司法的干预，实现政府与社会资本利益的平衡。

更有甚者，在社会资本的设计中夹杂着外资的成分。因为具有外资的成分，依法可以选择境外的国际仲裁机构进行仲裁。从心理上、程序上给予社会资本能够与政府获得同等待遇的保障，同时也是对政府承诺履约强有力的制约。

二、主要内容

项目合同由合同正文和合同附件组成，《合同指南》主要反映合同的一般要求，采用模块化的编写框架，共设置15个模块、86项条款，适用于不同模式合作项目的投融资、建设、运营和服务、移交等阶段，具有较强的通用性。原则上，所有模式项目合同的正文都应包含10个通用模块：总则、合同主体、合作关系、项目前期工作、收入和回报、不可抗力和法律变更、合同解除、违约处理、争议解决，以及其他约定。其他模块可根据实际需要灵活选用。例如，建设—运营—移交模式的项目合同除了10个通用模块之外，还需选用投资计划及融资、工程建设、运营和服务、社会资本主体移交项目等模块。

【解读与说明】

国务院在 2014 年 11 月 16 日出台《国务院关于创新重点领域投融资机制鼓励社会投资的指导意见》（国发〔2014〕60 号）文，要求政府相关部分尽快发布标准合同范本。发展改革委于同年 12 月 2 日出台《政府与社会资本合作项目通用合同指南》（简称《合同指南》），明确指出《合同指南》反映合同一般要求，具有较强的通用性，为《合同指南》的功能定了性。

能够反映合同的一般要求，就体现不出客户对合同的特殊要求；具有较强的通用性，其针对性就会偏弱。因此本《合同指南》只是对 PPP 合同编制进行定性的指导，尚不具备示范文本的功能，不能直接作为合同文本使用。

国务院要求发布标准合同范本，集全国资源于一身的国家发展改革委员会也仅出台《合同指南》，可见 PPP 合同的复杂性与多样性。《合同指南》发布至今将近一年，仍不见哪一部门发布 PPP 合同示范文本，这为以起草合同文本见长的律师行业提供了广阔的发展空间。也为笔者对《合同指南》进行专门解读提供了可能。

《合同指南》是对 PPP 合同定性的指导，并不是每一个人在《合同指南》的引导下都能够编制出 PPP 合同。只有训练有素的专业律师，经过对 PPP 项目尽职调查后，才能编制出具有实用性的 PPP 合同。

【实操与建议】

推广 PPP 模式涉及政府职能的转变，其终极意义要实现减轻政府负债，满足公众对公共产品的需求，因此 PPP 模式的实施具有长期性。对于社会资本，只要继续从事公共事业基础设施的投资，PPP 模式就是不二的选择；对于地方政府，每年都会新生 PPP 项目。因此无论是对政府还是对社会资本，PPP 合同重复使用性是他们的共同需求。客户对合同文本的需求，就是律师非诉服务的方向。因此，为 PPP 项目提供具有重复使用性的文本，就是律师责无旁贷的义务。

建议在编制 PPP 合同时，对合同结构的设计分为三部分：第一部分为特许经营权协议；第二部分为通用条款；第三部分为专用条款。其中，第一部分特许经营权协议按照行政合同模式编制，第二、第三部分按民事合同编制。一是可以避开 PPP 合同是行政合同还是民事合同之争；二是在行政、民事合同中可以分别清晰地约定政府与社会资本的权利义务。在实际操作层面区分政府在 PPP 项目中的行政行为与民事行为。从根本上杜绝 PPP 项目实施过程中政府行政行为、民事行为难以分辨的可能性。

PPP 合同的编制具有高度的专业性与复杂性。其专业性与复杂性远高于 FIDIC 合同条件的编制与《标准施工招标投标文件》合同文本的编制。即使政府相关部委发布了标准示范合同，或者政府与社会资本未来已经拥有成功案例的 PPP 合同文本，笔者也可以很负责地说，该等文本通用条款具有重复适用性，专用条款仍不具有直接适用性。必须由专业人员进行调整、把关方可在新项目中使用。

三、使用要求

1. 合作项目已纳入当地相关发展规划，并按规定报经地方人民政府或行业主管部门批准实施。

【解读与说明】

《合同指南》的使用，并非发展改革委发布之后，各相关部门就必须认真学习、研究、消化，为 PPP 项目上马做好前期准备，而是要在 PPP 项目立项之后，具体确定了 PPP 项目的政府实施机构之后，才能根据《合同指南》从事编制 PPP 合同的工作。这表明每一份 PPP 合同的编制，都必须在明确 PPP 政府实施机构之后，由项目实施机构负责完成。

PPP 合同的编制不是靠政府实施机构自身的专业力量就能完成的，因此立项之前政府机构自身编制的 PPP 合同不具有实用性。PPP 合同的编制必须依靠专业的咨询机构才能完成，在 PPP 项目立项之前，费用无法列支，故不宜开展 PPP 合同的编制工作。立项之后，PPP 合同的编制所发生的费用属于品牌项目前期费用，可以打入 PPP 项目的成本。故而在 PPP 项目立项之后，方可进行 PPP 合同的编制。

【实操与建议】

PPP 项目对中介机构而言是一个巨大的市场空间，同时也是中介回报社会、奉献社会的舞台。政府相关机构在准备申请 PPP 立项之时，就可以邀请相关中介机构的专业人员对 PPP 合同的结构设计、主要条款进行研讨。一方面政府可以通过这种方式更清楚地了解市场、了解社会资本的诉求，以确定自己的招商方案；另一方面也可以考察各中介机构的专业水准、服务质量，为立项之后，聘请中介机构储备候选。

2. 合同签署主体应具有合法和充分的授权，满足合同管理和履约需要。

【解读与说明】

一般的经济合同，当事人双方签字盖章即发生法律效力。PPP 合同具有其复杂性。PPP 合同主体为政府与社会资本。但是，对合同签订乃至合同正常履行具有实质性影响的主体的远非政府与社会资本。

就政府方面来讲，包括政府与政府实施机构。政府又包括与 PPP 项目有实质关系的土地部门、规划部门、发展改革委、财政部门、环保部门以及行业主管部门等等，任何一家部门没有审批，即使政府实施机构在 PPP 合同中签字盖章，其合同的合法性也会受到质疑，合同的履行就会很容易遇到障碍。

就社会资本而言，在签订 PPP 合同之前，其与 PPP 项目承建商的总包合同应当已经签约，通过各种金融工具融资的资金，应当已经落实在融资协议中，与运营商的协议等其他对项目会产生实质性影响的协议也应当签署完毕。这些协议有的会作为政府与社会资本签订的 PPP 合同的附件。而对 PPP 的系列协议，政府是没有精力与能力去逐一识别内容的真实性，只能通过社会资本的各合作伙伴的授权的完整性，来判断社会资本对 PPP 项目准备的情况。

【实操与建议】

PPP 项目从风险分担角度上说，社会资本承担项目全生命周期内的商业风险，政府承担法律、政策风险。PPP 项目立项的合法性，理应由政府承担。但这并不意味着社会资本就可以高枕无忧，因为项目一旦被认定违法，直接经济损失的承担者还是社会资本。

PPP 项目签约之时即使政府出面签约，只要有一家政府相关职能部门还没有批准，该部门应当对政府的签约行为给予书面确认。对政府实施机构签约更是如此。

同样，对于政府有资金乃至大量资金注入的 PPP 项目，政府在与社会资本签约之时，应当得到社会资本主要合作伙伴的书面确认，以确保社会资本具有履约能力。

3.在项目招标或招商之前，政府应参考《合同指南》组织编制合同文本，并将其作为招标或招商文件的组成部分。

【解读与说明】

PPP 合同编制工作的正式启动在 PPP 项目立项之后，编制工作完成应当在 PPP 项目正式推出对外招商之前，最晚不得晚于对社会资本进行招标的招标公告发布之时。

PPP 合同编制启动之时，立项已经完成，政府对项目的基本经济指标都载明于立项批文之中。编制 PPP 合同的一个重要指导思想就是如何将政府对 PPP 项目的诉求通过合同条款真实、准确、完整地表达出来。无论将其作为招标文件中的合同文本还是作为招商条件，都将是政府与社会资本合作的基础性文件。

PPP 合同是由政府组织编制，而非政府部门自己编制。这意味着编制 PPP 合同不是一件简单的事务性工作，而是一项系统工程。政府部门应当调集优势资源，组织编制好 PPP 合同。因此，政府推进 PPP 在专业上借助中介的优势，是编制具有操作性的 PPP 合同的捷径。

【实操与建议】

招标投标代理机构常年从事各类招投标事务，手中有着各种合同文本。政府选择社会资本首选的方式也是招投标方式。有些地方政府为了尽早完成招商，将社会资本引进来，往往只关注招投标的结果，置招投标过程中的文件于不顾。其往往会认为招投标只是为了招商引资用的，待确定社会资本之后，再来洽商合同。这种观点对 PPP 项目的实施百害而无一利。

PPP 项目通过招投标方式确定社会资本，招标为要约邀请，投标为要约，中标为承诺。政府与社会资本以要约承诺的方式通过公开招投标建立合同关系，并到政府相关部门备案。该备案合同的效力在将来政府与社会资本合作所形成的一系列合同文件中处于最高地位。一旦招投标代理机构为了满足政府尽快完成招投标程序的要求，忽视 PPP 合同的重要性，只关注招投标的时限性，不排除其以其他的合同文本替代招投标项目文本的可能性。

招投标代理机构的关注焦点，只是所代理的项目顺利通过法定的招投标程序。至于合同文本的取舍、合同中当事人之间权利义务的得失均不在招投标代理机构的关注范围之内。而这恰恰是律师所关注的焦点。这一点政府与社会资本尤其要注意。

4.社会资本确定之后，政府和社会资本可就相关条款和事项进行谈判，最终确定并签署合同文本。

【解读与说明】

在确定社会资本之后，政府一手编制的 PPP 合同文本开始发挥其应有的效应。此时的政府，对 PPP 项目专业的深度与广度已经有了一个基本认识。PPP 合同文本作为 PPP 项目政府与社会资本谈判的蓝本，一方面可以大大提高政府方面的谈判效率，另一方面政府的谈判底线也能够得到基本保障。

政府组织完成 PPP 合同的编制，是政府与社会资本进行实质性商业谈判的前提。社会资本提供 PPP 合同谈判文本，基本上为政府所不能接受。因此社会资本必须聘请更具有专业、经验、水准的 PPP 专家，组成强大的顾问咨询机构，才足以与政府抗衡。

【实操与建议】

政府 PPP 合同编制完成，并不意味着咨询顾问团队大功告成。PPP 合同谈判的全过程，政府的 PPP 咨询顾问团队都应该参与。政府与社会资本双方的咨询顾问团队相互支持、相互体谅、同心同德才能实现 PPP 项目合同谈判的完美"收官"。

5.充分发挥专业中介机构作用，完善项目合同具体条款，提高项目合同编制质量。

【解读与说明】

不仅要"发挥专业机构的作用"，还要"充分"发挥。这是发展改革委在长期主管国家公共事业、基础设施建设中所得出的宝贵经验。究竟哪些专业中介机构能够在 PPP 项目推进中发挥有益的的作用？通常认为是三家中介机构，分别是投资咨询机构、工程造价机构、律师事务所。

投资咨询机构，主要的任务是编制项目可行性研究报告。在目前的国家行政管理体制下，国家公共事业、基础设施项目到发展改革委立项，发展改革委只认同具有投资咨询资质的中介机构编制的可行性研究报告。投资咨询机构的资质由发展改革委认定颁发。因此在 PPP 项目的前期立项工作中，投资咨询中介机构不可少。

工程造价机构，新增的 PPP 项目，建设工程项目的预算应当由具有相应资质的工程造价机构完成。工程造价机构的资质由住房和城乡建设部颁发。工程造价机构编制的预算，是投资咨询工程对将要建设的项目进行成本核算的基础。

律师事务所，主要审核项目的合法性、合规性。合法性与合规性发生冲突，由律师事务所对 PPP 项目的合作结构进行优化、调整，实现合法与合规的对接，防范法律风险。

合同文本编制的中心，不是充分体现政府的意志，更不是唯政府意见办，而是真实、准确、完整地表达当事人双方的合意。这不是以投资回报分析为专业的投资咨询机构的长处，也不是能对建设工程造价进行准确预算的工程造价机构的强项，而是以《合同法》服务为基础的非诉律师的看家本事。专业的人做专业的事，是保证质量、提高效率的根本。

【实操与建议】

"三所"在 PPP 项目前期的服务过程中，是一种相互配合、相互促进、相互补台的关系。投资咨询公司承担编制可行性研究报告的重任，经济与技术的可行性直接关系到项目是否具有立项的意义。工程造价机构出具的工程预算书，为投资咨询公司核算项目成本、预测项目收益提供一手资料。经济、技术商业上可行，但是实现经济目标所采用的商业模式、技术手段是否与国家现行的法律、法规相悖，这将由律师审核。出现不可调和的冲突，可行性研究报告将面临方案的重新调整。可行性研究报告发生重大调整，项目合同的编制也将推倒重来。

通常可行性研究报告包括三方面之可行性论证——经济可行性、技术可行性、法律可行性。投资咨询机构所编制的可行性研究报告是属于经济技术可行性研究报告，对可行性研究报告出具的法律意见书，为项目的法律可行性研究报告。也有不出具法律意见书，只对可行性研究报告进行法律审查的做法。

律师在 PPP 合同前期服务过程中，不仅仅只是编制项目合同，对项目可行性研究报告的法律审查也是不可或缺的服务内容。

6. 参考《合同指南》设置章节顺序和条款。如有不能覆盖的事项，可在相关章节或"其他约定"中增加相关内容。

【解读与说明】

发展改革委在制定《合同指南》时，可以说对编制 PPP 合同的复杂性、多样性已经有了足够的思想准备，因此给编制 PPP 合同以较大的灵活性。灵活性带来的另一面是，灵活性越大，稳定性越差。一份缺乏稳定性的合同文本，对使用者来讲，缺乏基本的信任度。因此《合同指南》具有较高的灵活性，但是作为合同文本，必须具有相对的稳定性。

对《合同指南》中的内容需要增加的部分，可以分为两类：一是《合同指南》中已经有的内容，需要进一步细化。这部分内容可以通过专用条款的设置，做出一一对应的细化、增加。而《合同指南》中没有的内容，可以在"其他条款"中添加。

【实操与建议】

本解读所遵循的思路是《合同指南》的指导下编制的PPP合同是一份政府与社会资本签订的民事合同。有关PPP合同是行政合同还是民事合同之争不予置评。

为了更加有效地对《合同指南》进行解读，本解读以污水处理行业PPP项目为例，具体说明在《合同指南》的指导下，编制PPP合同的思路与方法。

鉴于本书主要是解读《合同指南》，对PPP合同结构的设计不在本书中深入探讨。故对PPP合同中的协议书与专用条款部分暂不涉及，待以后有机会再专题讨论。

四、其他

1.各行业管理部门可参考《合同指南》，分别研究制定相应行业的标准合同范本。

【解读与说明】

发展改革委发布《合同指南》，针对国务院可以说是因地制宜之为。国务院（国发〔2014〕60号）文要求相关部门出台PPP合同示范文本，发展改革委没有机械地执行国务院的文件，而是给各PPP行业部门发布了《合同指南》，为规范PPP合同，有针对性地编制PPP合同提供了可能。

同样，我们在领会《合同指南》的精神、编制PPP合同的具体工作中，应当秉承发展改革委准确理解上级精神，务实做好具体工作的作风，编制出政府与社会资本都认同的PPP合同。

【实操与建议】

PPP合同的编制应当以律师为主，但PPP合同也绝非律师闭门造车之物。以行业为单位编制PPP合同，各行业管理部门都有自己的法规部门，法规部门对本行业的法律、法规、政策、惯例以及行业忌禁都会有较为深刻的认识，这是PPP合同的编制律师必须鞠躬问道之处。行业管理部门也有自己的总工程师，其对自己行业的过去、现在、未来的技术发展状况了然于胸，合同中的关键技术指标参数的选定，非他们首肯莫属。若PPP合同的主笔律师除了具有丰富的一线工作经验之外，还拥有工科背景，那一部完美的PPP合同已经呈现在我们的面前。

2.各地要及时总结开展政府和社会资本合作中的经验教训，不断细化、完善合同文本。

【解读与说明】

"智者千虑，必有一失"。PPP 项目前期尽管政府与社会资本双方都具有强大的咨询顾问团队，但在 PPP 巨大的投资力度面前、在 PPP 项目长期的合同履行期间难免会发生纠纷。对纠纷发生的社会原因、合同原因、经办人原因都应当做出客观的分析，甄别引发纠纷的真实原因，探寻解决纠纷的方法。

【实操与建议】

以行业为单位的 PPP 合同，行业主管部门应当有意识地对本行业的 PPP 项目增进管理，定期组织 PPP 项目政府实施机构开展项目经验研讨会，及时总结经验，在全行业的 PPP 项目中推广。发现问题及时讨论，集全行业 PPP 项目实施之经验，应对出现的问题，将隐患消除在萌芽状态，实现全行业 PPP 项目良性发展。

3. 国家发展改革委将根据各地的实践情况，及时对《合同指南》进行修订完善。

【解读与说明】

PPP 模式是在国内推行的一种新的公共事业基础设施建设的模式，目前尚无一致的权威评价体系。发展改革委根据各地具体实践对《合同指南》进行修订完善的态度，实际上是给予各地 PPP 项目创新的空间。基于这种考量，对于具体的项目，根据实际需要，向发展改革委争取个案政策且得到获许，并不是不可能发生的事件。

【实操与建议】

在实务中，我们不仅要及时了解关于 PPP 新颁布的法律法规，而且也要及时了解修订和完善后的《合同指南》，及时完善关于 PPP 的相关知识。

第一章 总 则

政府和社会资本合作项目合同（简称"项目合同"），是指政府主体和社会资本主体依据《中华人民共和国合同法》及其他法律法规就政府和社会资本合作项目的实施所订立的合同文件。本章应就项目合同全局性事项进行说明和约定，具体包括合同相关术语的定义和解释、合同签订的背景和目的、声明和保证、合同生效条件、合同体系构成等。

本章为项目合同的必备篇章。

【解读与说明】

在当下 PPP 上下尚未形成完全统一认识的情形下，总则内容对合同的定性起着举足轻重的作用。通过总则确定双方当事人合作的立场、身份、目的以及实现合同目的的路径，有利于统一双方当事人的思想、尽快取得共识，排除第三方干扰，促成交易成功。

【实操与建议】

本合同的编制，采用协议书、通用条款、专用条款三部分结构。总则属于统领全局之内容，编排在协议书中，便于内容与形式的统一。

第1条 术语定义和解释

为避免歧义，项目合同中涉及的重要术语需要根据项目具体情况加以定义。凡经定义的术语，在项目合同文本中的内涵和外延应与其定义保持一致。需要定义和解释的术语通常包括但不限于：

（1）项目名称与涉及合同主体或项目相关方的术语，如"市政府"、"项目公司"等。

（2）涉及项目技术经济特征的相关术语，如"服务范围"、"技术标准"、"服务标准"等。

（3）涉及时间安排或时间节点的相关术语，如"开工日"、"试运营日"、"特许经营期"等。

（4）涉及合同履行的相关术语，如"批准"、"不可抗力"、"法律变更"等。

（5）其他需定义的术语。

【解读与说明】

PPP 项目实施的地域广阔、所涉专业技术领域宽泛、项目合同期限长。地域背景、专业背景、时空背景的不同，造成对同一个词所存在的固有的不同理解或解释。而这种不同还是潜在的，只有到矛盾爆发之后才会显现出来，对于法律风险防范来说为时已晚，故有必要对合同中所涉及的术语做出专门定义，以锁定术语的内涵与外延，减少误解的发生。

该条款的形式借鉴于 FIDIC 合同条件。2007 年发展改革委发布的《标准施工招标文件》中的建设工程施工合同示范文本里，"术语定义与解释"也进行了分类。在《合同指南》中，将"术语定义与解释"同样进行了分类。可见对术语进行分类定义与解释属于行业主流。

《合同指南》中给出了四类术语，每一类给出了几个具有代表性的术语。在具体的合同编制中，术语的类别以及各类术语名下的具体术语数量，都要根据具体的项目进行调整。

【建议条款】

通用合同条款、专用合同条款中的下列词语应具有本款所赋予的含义。

1. 主体类

（1）政府：向社会资本授予特许经营权的行政主体。本合同中指：＿＿＿。

（2）政府实施机构：代表政府与社会资本签订本合同的主体。本合同中指：＿＿＿。

（3）社会资本（项目公司）：与政府实施机构签订本合同的主体。本合同中指：＿＿＿。

（4）承建商：从事本项目建设工程总承包的主体。本合同中指：＿＿＿。

（5）融资方：为本项目提供资金支持的主体。本合同中指：＿＿＿。

（6）运营方：负责本项目接受、运营的主体。本合同中指：＿＿＿。

2. 经济技术类

（1）合同文件

1）本合同，是指本合同第 2 条第（1）项下的 2)、3)、4) 项所列的文件。

2）协议书：对本合同内容高度概括的文件。

3）通用条款：根据国家法律、法规以及国务院有关 PPP 政策制定的，通用于污水处理行业的条款。

4）专用条款：是政府实施机构与社会资本依据国家法律、法规以及国务院有关 PPP 政策，结合本项目具体情况，经过协商达成一致的条款，是对通用条款的补充、细化与修改。

5）补充协议：政府实施机构与社会资本签订的本合同之外的文件，且经过双方加盖的印章与本合同印章一致。

6）会议纪要：政府实施机构与社会资本形成的有关本项目所涉权利义务设立、变更、终止的文件，且该文件经双方相应负责人员签署。

7）中标通知书：政府实施机构发给社会资本的中标书面通知。

8）招标文件：政府实施机构向社会公开发布的招标公告及附件。

9）投标文件：社会资本为了对本项目招标文件做实质性响应向政府实施机构提交的文件及附件。

10）其他合同文件：双方确认的，能够确立双方权利义务设立、变更、终止的文件。

（2）技术标准类

1）污水：指经过城市污水管线输送至本项目污水接收点的待处理水源。

2）基本水量：本合同约定的政府向社会资本付费的最低污水处理量。

3）进水采样点：在城市污水管线与本项目污水进水管连接处，政府与社会资本共同确认的进入本项目进行处理的污水质量检测取样处。

4）出水采样点：本项目污水排水管与政府公共污水管线连接处，政府与社会资本共同确认的经本项目处理过的污水质量检测取样处。

5）主要污染物削减量：指本项目对污水进行处理后所减少的主要污染物的数量。

6）化学品：指为实现污水处理，按照本项目污水处理工艺操作规程，投放的各类能有助于污水净化的添加剂。

（3）服务范围类

本项目：指特许经营权载明的 ××× 污水处理项目。

1）本项目用地：位于＿＿＿省＿＿＿市＿＿＿县＿＿＿路＿＿＿号。四至详见土地使用权证书，证书号：＿＿＿。

2）谨慎运行惯例：作为一个国内有经验的污水处理商通常所采用或接受的惯例、方法和做法以及采用的国际惯例和方法。

3）接收点：政府公共污水管线输出口与本项目污水进口管线的结合部。

4）交付点：本项目处理后的污水输出口与政府公共管线污水输入口的结合部。

5）移交：社会资本将本项目移交给政府实施机构或政府指定的第三家。

6）全生命周期：指本项目从设计、融资、建造、运营、维护至终止移交的完整周期。

7）融资完成：社会资本向政府提交与融资方签署的有效融资文件，能足以证明社会资本为本项目获得举债融资所需的全部交易办理完毕；且一并提交本合同或融资文件要求的股权投资人的认股书。

8）融资文件：指与本项目的融资或再融资相关的协议、保函、外汇套期保值协议和其他文件，但不包括与股权投资人的认股书相关的任何文件和与履约保函相关的文件。

（4）服务标准类

1）听证会。

2）绩效评价。

3）投标保函：指社会资本按照政府实施机构公布的招标公告的要求提交的保函。

4）移交保证金：社会资本为保证履行本合同_____条款，按照本合同约定，向政府实施机构提交的保证金。

5）履约保函：社会资本按照本合同约定向政府提交的保证全面履行本合同的保证函。

6）违约：政府或社会资本未能履行本合同项下的义务的行为。

严重违约：政府或社会资本的违约行为，存在直接导致本项目发生诉讼、中止、解除等后果的可能性。

7）违约利率：按中国人民银行同期银行贷款利率计算。

（5）服务取费类

1）污水处理服务费：政府根据本合同应当向社会资本支付的服务对价。

2）污水处理单价：指社会资本每完成单位污水处理量，政府实施机构应当支付给社会资本的对价。本合同水量计量单位为吨。

3）照付不议。

4）溢价分成。

3.时间类

（1）特许经营期：政府批准的特许经营权文件载明的社会资本享有特许经营权的期间。

（2）运营期：本项目运营起始日期至本合同约定的合同终止日期。

（3）调试期：运营商接收本项目之日期至本项目调试通过之日期。

（4）开工日期：本合同约定的开工日期。

竣工日期：本合同约定的建设工程项目竣工日期。

实际竣工日期：本项目建设工程实际通过竣工验收之日期。

（5）运营起始日期：本项目调试通过日期之次日。

（6）运营日：指运营期内每日从00：00开始至同日24：00结束的二十四小时期间。

（7）运营月：指运营期内任一个公历月期间，但第一个运营月的开始日期为运营起始日期，最后一个月的结束日期为本合同约定的合同终止日期。

（8）运营年：指运营期内任一个公历年度期间，但第一个运营年的开始日期为运营起始日期，最后一年的结束日期为本合同约定的合同终止日期。

（9）天：为公历日历天，截至当日24：00。

移交日期：政府实施机构与社会资本双方签字确认的本项目资产完成移交的日期。

生效日期：本合同发生法律效力的日期。

（10）送达日期：是指对方签收日期或以住所地为邮寄地的中国邮政专递邮件受理之日期。

4. 履行类

（1）法律：包括中华人民共和国法律、行政法规、部门规章，以及项目所在地的地方法规、自治条例、单行条例和地方政府规章。

（2）法律变更：本合同签署之后，本合同定义的政府之任何一级上级政府或政府部门发布、修订、废除法律导致社会资本负担的税收发生任何变化以及对本项目的融资、建设、运营维护和移交的要求发生任何变化。

（3）不可抗力：是指不可预见、不可避免、不可克服的事件。如台风、冰雹、地震、海啸、洪水、火山爆发、山体滑坡等自然灾害以及战争、武装冲突、罢工、骚乱、暴动、疫情等社会异常事件。

（4）批准：指根据本合同约定，社会资本为进行融资、建设、占有、使用、收益、处分、运营、维护、移交而需从政府获得许可、证照、授权或准许的文件。

（5）送达：指对方相关工作人员签收或通过中国邮政专递投递至对方住所地。

（6）争端磋商委员会：_____。

（7）书面形式：指合同文件、信函、电报、传真、邮件等可以有形地表现所载内容的形式。

（8）住所地：本合同载明的双方接受往来文件的地址。

（9）付费调整机制：_____。

（10）诉讼：指诉讼或仲裁。

第 2 条　合同背景和目的

为便于更准确地理解和执行项目合同，对合同签署的相关背景、目的等加以简要说明。

【解读与说明】

PPP 合同编制之所以复杂，是因为政府与社会资本在合同中希望实现的目的都具有不确定性。

从宏观层面上说，政府推进 PPP 项目是为了向社会提供高效的公共产品；社会资本参与 PPP 项目是为了追求投资利益的最大化。但是，在微观上却各有不同。政府实施 PPP 项目可能是为了改变现有公共产品严重缺失的状态，有可能是应某一地区社会公共产品供给配套之急，也有可能是为了解决未来公共产品供应不足之虑。对社会资本而言，社会资本本身就具有不确定性。社会资本可能是承建商，有可能是融资方，也有可能是运营方。各方无论谁作为 PPP 项目的社会资本，除了具有宏观的合同目的之外，常常还具有独特的、难以言状的对合同利益的期待。这种固有的分歧，在合同履行过程中会自觉、不自觉地表现出来，形成对合同条款理解、解读的差异。这是导致合同发生争议的主要源泉之一。

为了预防这种现象的发生，《合同指南》特地加入了本条款。以独立的条款，释明双方签订合同的目的，防范由于双方对合同目的认识的差异性而产生对具体条款理解的歧义。

合同背景的描述，主要是作为情势变更原则适用的参照物。因此应当对当地的社会经济发展状况做出符合客观基本条件的介绍，对未来发展变化做出具有预见性的判断。本项目的起因以及项目完成后所期待达到的社会效果都应当编排在本条款中。

本合同是 PPP 合同体系的核心合同，PPP 各参与方在合同履行当中发生对合同目的解释分歧，本条款将起到定纷止争的作用。

【建议条款】

以污水处理项目为例，合同文本编排如下：

1. 合同的背景

××市2014年GDP×亿，过去三年财政收入分别为×亿、×亿、×亿。随着城市发展不断地延伸，对城市污水处理能力的要求也不断提高。过去三年，××市年产生污水分别为×吨、×吨、×吨，污水处理能力为××吨、××吨、××吨。目前全市范围污水经处理达到合格标准后排放量为＿＿＿吨，占排放量的＿＿＿%。本项目建成后，＿＿＿市经处理合格后排放的污水比例将提高到＿＿＿%。

本项目处在×市×区×路×号，建成后，设计能力年处理污水×吨。处理的污水产生地域为＿＿＿。该地域污水管进水铺设于＿＿＿年＿＿＿月，污水出水管铺设于＿＿＿年＿＿＿月，目前由＿＿＿公司负责维护保养，管线运行正常。

本项目于＿＿＿年＿＿＿月＿＿＿日由实施机构申请，经＿＿＿＿＿政府批准，向＿＿＿＿＿申请立项，＿＿＿年＿＿＿月＿＿＿日经＿＿＿＿＿财政部门"物有所值"评审通过，＿＿＿年＿＿＿月＿＿＿日经＿＿＿＿财政部门"政府承受能力论证"通过，＿＿＿年＿＿＿月＿＿＿日由＿＿＿发展改革委批准立项，立项批文号为：＿＿＿＿。＿＿＿年＿＿＿月＿＿＿日本项目进入＿＿＿＿省（市）PPP库。

＿＿＿年＿＿＿月＿＿＿日政府在＿＿＿刊物上发布了本项目招标公告，共有＿＿＿家报名参加，有＿＿＿家进行了投标，有效的投标＿＿＿家，经过评标，本项目于＿＿＿年＿＿＿月＿＿＿日开标。乙方中标。

2. 合同目的

本合同是政府通过公开竞争性方式择优选择合作伙伴；以PPP的模式实现为社会持续提供公共产品与服务之目的。鉴于本合同项下提供的产品为社会公共产品与服务，故乙方的投资回报按本合同第＿＿＿条执行。

第3条　声明和保证

项目合同各方需就订立合同的主体资格及履行合同的相关事项加以声明和保证，并明确项目合同各方因违反声明和保证应承担相应责任。主要内容包括：

（1）关于已充分理解合同背景和目的，并承诺按合同相关约定执行合同的声明。

（2）关于合同签署主体具有相应法律资格及履约能力的声明。

（3）关于合同签署人已获得合同签署资格授权的声明。

（4）关于对所声明内容真实性、准确性、完整性的保证或承诺。

（5）关于诚信履约、提供持续服务和维护公共利益的保证。

（6）其他声明或保证。

【解读与说明】

PPP 合同风险承担原则为 "风险由最适宜的一方承担"。根据这一原则，PPP 项目有关政府批准相关事宜，最适宜由政府承担。政府一方面要满足公众对公共产品的需求，促进社会发展；另一方面在任期内有所作为，树立业绩。因此具有加快推动 PPP 项目进程的内在动力。然而，政府各部门又有其各自的职责，对某些政府冒进的作法，虽无力公开反对，却也以 "拖" 的方式予以抵制。不排除 PPP 项目政府已经下令开工，而还有一些政府职能部门尚未批准的可能性，或者是政府强令相关职能部门做出非法的批准。对于这些状况，社会资本难以发觉或难以抗拒。故需要政府对政府及其各职能部门的批准文件在本合同中做一个合法性的承诺。这既是让社会资本放心之举，也是政府自我约束之策。

社会资本方面存在同样的问题。对于社会资本而言，能够与政府合作本身就是一种荣誉，是一种无形资产。PPP 项目政府实行保底收益，将保底列支纳入政府预算和中长期财务规划之中，解除了社会资本投资亏本的后顾之忧。在市场竞争不断分化、日益激烈的当下，能够与政府合作，从事 "旱涝保收" 的项目，也不失为一种有益的选择。因此，社会资本会为了在 PPP 项目上中标，不排除与其他 PPP 项目的参与方或相关方炮制、迎合政府的需求，以达到中标的目的。这种虚假中标一旦进入合同事实阶段，"瞒天" 最终 "过" 不了 "海"。最终遭受损失的不仅仅是社会资本，还有政府以及社会公共产品的需求者——广大社会公众。为了避免这种情形的发生，社会资本在本合同中对其 PPP 项目的合作伙伴及参与方做出承诺，以自我警示风险，加强自我约束力。

《合同指南》中的违约条款都将违约分为一般违约与严重违约。笔者认为，违背本条款的违约行为，可以约定为 "严重违约"。

本条款还具有防止政府与社会资本 "合作" 突破政府法定职能范围、逃避上级政府监管的功能，可以预防、威慑盲目上马 PPP 项目，最终还是有助于 PPP 项目健康发展。

【建议条款】

声明与保证条款相对各类 PPP 合同具有较高的通用性。建议条款如下：

1. 甲方声明与保证

(1) 甲方充分理解本合同的背景与目的，通过公开竞争性方式，择优选择了乙方，认同乙方履行本合同项下义务的专业能力、经验水平、服务意识。承诺不干预乙方本合同项下的权利。

（2）本项目经政府实施机构向政府申请，取得各级相关部门对本项目批准证书如下：

发改委立项证书：_____编号：_____。

财政部门物有所值评估证书：_____；编号：_____。

财政部门政府财政承受能力认证证书：_____；编号：_____。

用地规划许可证：_____；编号：_____。

土地证书：_____；编号：_____。

规划许可证：_____；编号：_____。

特许经营权许可证：_____；编号：_____。

以上证书均为甲方向政府各主管部门申请，经过合法程序获得的。甲方保证各证书批文的内容、形式、取得方式均具有合法性。

（3）甲方授权_____为本项目实施机构。其在本合同履行过程中设立、变更、终止民事权利与义务的责任均由甲方承担。其在履行合同过程中存在违约行为，乙方可以向甲方投诉。

（4）本声明真实、准确、完整地表达了甲方的意思。甲乙双方对本合同第3条1款理解发生分歧，乙方的解释具有优先权。

（5）甲方在本合同中的身份为民事主体，将严格按照本合同约定的权利义务全面履行。鉴于本合同提供的产品为社会公共产品，故追求利益最大化不是本合同的目的，在追求利益最大化与维护公共利益之间，甲方声明将会优先选择维护公共利益，但保证会对乙方的合同损失给予补偿。

（6）鉴于乙方承担本合同所有的商业风险，且提供的产品为社会公共产品，故甲方承诺按照本合同_____条的约定，保障乙方投资的合理收益。

（7）甲方的合并、撤销，取得本项目所在地行政管理权的与甲方同级别的行政机关，为本合同甲方合法的承继人。本项目所在地被拆分归属于与甲方同级别的两个行政区，两个行政区的共同上级行政机关，作为本合同的承继人。甲方内部行政区域的调整以及甲方内部人员的变更，不影响乙方本合同项下的权利义务。

（8）本合同签订之后，因法律变更导致本合同实质性条款发生变化，甲方对法律变更给乙方造成的损失给予合理补偿；因甲方的原因，导致本合同实质性条款发生变化，甲方按照合同约定给予乙方赔偿。

2.乙方声明与保证

（1）乙方充分了解本合同的背景与目的。在与甲方的合作过程中，甲方不承担本合同项下的任何商业性风险。乙方理解本合同项下所提供的产品为社会公共产品,追求利益最大化不是本合同的目的。在乙方利益最大化与公共利益最大化的追求过程中发生冲突,公共利益最大化具有优先权。乙方在本项目的投资回报将按照本合同_____条的约定进行调整。

(2) 乙方为完成本项目之项目公司,乙方对于发起人(社会资本)_____在乙方成立之前与政府就本项目签订的一系列法律性文件均予以确认,并同意承继该等法律性文件的权利义务。自乙方成立之日起,发起人未经乙方书面授权,其行为不能代表乙方。

(3) 乙方于___年___月___日获得_____政府授予的_____项目特许经营权。目前已完成以下工作:

与本项目承建商_____公司签订了建设工程总包合同;

与本项目融资方_____公司签订了_____合同;

与本项目运营商_____公司签订了_____合同;

与本项目主要原料供应商_____公司签订了_____合同;

与本项目产品下游企业_____公司签订了_____合同。

各主要参与方的资质,乙方在内容、形式上都进行了核实,并均已呈报甲方。

(4) 本声明与保证的内容真实、准确、完整。甲乙双方对本合同第 3 条 2 款的内容理解发生分歧,甲方的解释具有优先权。

(5) 鉴于本项目选择的方式为 PPP 模式,乙方确认不论乙方在本项目投资金额多少,乙方均不具有本项目资产的物权,乙方持有的仅为特许经营权。故乙方同意在乙方不具备履行本合同项下义务的情形下,甲方具有直接接管本项目的权利,以保证本项目的持续性,使公共利益不受损害。

(6) 截至本合同签订时,乙方的股东明细如下:

股东:_____公司,占乙方股权_____%;

股东:_____公司,占乙方股权_____%;

股东:_____公司,占乙方股权_____%;

股东:_____公司,占乙方股权_____%;

合计股权:100%。

乙方承诺以上股东股权发生变化以及股东发生变化,均应事先获取甲方的批准。

(7) 乙方向甲方提交乙方股东会的承诺。乙方股东会未经甲方的批准,不做出乙方拆分、合并、解散、歇业等可能影响本项目持续性稳定的决议。

第4条 合同生效条件

根据有关法律法规及相关约定，涉及项目合同生效条件的，应予明确。

【解读与说明】

通常的合同，当事人双方签字盖章即生效。PPP合同有其特殊性。一是PPP合同的效力，以乙方获取政府授予的PPP项目特许经营权为前提。其与本合同的签订是两个独立的法律行为。特许经营权授予是政府的行政行为；签订本合同是民事行为。此两项独立的法律行为时间上的差异，会导致PPP合同有效性受到质疑。在实际操作中，乙方获得特许经营权后，甲方并非立刻与乙方签订本合同，而是给予乙方一定的期间，在此期间内，乙方若能完成承建商、融资商、运营商的确定，凭相关确定法律文书，经甲方确认，甲方才与乙方签订本合同；若乙方在规定的期间内不能完成各合作伙伴的确定，特许经营权将会自动失效。

乙方所选择的合作参与方具有很大的不确定性，乙方自身能否在特许经营权确定的时间内完成参与方的确认，本身也具有不确定性。因此，各参与方与乙方签订的合同通常会特别安排合同生效的条件。即乙方不能在某一期限内与甲方签订本合同，与其所签订的合同不生效。由于合同生效条款的设计具有多样性，因此本合同条款在编制中应当保持乙方和各参与方合同生效条件的协调性。

【建议条款】

为了确保所编制的本合同和乙方与各PPP参与方签订的合同生效条件的一致性，建议将乙方与甲方及各PPP合同参与方所签订的合同、协议的生效条件逐一单列于本条款项下。具体如下：

本项目系列合同中，所约定的合同生效条件分别如下：

1.特许经营权合同所约定的生效条件为：＿＿＿＿＿＿＿＿。

2.乙方与本项目承建商约定的合同生效条件为：＿＿＿＿＿＿＿＿。

3.乙方与本项目融资商约定的合同生效条件为：＿＿＿＿＿＿＿＿。

4.乙方与本项目运营方约定的合同生效条件为：＿＿＿＿＿＿＿＿。

5.乙方与本项目主要原料供应商约定的合同生效条件为：＿＿＿＿＿＿＿＿。

6.乙方与本项目产品主要承接商约定的合同生效条件为：＿＿＿＿＿＿＿＿。

基于以上条件，本合同生效条件为：＿＿＿＿＿＿＿＿。

第5条 合同构成及优先次序

本条应明确项目合同的文件构成，包括合同正文、合同附件、补充协议和变更协议等，并对其优先次序予以明确。

【解读与说明】

该条款借鉴于 FIDIC 合同条件，也现于发展改革委 2007 年发布的《标准施工招标文件》中所附的建设工程施工合同中。

对于合同内容复杂、期限较长的合同，通常都对合同文件的构成及效力的优先次序在合同签订时就予以确定。在合同履行过程中一旦发生纠纷，所持依据是否属于合同文件就有了一个判定的依据；在各合同文件发生冲突的时候，以哪一份文件作为依据就涉及合同文件效力优先次序的安排。因此该条款的设置，可以迅速归纳出冲突焦点，有利于纠纷的解决。

【建议条款】

本合同签约双方均为民事主体，本合同作为民事合同不会存在异议。民事活动的基本原则为当事人意思自治。因此，笔者认为，尽管本合同是基于特许经营权而产生，所提供的产品为社会公共产品，在本合同的编制与履行中，还是应当坚持当事人意思自治原则为优先。

合同构成及优先次序编制建议如下：

除专用条款另有约定外，组成本合同的文件及优先解释次序如下：

(1) 法律变更；

(2) 甲乙双方签订的，加盖本合同文本签约印章的补充协议；

(3) 本合同协议书；

(4) 中标通知书；

(5) 投标书及其附件；

(6) 本合同专用条款；

(7) 本合同通用条款；

(8) 标准、规范及有关技术文件。

本合同履行过程中，双方有关本项目的洽谈、变更协议、会议纪要或文件均视为本合同的组成部分。

第二章　合同主体

本章重点明确项目合同各主体资格,并概括性地约定各主体的主要权利和义务。

【解读与说明】

由于 PPP 项目中社会资本承担所有商业风险,投资回收期通常十几年、几十年,因此项目前期的投资论证所花费的时间较长、投入的精力较大。从项目的接触、论证到签约,难免发生谈判双方主体变更或者为了项目顺利进展所作的结构上的设计,使社会资本的主体发生变更。为了锁定 PPP 项目的合作主体,《合同指南》特别设置一章对合同主体进行固定。

本章为项目合同的必备篇章。

第 6 条　政府主体

1. 主体资格

签订项目合同的政府主体,应是具有相应行政权力的政府,或其授权的实施机构。本条应明确以下内容:

(1) 政府主体的名称、住所、法定代表人等基本情况。

(2) 政府主体出现机构调整时的延续或承继方式。

2. 权利界定

项目合同应明确政府主体拥有以下权利:

(1) 按照有关法律法规和政府管理的相关职能规定,行使政府监管的权力。

(2) 行使项目合同约定的权利。

3. 义务界定

项目合同应概括约定政府主体需要承担的主要义务,如遵守项目合同、及时提供项目配套条件、项目审批协调支持、维护市场秩序等。

【解读与说明】

本条款所有固定的是政府主体,政府参与本项目的各审批机关、相关主管单位。

非作为本合同主体的均不在本合同条款中体现，包括代理政府履行本合同的实施机构，以此突出本合同主体。发展改革委也是以这种方式突出落实国务院国发〔2014〕43号文"政府作为政府与社会资本合作的主体"的精神，将政府在本项目的管理权"关在"本合同约定的权利范围内。

政府在本项目的管理权来自于两个方面：一是行政权力；二是民事权利。政府固有的行政权力不受本合同约定的限制，来自于法律的规定和上级政府机关的授权；民事权利则来自本合同的约定。政府的行政权力主要体现在对社会资本民事行为的合法性的监督、检查上；民事权利主要体现在对项目的管理权、知情权、收益权、整改权、介入权、接管权上。本着PPP项目政府不承担任何商业风险的原则，作为对等，政府就不具有对PPP项目的管理权、决策权。我们国家的体制是以行政权为主导的管理体系，行政权渗透到社会生活的方方面面。因此对行政权力边际的界定，对限制政府干预社会资本的正常生产经营，就有着特别重要的意义。

政府为民事活动提供行政服务是政府的法定义务。PPP项目中，政府对项目的服务不仅仅局限在行政服务上，政府也是PPP项目的民事合作主体，有义务为自己的项目发挥自身的优势，主动完成项目各项政府审批事项，确保PPP项目具有合法的身份。政府还要发挥自身的优势，协调PPP项目设计、建设、融资、运营中与项目各参与方及当地不可回避的关联方的关系，保障PPP项目进展不受非法干扰。

【建议条款】

1. 主体资格

政府主体名称：_____。

政府住所地：_____。

法定代表人：_____，职务：_____。

2. 政府主体出现调整时的延续与承继方式

（1）撤销：本合同政府主体被撤销，本项目所在地与本合同政府主体同级别的政府为本合同政府主体的承继人。

（2）合并：本合同政府主体被合并，合并后的新政府为本合同政府主体的承继人。

（3）拆分：本合同政府主体被拆分，本项目所在地与本合同政府主体同级别的政府为本合同政府主体的承继人。

（4）变更：本合同政府主体名称变更，变更名称后的政府主体为本合同主体的承继人。政府主体的住所地、法定代表人、职务的变更，不构成政府主体资格的变更。

3. 权利界定

（1）政府主体的行政权力

政府主体的行政权源于法律、法规的规定。

政府主体的行政权源于上级政府的授权。

政府主体的行政权不应与社会资本合作从事本项目而受到任何削弱。

（2）政府主体的民事权利

知情权：作为本项目的合作一方，政府主体有权利知晓本项目全生命周期的生产经营状况和财务收支状况。

收益权：本合同_____条款约定的条件成就，政府主体对本项目具有收益权。

整改权：本合同_____条款约定的条件成就，政府主体对本项目具有整改权。

介入权：本合同_____条款约定的条件成就，政府主体对本项目具有介入权。

接管权：本合同_____条款约定的条件成就，政府主体对本项目具有接管权。

4. 义务界定

（1）全面履行本合同约定的义务。在行使本合同约定的权利时严格按照本合同约定的程序行使。

（2）负责协调、办理本项目所需的政府各项批文与证书，并保证批文、证书的合法性。

（3）负责本项目与当地污水处理管网对接的安排、协调工作以及提供本项目所需的各项政府配套条件。

（4）保障项目全生命周期当地经济生活正常的社会秩序。

（5）不干预社会资本按照本合同行使权利。

（6）主动表明在本项目合作过程中的具体行为是行政行为还是民事行为。

第7条　社会资本主体

1. 主体资格

签订项目合同的社会资本主体，应是符合条件的国有企业、民营企业、外商投资企业、混合所有制企业，或其他投资、经营主体。

本条应明确以下内容：

（1）社会资本主体的名称、住所、法定代表人等基本情况。

（2）项目合作期间社会资本主体应维持的资格和条件。

【解读与说明】

PPP 项目的主要功能之一，就是为政府减轻负债压力。能为政府分忧解难，当然是来者不拒。因此，PPP 项目对社会资本广开门路。国有、民营，外商、内资，企业、个人均可以社会资本的身份参与 PPP 项目。只有一个主体被排除在外，就是政府融资平台。排除政府融资平台的依据来自国发〔2014〕43 号文："禁止融资平台公司通过保底承诺方式参与政府与社会资本合作项目，进行变相融资"。

社会资本在 PPP 合同中的具体体现也有两种方式：一是，以项目公司的身份出现。即社会资本与若干合作伙伴为 PPP 项目专门成立一家项目运营公司，负责 PPP 项目的全过程；二是由社会资本独自担当 PPP 项目，作为 PPP 项目的主体，负责完成 PPP 项目全生命周期各项任务。

PPP 项目的特性决定了不确定性贯穿 PPP 项目全生命周期始终。因此，在 PPP 项目的初期谈判过程中，谈判的社会资本的主体，也具有不确定性。在谈判的过程中，根据项目的具体需要，社会资本方通过综合筹划，有时会成立项目公司，此时，就存在社会资本和政府已经签署的合同文件与今后项目公司签署的文件的承继问题。为了明确主体，保障项目全生命周期内权利义务的落实，在合同编制中单列此条款。

PPP 项目合同期限长、专业程度高决定了社会资本必须与其他伙伴合作才能完成整个项目。各合作方的专业水准、能力经验就成为 PPP 项目能否实现合同目的的决定性因素。具有各专业水准的合作伙伴，也只是承担 PPP 项目某一阶段的建设、融资、运营任务，当这一阶段完成之后，合作伙伴再参与 PPP 项目之中缺乏经济性，因此，各合作伙伴的参与与退出时间节点在合同编制时不容忽视。

【建议条款】

1. 主体资格

（1）乙方基本信息如下：

社会资本主体名称：_____。

住所地：_____。

实际经营地：_____。

法定代表人：_____，职务：_____。

（2）项目公司股东如下。

（3）项目公司常年合作伙伴如下。

2. 权利界定

项目合同应明确社会资本主体的主要权利：

（1）按约定获得政府支持的权利。

（2）按项目合同约定实施项目、获得相应回报的权利等。

【解读与说明】

政府之所以要力推 PPP 模式，就是因为以社会公共设施、基础建设为主的投资项目由社会资本自筹资金完成。作为本应为社会提供此类公共产品的政府，并不需要从其财政收入中去购买此类服务，而是由社会资本通过运营该等资产实现收益、获得回报。对社会资本而言，项目的可经营性，未来能否产生现金流，就是该 PPP 项目是否具有投资价值的试金石。

对项目未来现金流不足的弥补，"照付不议"原则，成为吸引社会资本与政府合作的原动力。社会资本要获得政府支持的最主要的权利就是与政府确定"照付不议"的启动条件，并且"照付不议"的资金安排应当进入政府当年的财政预算与中期财务规划，本质上实现"政府担保"。

PPP 项目的显著特性之一就是合同期限长，但是不论项目期限是十几年还是几十年，在签订 PPP 合同之时，项目的商业模式、法律架构已经固定。所谓商业模式，是投资者为了实现投资回报所设计的具体步骤、方式。法律结构是实现投资回报的具体方式、方法能够为法律所容忍的底线。随着时间的推移，社会环境、法律环境都会发生这样或那样的变化，当外力对我们既有的商业模式、法律架构发生作用，以至于影响到社会资本按照合同约定的应有收益之时，社会资本如何获得有效的救济？在合同编制时应当重点突出，给社会资本一颗定心丸，同时也让政府明白违约的代价。

在个案中，不排除某些地方政府为了大干、快上，在相关法律手续尚未办理完毕的情形下，要求社会资本提前开工。相关法定审批手续的补办，以及未能及时补办所发生的法律风险、经济补偿责任，也应当在本条中体现出来。

【建议条款】

1. 本项目政府各项审批手续除专用条款约定的手续外，已经甲方合法批准。尚未批准的手续办结时限及责任方，按照专用条款执行。

2. 本项目自正式运营之日起，甲方应当按照本合同专用条款约定提供水量，保障经处理过的污水的正常排放。在本合同期限内，保障污水供水管、排水管的正常、通畅。

3. 本合同选择"照付不议"的付费方式,"照付不议"的资金,甲方按照本合同_____条办理。

4. 本合同是双方真实意思的表示。乙方完成本合同项目的义务,享有按照合同获得回报的权利。本合同在履行过程中终止,乙方享有按实际投入获得回报的权利。

3. 义务界定

项目合同应明确社会资本主体在合作期间应履行的主要义务,如按约定提供项目资金,履行环境、地质、文物保护及安全生产等义务,承担社会责任等。

【解读与说明】

主要是对社会资本在本项目中义务的边界进行约定。PPP项目全生命周期主要经历六个阶段:前期阶段、建设阶段、融资阶段、运营阶段、维护阶段、移交阶段。在不同阶段,社会资本的主要义务也有所不同,本条款主要是对社会资本在PPP项目各阶段主要义务提纲挈领的概括,形成各阶段乙方义务条款的重心。

【建议条款】

1. 前期阶段,乙方接受甲方关于本项目介入的前提条件,接受本项目招标文件对投标人提出的各项要求,在全面接受招标人招标邀请的前提下,参加本项目投标。

2. 建设阶段,乙方与本项目承建商_____于___年___月___日签订了《___》项目建设工程总包合同(详见附件一),将按照附件一《___》约定的本合同乙方的义务以及本合同第六章的约定,履行本项目建设阶段之义务。

3. 融资阶段,乙方与本项目融资方_____于___年___月___日签订了《___》(详见附件二),将按照附件二《___》约定的本合同乙方的义务以及本合同第四章的约定,履行本项目融资阶段之义务。

4. 运营阶段,乙方与本项目运营方_____于___年___月___日签订了《___》(详见附件三),将按照附件三《___》约定的本合同乙方的义务以及本合同第八章相关约定,履行本项目运营阶段之义务。

5. 维护阶段,乙方与本项目维护方_____于___年___月___日签订了《___》(详见附件四),将按照附件四《___》约定的本合同乙方的义务以及本合同第八章相关约定，履行本项目维护阶段之义务。

6.移交阶段，乙方将按照本合同第九章之约定，履行乙方移交阶段之义务。

4.对项目公司的约定

如以设立项目公司的方式实施合作项目，应根据项目实际情况，明确项目公司的设立及其存续期间法人治理结构及经营管理机制等事项，如：

（1）项目公司注册资金、住所、组织形式等的限制性要求。

（2）项目公司股东结构、董事会、监事会及决策机制安排。

（3）项目公司股权、实际控制权、重要人事发生变化的处理方式。

如政府参股项目公司的，还应明确政府出资人代表、投资金额、股权比例、出资方式等；政府股份享有的分配权益，如是否享有与其他股东同等的权益，在利润分配顺序上是否予以优先安排等；政府股东代表在项目公司法人治理结构中的特殊安排，如在特定事项上是否拥有否决权等。

【解读与说明】

成立项目公司的好处，是可以将社会资本之各合作伙伴有组织地结合在一起，便于各合作伙伴之间配合、协调。政府也最欢迎此种模式。但是，项目公司各股东除了要追求本项目利益最大化之外，还存在追求各自利益最大化的诉求。不同的主要股东，在PPP项目的不同阶段，担当主要责任、取得最大利益。当其承担主要责任的阶段过去之后，该股东对本项目的主要贡献基本已经完成，同时其在本项目中的高获益阶段也已经结束，该股东从自身利益最大化的角度出发，脱离本项目就成为一种必然。为了尽可能平稳地完成此等过渡，本条款通过明晰项目公司的各股东基本状况，便于甲方对社会资本基本情况的掌握。

【建议条款】

1.项目公司注册资金、住所、组织形式等的限制性要求

注册时间：_____。

注册资金：_____。

住所地：_____。

组织形式：_____。

组织机构代码：_____。

2.项目公司股东结构、董事会、监事会及决策机制安排股东构成

（1）股东构成：

_____，占公司股份：_____%；

_____，占公司股份：_____%；

_____，占公司股份：_____%。

（2）董事会构成，公司董事____人，董事长____人，副董事长____人。分工如下：

_____，董事长，由____委派；

_____，副董事，由____委派；

_____，副董事，由____委派；

_____，董事，由____委派；

_____，董事，由____委派。

（3）监事会构成，公司监事长_____人，副监事长_____人，监事_____人。分工如下：

_____，监事长，由____委派；

_____，副监事长，由____委派；

_____，副监事长，由____委派；

_____，监事，由____委派；

_____，监事，由____委派。

（4）决策机制

1）股东会：_____。

2）董事会：_____。

3）监事会：_____。

第三章　合作关系

本章主要约定政府和社会资本合作关系的重要事项，包括合作内容、合作期限、排他性约定及合作的履约保证等。

本章为项目合同的必备篇章。

【解读与说明】

本章界定了政府与社会资本合作的边际。政府与社会资本因本合同所形成的直接权利义务关系在此章中应当得到充分的表述。作为通用合同的编制，PPP项目类政府与社会资本合作的主要内容逐条单列，对于一些特殊的内容，可以通过专用条款约定。

第8条　合作内容

项目合同应明确界定政府和社会资本合作的主要事项，包括：

1. 项目范围

明确合作项目的边界范围。如涉及投资的，应明确投资标的物的范围；涉及工程建设的，应明确项目建设内容；涉及提供服务的，应明确服务对象及内容等。

【解读与说明】

项目的范围主要包括时间、宗地四至和内容。时间范围从本合同签订之日起至本项目移交之日止。宗地四至以土地证载明的宗地四至坐标为准；签约时还没有取得土地使用权证书的，应当以红线图载明的宗地四至为准；签约时，尚没有土地红线图的，本合同不宜签署。项目内容分为两部分：一是本项目与外界必然发生联系的内容；二是本项目全生命周期内的社会资本应当完成的工作。

任何一个PPP项目，都是国家经济活动网络中的一个节点，不可能独立于国家经济网络而存在。因此，PPP项目建成后并入国家经济网络，是其实现自身价值的必然选择。PPP项目是为社会提供公共产品，那是相对于项目下游而言；对于项目上游，同样存在与国家经济网络相连的接口。对于PPP项目上下游接口条款的编制，可以减少 PPP 项目与外界的纠纷，保证 PPP 项目发挥应有的效能。

PPP 项目全生命周期的内容主要包括勘察、设计、土建、安装、融资、调试、试运营、运营、维护、移交等阶段。各阶段应当完成的主要工作内容以及主要完成该项工作的主体、资质都应当在 PPP 合同中明列。

【建议条款】

1. 项目范围：

2. 接口内容

（1）接入口设计技术指标：_____。

（2）排出口设计技术指标：_____。

3. 各阶段内容

（1）勘察：按本合同约定的时间，组织完成提交质量合格的勘察成果资料，并对其负责；

（2）设计：按本合同约定的时间，组织完成对本项目的设计工作，并对其负责；

（3）土建：按本合同约定的时间，组织完成对本项目建设工程的土建施工工作，并对其负责；

（4）安装：按本合同约定的时间，组织完成对本项目建设工程的安装施工工作，并对其负责；

（5）融资：按本合同约定的时间，组织完成对本项目的融资工作，并对其负责；

（6）调试：按本合同约定的时间，组织完成对本项目的调试工作，并对其负责；

（7）试运营：按本合同约定的时间，组织完成对本项目的试运行工作，并对其负责；

（8）运营：按本合同约定的时间，组织完成对本项目的运营工作，并对其负责；

（9）维护：按本合同约定的时间，组织完成对本项目的维护工作，并对其负责；

（10）移交：按本合同约定的时间，组织完成对本项目的移交工作，并对其负责。

4. 配套项目范围

（1）为满足本项目污水进水量，以下区域的污水管线将并入本项目污水进水口。

（2）为了保障经过处理的污水足量排除，本项目污水排除管与管线对接。

2. 政府提供的条件

明确政府为合作项目提供的主要条件或支持措施，如授予社会资本主体相关权利、提供项目配套条件及投融资支持等。

涉及政府向社会资本主体授予特许经营权等特定权利的，应明确社会资本主体获得该项权利的方式和条件，是否需要缴纳费用，以及费用计算方法、支付时间、支付方式及程序等事项，并明确社会资本主体对政府授予权利的使用方式及限制性条款，如不得擅自转让、出租特许经营权等。

【解读与说明】

编制本合同的基本思路是将政府与社会资本PPP项目的行政合同与民事合同分开。本合同主体为具有民事主体身份的政府与社会资本。政府与社会资本有关行政合同的相关内容，在本合同中均不体现。原文中将政府职能与政府民事主体的身份混淆，不利于PPP项目特许经营权授予合同的约定，也不利于本合同双方权利义务的界定。故原文中第二段所涉内容不编入本合同中。

根据PPP项目"风险由最适合的一方承担"的风险分配原则，政府一方所承担的风险主要是社会风险与法律风险。PPP项目需要审批的各环节，原则上也属于法律风险范畴，项目各批文的取得，政府应当给予支持。

【建议条款】

1.甲方为本项目提供污水源，以下四至的污水管线并网后接入本项目污水进水管。

2.甲方负责将本项目处理完毕的污水排放管接入_____管线，通过市政管线排出。

3.甲方给予乙方_____贷款额度，乙方需满足以下条件。

(1)_____。

(2)_____。

......

4.甲方负责本项目各政府审批事项的通过。

3.社会资本主体承担的任务

明确社会资本主体应承担的主要工作，如项目投资、建设、运营、维护等。

【解读与说明】

PPP模式政府不承担任何商业风险，是一项基本原则。社会资本选择了PPP模式，就意味着社会资本承担起了PPP项目全部的商业风险，所有项目相关的经济活动，也都将由社会资本承担。《合同指南》将社会资本的主要工作划分为投资计划及融资服务、项目前期工作、工程建设、运营和服务、社会资本移交项目等。本条款的编制，也遵循《合同指南》的指引，对以上各项进行约定。

【建议条款】

1. 融资任务

（1）资本金募集

本项目公司各股东资本金出资情况如下：

1)＿＿公司，认缴资本金＿＿万元，实出资本＿＿万元，资本金到位率＿＿%；

2)＿＿公司，认缴资本金＿＿万元，实出资本＿＿万元，资本金到位率＿＿%；

3)＿＿公司，认缴资本金＿＿万元，实出资本＿＿万元，资本金到位率＿＿%；

4)＿＿公司，认缴资本金＿＿万元，实出资本＿＿万元，资本金到位率＿＿%。

出资不实的股东，将于＿＿年＿＿月＿＿日之前补足资本金。

（2）债权融资计划：＿＿＿＿。

（3）股权融资计划：＿＿＿＿。

（4）获得政府融资支持计划：＿＿＿＿。

（5）债权、股权混合融资计划：＿＿＿＿。

（6）融资计划的预案：＿＿＿＿。

2. 项目前期工作

（1）咨询机构的选聘：＿＿＿＿。

（2）项目公司的筹建：＿＿＿＿。

（3）项目审批手续的办理：＿＿＿＿。

截至本合同签订之日，以下政府审批事项已经办理完结。

1）本项目土地使用权证，证号：＿＿＿＿。

2）本项目用地规划许可证，证号：＿＿＿＿。

3）本项目建设规划许可证，证号：＿＿＿＿。

4）按照专用条款执行。

尚未办理完结的政府审批事项如下：

1）建设工程施工许可证。

2）＿＿＿＿。

3）＿＿＿＿。

以上各证将按照本合同的约定期限逐一办理。

(4) 项目各阶段合作伙伴的选择

1) 建设单位的选择，____年____月____日乙方已于____公司签订了本项目《建设工程总包合同》；

2) 融资单位的选择，____年____月____日乙方已于____公司签订了本项目《融资合同》；

3) 运营单位的选择，____年____月____日乙方已于____公司签订了本项目《运营合同》；

4) 维护单位的选择，____年____月____日乙方已于____公司签订了本项目《维护合同》。

3. 建设工程

(1) 勘察单位选择：_____。

(2) 设计单位选择：_____。

(3) 监理单位选择：_____。

(4) 造价咨询机构选择：_____。

(5) 律师事务所选择：_____。

4. 运营与服务

(1) 运营团队组建。

(2) 质量控制体系建设。

(3) 项目运营管理制度。

(4) 项目运营财务制度。

(5) 项目运营员工手册。

5. 项目移交

(1) 移交方案制定。

(2) 过渡期。

(3) 移交质量保证。

(4) 移交后的跟踪服务。

4. 回报方式

明确社会资本主体在合作期间获得回报的具体途径。根据项目性质和特点，项目收入来源主要包括使用者付费、使用者付费与政府补贴相结合、政府付费购买服务等方式。

【解读与说明】

PPP 项目社会资本的投资回报主要通过三种方式取得：使用者付费、使用者付费与政府补贴相结合、政府购买服务。使用者付费，主要用于已经成熟的项目。项目已经形成了稳定的现金流，且现金流可以覆盖投资收益。使用者付费与政府补贴相结合，主要适用于未来具有良好现金流的新建项目。在项目运营初期，会存在一个亏损阶段，这阶段由政府给予一定补贴，以帮助项目度过启动阶段。政府购买服务，原则上与本轮推行的 PPP 主旨——减轻政府负债存在背离，只有政府购买支出小于政府从项目中的收益，选择此种回报方式，才具有长远性。

【建议条款】

1. 使用者付费方式

2. 使用者付费与政府补贴相结合方式

3. 政府付费购买服务方式

4. 其他方式

5. 项目资产权属

明确合作各阶段项目有形及无形资产的所有权、使用权、收益权、处置权的归属。

【解读与说明】

PPP 模式是一种政府与社会资本合作的全新的模式，为政府、社会资本、公共产品的结合提供了广阔的平台。PPP 项目从一开始就是高难度、高复杂、高资金、高智慧的一项工作，因此所有权与知识产权的权属应当尤为关注。项目初始阶段，项目商业模式的成功设计、法律架构的顺利搭建，都体现出高度专业的团队价值，自然形成知识产权。融资阶段，金融工具的使用乃至金融工具的创新，也不乏会形成知识产权。建设阶段，社会资本投资建设的建筑物、构筑物的权属，如何安排更有益于项目的推进，也值得探索。长期的运营维护阶段，十几年乃至几十年中技术的更新与进步，以及实践中的技术创新，都会为合作项目形成知识产权。社会资本投资所形成的项目固定资产权属的确定，对分配政府与社会资本合作过程中的权利义务，都具有重要的参考价值。

【建议条款】

1. 融资阶段产权归属

本项目在融资阶段所形成的知识产权,属于本项目商业机密,归甲乙双方共有。双方均有权利将本项目形成的知识产权用于自身参加的其他项目之中,但不得用于自身未参加之项目。在本项目合同签订两年之内,双方均不得将本项目融资思路、方案、结构以及模式、手段、渠道以任何形式在公开媒体上发表。

2. 前期工作产权归属

本项目在前期工作阶段所形成的知识产权,属于本项目商业机密,归甲乙双方及各参与方共有。双方均有权利将本项目形成的知识产权用于自身参加的其他项目之中,但不得用于自身未参加之项目。在本项目合同签订两年之内,双方均不得将本项目谈判思路、商业方案、法律结构以及在前期工作阶段形成的本项目相关知识产权以任何形式在公开媒体上发表。

3. 工程建设阶段产权归属

(1)工程建设阶段形成的知识产权归双方共有。

(2)工程建设所形成的建筑物、构筑物产权归甲方所有;对建筑物、构筑物的占有权、使用权、收益权、看护权、维修权在本合同约定的期间内归乙方所有。

4. 运营与维护阶段产权归属

(1)运营与维护阶段所形成的知识产权归甲乙双方共有;

(2)运营维护阶段的不动产归甲方所有,乙方对不动产在本合同期内享有占有、使用、收益、看护、维护的权利。

(3)运营与维护阶段固定资产的权属归乙方所有,乙方享有本项目固定资产的占有、使用收益、处分的权利。

(4)运营与维护阶段低值易耗品的权属归乙方所有,乙方享有本项目固定资产的占有、使用收益、处分的权利。

(5)运营与维护阶段原料、半成品、成品的权属归乙方所有,乙方享有占有、使用、收益、处分的权利。

5. 移交项目阶段

(1)项目移交阶段所形成的知识产权归甲乙双方共有。

(2)移交前各产权之权属按照第8条5款4项办理;移交之后的各产权均移交归甲方。

(3)移交之后,乙方在本合同约定的跟踪服务期内因本项所形成的知识产权,归甲方所有。

6. 土地获取和使用权利

明确合作项目土地获得方式，并约定社会资本主体对项目土地的使用权限。

【解读与说明】

土地问题是目前 PPP 项目所面临的一个政策最不具有确定性的难题。从国发〔2014〕43 号文至今，一年有余，国务院各部门发文或联合发文对 PPP 项目进行表态、落实，唯不见国务院国土部门的身影。国办发〔2015〕42 号文，国务院倡导的 PPP 项目土地使用模式排除了出让取得，代之以划拨、入股、租赁。PPP 项目是为社会提供公共产品之项目，划拨土地符合《土地管理法》之规定。以入股、租赁的模式为社会资本提供土地，与目前国家的法律、法规直接相冲突，缺乏操作性。因此，在当前的社会环境下，PPP 项目使用土地以划拨的方式取得具有现实性。

划拨的土地，土地使用者也需要缴纳相关费用。对于承担 PPP 项目全额投资资金的社会资本，能够减少投资、提高投资效率，无疑是对 PPP 项目的巨大支持。划拨土地落到社会资本名下，其土地的性质以及所建设的公共设施项目，在进行抵押贷款时，不被商业银行所接受。资金的周转无法产生，必然导致资金利用率效率的低下，为社会资本所不容。PPP 项目合同到期，社会资本将项目资产全额移交给政府，若土地是划拨在社会资本名下，移交回政府，必然又会进行一次土地的更名，产生新的巨额费用，均为商业效率原则所不容。

PPP 模式是为社会提供公共产品模式的创新，对土地使用的创新，是 PPP 模式不可回避、不可分割的创新内容，有待实践者探索。

【建议条款】

1. 本项目土地使用权获得按_____方式取得：

（1）出让；

（2）划拨；

（3）入股；

（4）租赁；

（5）按照专用条款执行。

2. 使用条件

乙方取得本项目之土地使用权，将严格按照所批准的土地用途、使用条件，从事本项目建设、运营。在土地使用过程中，认真履行对环境、地质、文物保护等义务。

第9条 合作期限

明确项目合作期限及合作的起讫时间和重要节点。

【解读与说明】

本条款是对项目各重要时间节点进行安排之条款。PPP项目所涉及的配合单位众多，科学的时间安排，有利于提高项目的效率，保障各协作单位有效的工作。重要的时间节点，也是项目政府与社会资本关注的焦点，是衡量项目推进、运行的质量的标尺。

在PPP项目中，资金的各时间节点，是整个项目的生死结。在设定此时间节点之时，不仅要有足够的实力予以保障，而且还要预案确保此时间节点的资金能够到位。工程建设的关键线路，也是社会资本必须关注与把握的要点。关键线路时间节点的拖延，意味着建设工程竣工的延期，直接缩短项目运营收费的期限。项目调试期，是对项目设计、施工、技术、质量的总体检验，是PPP项目风险的集中释放，经调试合格，可以说PPP项目取得了成功的基础。

资金的时间节点、建设工程的关键线路时间节点、项目调试的时间节点，可以说是整个项目成长的时间窗口，一旦错过，给项目造成的损害难以估计。因此，此等时间节点的安排，绝非谈判桌上政府与社会资本讨价还价的结果，而是背后的专业人员通过精准的设计、安排所致。这一点在编制PPP合同之时尤其应当注意。

【建议条款】

1. 本项目合作期限为＿＿＿年＿＿＿月＿＿＿日至＿＿＿年＿＿＿月＿＿＿日止。

2. 本项目前期工作阶段为＿＿＿年＿＿＿月＿＿＿日至＿＿＿年＿＿＿月＿＿＿日止。

3. 本项目建设工程期限为＿＿＿年＿＿＿月＿＿＿日至＿＿＿年＿＿＿月＿＿＿日止。

（1）本项目建设工程勘查期限为＿＿＿年＿＿＿月＿＿＿日至＿＿＿年＿＿＿月＿＿＿日止。

（2）本项目建设工程设计期限为＿＿＿年＿＿＿月＿＿＿日至＿＿＿年＿＿＿月＿＿＿日止。

（3）本项目建设工程土建期限为＿＿＿年＿＿＿月＿＿＿日至＿＿＿年＿＿＿月＿＿＿日止。

（4）本项目建设工程安装期限为＿＿＿年＿＿＿月＿＿＿日至＿＿＿年＿＿＿月＿＿＿日止。

（5）本项目建设工程装修期限为＿＿＿年＿＿＿月＿＿＿日至＿＿＿年＿＿＿月＿＿＿日止。

（6）本项目调试期限为＿＿＿年＿＿＿月＿＿＿日至＿＿＿年＿＿＿月＿＿＿日止。

4. 本项目试运行期限为＿＿＿年＿＿＿月＿＿＿日至＿＿＿年＿＿＿月＿＿＿日止。

5. 本项目运营期限为____年____月____日至____年____月____日止。

6. 本项目移交后跟踪服务期限为____年____月____日至____年____月____日止。

第 10 条　排他性约定

如有必要，可做出合作期间内的排他性约定，如对政府同类授权的限制等。

【解读与说明】

排他性约定，是对社会资本已经获得的特许经营权的保护，涉及对政府行政权力的限制。本合同政府的身份是民事主体，因此，在民事合同中设置限定行政权力的条款，法理上存在瑕疵。本合同的签订，是建立在社会资本已经取得了政府授予的 PPP 项目特许经营权基础之上。政府授予社会资本特许经营权所对应的对价，在政府与社会资本的特许经营权行政合同中约定。社会资本取得特许经营权后，为了实现或行使已经实现的特许经营权需要政府给予合作、支持，在本合同中约定。《合同指南》将排他性约定编入其中，表明在编制《合同指南》之时，编制者们对《合同指南》之合同是行政合同还是民事合同还没有形成最终统一的意见。

【建议条款】

甲乙双方已经在____年____月____日签订的《____》行政合同中约定。

第 11 条　合作履约担保

如有必要，可以约定项目合同各方的履约担保事项，明确履约担保的类型、提供方式、提供时间、担保额度、兑取条件和退还等。对于合作周期较长的项目，可分阶段安排履约担保。

【解读与说明】

履约担保条款在合同中似乎是无足轻重的条款，但是，回顾 BOT 项目的实施，但凡完整履约完毕的项目，无一例外地都存在高额的履约担保条款。可见，履约担保条款在编制 PPP 合同时确实不能小觑。

PPP 项目全生命周期长、环节多，一站式担保会给本身就承担巨大资金压力的社会资本增加负担。因此，选择分阶段、分环节的滚动担保方式，有利于提高履约保证金的效率，同时又能实现为项目履行进行担保的目的。

确定了担保总额，对担保范围内的各分项担保事宜与对应的担保金也应当做出合理安排。担保的类型、时间以及担保兑现的方式、担保不足的续补等都应该在合同中明确约定。

【建议条款】

1. 为了保障合同能够确实履行，甲乙双方可以相互提供担保。

（1）甲方向乙方提供担保，保证按照合同约定履行自己的各项义务；

（2）乙方向甲方提供担保，保证按照合同约定履行自己的各项义务。

2. 第三方为甲方或乙方提供担保，所提供的保函或签订的担保合同，属于本合同的组成部分。

3. 担保的范围、内容、形式、期间、兑现方式、担保不足的续补可以在专用条款中约定，也可以另行签订担保协议。

第四章 投资计划及融资方案

本章重点约定项目投资规模、投资计划、投资控制、资金筹措、融资条件、投融资监管及违约责任等事项。

本章适用于包含新建、改扩建工程，或政府向社会资本主体转让资产（或股权）的合作项目。

第 12 条 项目总投资

1. 投资规模及其构成

（1）对于包含新建、改扩建工程的合作项目，应在合同中明确工程建设总投资及构成，包括建筑工程费、设备及工器具购置费、安装工程费、工程建设其他费用、基本预备费、价差预备费、建设期利息、流动资金等。合同应明确总投资的认定依据，如投资估算、投资概算或竣工决算等。

（2）对于包含政府向社会资本主体转让资产（或股权）的合作项目，应在合同中明确受让价款及其构成。

【解读与说明】

本条包含两类工程：一是为新建、改建类；二是存量类。对于存量项目的PPP，一般采取TOT的方式，通过审计事务所对存量资产进行审计，形成政府与社会资本合作的资产总量。本合同文本编制主要针对第一类，即新建、改建类项目。存量类PPP合同文本在今后陆续专题编制。

投资规模是PPP项目建设完成的总投资额，数据来源于本项目可行性研究报告，是社会资本对可行性研究报告中对PPP项目投资总量概算的确认。如前文所述，社会资本只能从政府公布的PPP库中选择项目，而入库的PPP项目，都是已经完成了可行性研究报告的项目，该等可行性研究报告是在政府的主持下完成的，其商业性如何？可行性究竟如何？直接采纳文中的数据作为PPP合同的商业指标，政府与社会资本的责任、风险如何分担？这些都是社会资本在签约前必须确认的问题。

总投资规模以及各阶段的投资规模直接关系到项目融资计划的安排，总投资规模及各重要阶段的投资规模不能得到可靠性论证，推进PPP项目的各项工作的有效性就不能得到保障。因此，即使在社会资本参与之前，PPP项目已经通过了政府的可行性研究审查，但是对于社会资本而言，对可行性研究报告重新进行审核、编制是不可缺失的工作。

【建议条款】

1. 本项目中投资规模为____万元。其中包含融资阶段、前期阶段、建设阶段、运营维护阶段、移交阶段等各阶段之投资额。

2. 融资阶段投资额____万元，构成如下：

（1）银行贷款成本：_____。

（2）基金资金成本：_____。

（3）信托计划资金成本：_____。

（4）借款资金成本：_____。

3. 前期阶段投资额____万元，构成如下：

（1）聘请投资咨询公司费用：_____。

（2）聘请造价咨询机构费用：_____。

（3）聘请律师费用：_____。

（4）日常开支费用：_____。

4. 建设阶段投资额____万元，构成如下：

（1）勘察费用：_____。

（2）设计费用：_____。

（3）土建费用：_____。

（4）安装费用：_____。

（5）调试费用：_____。

（6）设备费用：_____。

5. 运营与维护阶段投资额____万元，构成如下：

（1）试运营费用：_____。

（2）运营费用：_____。

（3）设备费用：_____。

（4）材料费用：_____。

（5）培训费用：_____。

6. 移交阶段投资额____万元，构成如下：

（1）审计费：_____。

（2）评估费：_____。

（3）鉴定费：_____。

2. 项目投资计划

明确合作项目的分年度投资计划。

【解读与说明】

投资计划是 PPP 项目的实施方案以资金为单位在时间横轴上的具体体现。通过投资计划展现项目建设、产品服务、生产工艺、市场客户、人力资源、组织架构、外协配套以及资源与资金的利用。

投资计划是可行性研究报告的重要组成部分，它包括技术评价、经济评价和社会评价三个部分。技术评价主要是根据市场需求预测和原材料供应等生产条件的调查，确定产品方案和合理生产规模，根据项目的生产技术要求，对各种可能拟定的建设方案和技术方案进行技术经济分析、比较、论证，从而确定项目在技术上的可行性。经济评价是项目评价的核心，分为企业经济评价和国民经济评价。企业经济评价是从项目角度出发，按照国内现行市场价格，计算出项目在财务上的盈利能力，论证项目在经济上的可行性。国民经济评价是从社会的角度出发，按照影子价格、影子汇率和社会折现率，测算项目国民经济效果，以说明项目在经济上的可行性。社会评价是分析项目对国防、政治、文化、环境、生态、劳动就业、储蓄等方面的影响和效果。

本条款项目投资计划的基本投资节奏与数据，主要来源于本项目可行性研究报告。在双方确认的可行性研究报告的基础上，适当地调整，形成本合同条款。

【建议条款】

参照可行性研究报告中相关内容编制

1. 建设工程开工时间为____年____月____日。

2. 截至____年 12 月 31 日，投资总额____万元。项目各阶段工作进展完成如下：

（1）融资计划

1）银行贷款：_____。

2）基金资金：_____。

3）信托计划资金：_____。

4）借款资金：_____。

（2）前期工作

1）聘请投资咨询公司支付费用_____万元；

2）聘请造价咨询机构支付费用_____万元；

3）聘请律师费用支付费用_____万元；

4）日常开支费用支付费用_____万元。

（3）建设阶段

1）勘察费用支付_____万元；

2）设计费用支付_____万元；

3）土建费用支付_____万元；

4）安装费用支付_____万元；

5）调试费用支付_____万元；

6）设备费用支付_____万元。

（4）运营与维护阶段

1）试运营费用支付_____万元；

2）运营费用支付_____万元；

3）设备费用支付_____万元；

4）材料费用支付_____万元；

5）培训费用支付_____万元。

（5）移交阶段

1）审计费支付_____万元；

2）评估费支付_____万元；

3）鉴定费支付_____万元。

3.截至___年12月31日，投资总额_____万元。项目各阶段工作进展完成如下：

（1）融资计划

1）银行贷款：_____。

2）基金资金：_____。

3）信托计划资金：_____。

4）借款资金：_____。

（2）前期工作

1）聘请投资咨询公司支付费用_____万元；

2）聘请造价咨询机构支付费用_____万元；

3）聘请律师费用支付费用_____万元；

4）日常开支费用支付费用_____万元。

（3）建设阶段

1）勘察费用支付_____万元；

2）设计费用支付_____万元；

3）土建费用支付_____万元；

4）安装费用支付_____万元；

5）调试费用支付_____万元；

6）设备费用支付_____万元。

（4）运营与维护阶段

1）试运营费用支付_____万元；

2）运营费用支付_____万元；

3）设备费用支付_____万元；

4）材料费用支付_____万元；

5）培训费用支付_____万元。

（5）移交阶段

1）审计费支付_____万元；

2）评估费支付_____万元；

3）鉴定费支付_____万元。

4. 截至____年 12 月 31 日，投资总额____万元。项目各阶段工作进展完成如下：

（1）融资计划

1）银行贷款。

2）基金资金。

3）信托计划资金。

4）借款资金。

（2）前期工作

1）聘请投资咨询公司支付费用_____万元；

2）聘请造价咨询机构支付费用_____万元；

3）聘请律师费用支付费用_____万元；

4）日常开支费用支付费用_____万元。

（3）建设阶段

1）勘察费用支付＿＿＿＿＿万元；

2）设计费用支付＿＿＿＿＿万元；

3）土建费用支付＿＿＿＿＿万元；

4）安装费用支付＿＿＿＿＿万元；

5）调试费用支付＿＿＿＿＿万元；

6）设备费用支付＿＿＿＿＿万元。

（4）运营与维护阶段

1）试运营费用支付＿＿＿＿＿万元；

2）运营费用支付＿＿＿＿＿万元；

3）设备费用支付＿＿＿＿＿万元；

4）材料费用支付＿＿＿＿＿万元；

5）培训费用支付＿＿＿＿＿万元。

（5）移交阶段

1）审计费支付＿＿＿＿＿万元；

2）评估费支付＿＿＿＿＿万元；

3）鉴定费支付＿＿＿＿＿万元。

第13条 投资控制责任

明确社会资本主体对约定的项目总投资所承担的投资控制责任。根据合作项目特点，可约定社会资本主体承担全部超支责任、部分超支责任，或不承担超支责任。

【解读与说明】

政府与社会资本合作模式对双方责任的界定就是社会资本承担所有商业风险，当然地承担投资控制完全的责任。《合同指南》给出本条款，列出了社会资本对超支的投资部分责任的全部、部分免除的分配方式。社会资本不承担的部分由谁来承担，本条款并未明确，为投资超支部分的责任分配提供了较大的空间。

投资控制的有效性固然与社会资本的项目实际操作能力必然的因果关系，但是，政府编制的项目可行性研究报告可靠性的高低，对投资控制的有效性，具有决定性的作用。减轻或免除社会资本投资控制超支的责任，不排除政府与社会资本对可行性研究报告中的相关实体内容彼此保留观点的一种妥协。这种妥协笔者认为突破了 PPP 模式的底线，会给未来 PPP 项目的推进带来诸多不确定因素。

PPP 的经典商业模型或者说标准商业模式是政府不承担任何商业风险、社会资本承担项目所有商业风险。对项目投资控制超支部分之责任进行重新分配，可以说是 PPP 标准商业模式的变异。在当下对 PPP 标准商业模式尚不完全把握的情形下，就开启 PPP 变异模式的实践，无论是在理论上还是实践上都存在准备不足的问题。

【建议条款】

本项目在投资过程中，发生投资超支，投资控制责任的承担，可选择下列方式：

（1）甲方承担；

（2）乙方承担；

（3）按照专用条款执行。

第 14 条　融资方案

项目合同需要明确项目总投资的资金来源和到位计划，包括以下事项：

（1）项目资本金比例及出资方式。

（2）债务资金的规模、来源及融资条件。如有必要，可约定政府为债务融资提供的支持条件。

（3）各类资金的到位计划。

【解读与说明】

融资方案是否可行，直接关系到项目的生死。PPP 项目在达到签约条件之时，不仅投资资金要基本落实，更重要的是要有应急备案之策。在本合同编制中虽不会出现应急备案之策，但是在项目可行性研究报告之中，应急备案之策的可行性同样需要具有较高的可靠性。

【建议条款】

1. 项目资本金比例及出资方式

（1）＿＿＿公司，认缴资本金＿＿＿万元，现金出资＿＿＿万元，资本金到位率＿＿＿%；

（2）＿＿＿公司，认缴资本金＿＿＿万元，现金出资＿＿＿万元，资本金到位率＿＿＿%；

（3）＿＿＿公司，认缴资本金＿＿＿万元，现金出资＿＿＿万元，资本金到位率＿＿＿%；

（4）＿＿＿公司，认缴资本金＿＿＿万元，现金出资＿＿＿万元，资本金到位率＿＿＿%。

出资不实的股东，将于___年___月___日之前补足资本金。

2. 各期资金计划安排如下：

（1）第一期，资金性质_____，融资方_____，金额_____，到位时间：_____，用途：_____；依据_____；

（2）第二期，资金性质_____，融资方_____，金额_____，到位时间：_____，用途：_____；依据_____；

（3）第三期，资金性质_____，融资方_____，金额_____，到位时间：_____，用途：_____；依据_____；

（4）第四期，资金性质_____，融资方_____，金额_____，到位时间：_____，用途：_____；依据_____。

第15条 政府提供的其他投融资支持

如政府为合作项目提供投资补助、基金注资、担保补贴、贷款贴息等支持，应明确具体方式及必要条件。

【解读与说明】

PPP项目从政府与社会资本合作的风险分配上说，是社会资本承担项目全过程商业风险。这风险包括对项目的投资与未来的收益。但是，PPP项目是为社会提供公共产品的项目，为社会提供公共产品的责任本应是政府的应尽职责，只是政府为了提高投资效率，引进社会资本进行合作，实现对社会公共产品供给的双赢。因此，在PPP项目投资的问题上，政府也不会坐等观望。

目前正在运营的为社会提供公共产品的项目绝大多数都是政府直接投资的项目，尽管是政府投资，即使没有回报，政府每年都会根据项目实际运营的状况，给予一定数量的资金补贴。这是政府投资项目低效率的体现，也是国务院推行PPP模式的必然性所在。对于以PPP模式运营的为社会提供公共产品的项目，同样应当享受政府对现有同类企业的补贴政策，以体现市场经济状态下，各市场主体法律地位平等这一基本原则。

国发〔2014〕43号文之后，政府对公共事业、基础设施的建设直接投资的路径已经截断。取而代之的是政府债、政府专项基金和PPP模式。政府的财政收入中，本身就有公共事业、基础设施建设的费用预算，在直接投资路径堵塞之后，政府对该领域的投资，通常就会转变为以政府专项基金的方式投入目标项目。对政府基金的性质、年限、回报、赎回、管理模式以及使用条件都应当在合同中汇总明列。

PPP 项目条件的多样性，决定了项目使用资金的多样性。在银行贷款不足、政府基金不宽裕的情形下，使用社会资金也是社会资本不可避免的选择。社会资金的高成本往往是收益率低、收益时间长的 PPP 项目难以承受的，这种状况下，政府以贴息的形式促成社会资金与项目的对接，无疑是对项目的巨大支持。

PPP 项目融资采取的是国际上通行的无追诉权融资。而项目自身又没有足够的抵押物去获得银行的贷款，这样，由第三方为项目提供担保获得贷款资金就进入了政府与社会资本的视线。鉴于第三方为项目提供担保资产会给项目产生成本，贷来的款项的利息也由项目承担，势必会给项目造成过重的经济负担。为了支持项目的发展，政府可以支持一部分或全部资金成本，减轻项目负担。

【建议条款】

1. 本合同签订之后，甲方以及甲方上级机关给予本项目之同类项目的投资补助，甲方应当按照同等的比例，同等支付节点予以落实。该等资金对项目的注入，不构成甲方对项目的投资，甲方不因此对乙方享有管理、决策权。

2. 政府以基金的方式注入资金，不视为甲方对本项目的投资。本项目与基金的关系，在乙方与基金方的协议中约定。

3. 甲方同意为乙方取得的担保给予担保补贴的，担保的金额、时间、款项用途、费用，应当经甲方批准，并与甲方签订担保补贴协议。

4. 甲方同意为乙方取得的贷款贴息的，贷款的金额、时间、款项用途、费用，应当经甲方批准，并与甲方签订贷款贴息协议。

第 16 条　投融资监管

若需要设定对投融资的特别监管措施，应在合同中明确监管主体、内容、方法和程序，以及监管费用的安排等事项。

【解读与说明】

政府与社会资本在本合同中均为民事主体身份，地位平等。因此在理论上双方互不具有监管权。但是当政府以行政主体的身份出现时，对其行政管辖权范围之内的事项，就具有监管权。鉴于 PPP 项目中，政府不参与投资经营、不承担任何商业风险，因此其对社会资本只具有知情权、监督权，而无管理权、决策权。

同理，社会资本对政府在 PPP 项目中所承担的事务也是同等的权力。

《合同指南》中设定本条款，还是说明了在编制《合同指南》之时，对将来所编制好的 PPP 合同是行政合同还是民事合同界定不明。在合同的编制中不排除政府的行政权力，本合同就无法起到保护社会资本基本权益的作用。社会资本看到政府提供的合同文本就会缺乏与政府合作的勇气。目前市场上 PPP 签约率低的这一现象也可以说明，社会资本对政府还是戒心较重的。正因为如此，我们应当提供较为公平的合同文件，稳定社会资本之心。

在本合同中，双方互无监管权，并不意味着双方各行其是，互不相干。对本合同中约定的各方事务，双方对对方的事务均没有干涉权，但是作为合作的双方，彼此具有知情权、监督权。知情权、监督权等相关权利行使的条件、方式、程序，在合同编制时应当约定清楚，以防政府权力的"越位"。

【建议条款】

1. 知情权

（1）乙方应当在每月前 5 日之内将上月投资完成报表与本月投资计划报表一并报送甲方。甲方对报表中的内容有异议，应当在收到报表之日后 5 日内书面回复。

（2）按照合同约定的时间节点，应当由政府负责、支持、协助办理的本项目各批准文件、证照、证书，没有按期完成，甲方应当给予乙方书面说明，并附上整改方案。

（3）甲方收到国家有关金融文件，与本项目有关联的，应当在收到后 3 日内告知乙方。

（4）乙方要变更本合同约定的融资计划，应当提前告知甲方并提交完整的变更后的融资方案，是否实施以甲方批复为准。

（5）甲乙双方每月开一次项目例会，对接双方投融资信息。

2. 监督权

（1）甲方发现项目推进进度、质量、投资与本合同约定不符之时，有权利要求乙方做出书面说明，并可以要求乙方出具整改方案。

（2）甲方发现乙方改变资金投向、改变资金用途，有权利要求乙方予以纠正。

（3）乙方发现甲方在本合同约定的期限内，不能办理完毕本项目各项合法手续，有权利要求甲方予以说明，并提供整改方案。

第17条 投融资违约及其处理

项目合同应明确各方投融资违约行为的认定和违约责任。可视影响将违约行为划分为重大违约和一般违约，并分别约定违约责任。

【解读与说明】

PPP项目的复杂性在违约条款的编制中再次得以体现。一般的合同，将违约责任约定清楚，一旦发生违约事项，按照合同条款的约定承担违约责任，即实现了设置违约责任条款效果。而PPP合同则不然。PPP合同的解除，不仅仅是政府与社会资本民事合同的解除，还直接引发政府与社会资本行政合同——特许经营权授予合同的解除。由此，可以理解为什么《合同指南》将PPP合同中的违约分为一般违约与重大违约。一般违约就是界定在民事合同范围内的违约；重大违约就是涉及《特许经营权授予合同》中的违约。所依照的合同文本不一样，适用的法律部门也不一样。一般违约适用的部门法为《民法》；重大违约适用的部门法为《行政法》。

本合同文本的编制，严格按照PPP项目民事合同与行政合同区分的原则编制。涉及政府行政权的内容，均安排到《特许经营权授予合同》中去。

对于重大违约，笔者认为，应当界定在合同终止的层面，其法律后果是启动《特许经营权授予合同》解除程序。对于尚不至于导致合同终止的违约行为，包括合同中止的情形，都应当按照一般违约处理。合同终止是合同签订后当事人双方最严重的法律后果，应当严格使用。因此在PPP合同编制中，不宜设置新的合同终止条款。合同终止出现的条件仅限于法定的几种情形。

【建议条款】

一般违约

（1）甲方的违约责任

1）甲方因办理本项目审批事宜延期，导致乙方资金延期到位，给乙方造成的实际损失，甲方应当赔偿。

2）甲方承诺的资金支持不能如期到位，乙方为弥补该笔资金所增加的必要费用，甲方应当承担赔偿责任。

3）甲方本条款项下的赔偿金，经_____条款确认后，从_____开支。

4）按照专用条款执行。

（2）乙方的违约责任

1）乙方不能按照本合同的约定安排资金到位，造成工程延期或实际运营期限缩短，甲方不承担任何责任。

2）因乙方自身的原因变更融资方案所发生增加的费用，由乙方自己承担。虽该等变更经甲方批准，甲方亦不承担任何责任。

3）按照专用条款执行。

第五章　项目前期工作

本章重点约定合作项目前期工作内容、任务分工、经费承担及违约责任等事项。本章为项目合同的必备篇章。

第 18 条　前期工作内容及要求

明确项目需要完成的前期工作内容、深度、控制性进度要求，以及需要采用的技术标准和规范要求，对于超出现行技术标准和规范的特殊规定，应予以特别说明。如包含工程建设的合作项目，应明确可行性研究、勘察设计等前期工作要求；包含转让资产（或股权）的合作项目，应明确项目尽职调查、清产核资、资产评估等前期工作要求。

【解读与说明】

前期工作之"前期"，本身就存在两种不同的内涵：一是社会资本尚未介入的前期；此"前期"以 PPP 项目完成入库为标志；二是以本合同生效日之前为"前期"。这两种不同内涵的"前期"，对 PPP 项目前期的工作内容乃至工作成果的法律效力，都会产生实质性影响。

项目前期工作的核心是项目可行性研究报告的编制。以第一种"前期"定义，此状态下的可行性研究报告是在政府单方面参与下完成的，甚至可以说，是为了能立项而编制的可行性研究报告。完成立项之后，可行性研究报告的内容是否对项目的实施具有实际的指导意义则另当别论。以这种思路编制的可行性研究报告是缺乏商业价值的，不会为社会资本所接受。

为了对 PPP 项目未来的风险有足够的预见性，社会资本介入之后，会从商业的角度对项目进行可行性研究，由此形成一份新的可行性研究报告。如何解决该可行性研究报告与政府主导编制的可行性研究报告之间的冲突，就是 PPP 项目谈判遇到的第一个难题。按照政府的可行性研究报告操作缺乏商业性，社会资本不愿意介入；按照社会资本编制的可行性研究报告，又会面临可行性研究报告重新申报批准的问题。

编制本 PPP 合同的前提，是建立在政府与社会资本对项目可行性研究报告已经取得一致的基础之上。若对可行性研究报告的实质性内容双方还存在歧义，笔者认为尚不足以商洽合同文本。

PPP 合同相较于一般的合同的重大区别之一就是 PPP 合同前期工作的好坏对合同结果的影响性远大于一般的合同。俗话说："运筹帷幄之中，决胜千里之外。"PPP 项目前期的策划、设计就决定项目未来十几年乃至几十年的收益，乃至项目的成败。

PPP 项目进入实际操作阶段，无论政府还是社会资本都应当有自己的咨询顾问团队，以形成双方专业知识的对等，有利于谈判的推进与达成。可行性研究报告是前期工作的核心，其内容包括经济可行性、技术可行性、法律可行性。经济可行性解决的是投资回报的问题，为项目设计一个良好的商业模式，是经济具有可行性的基础。技术可行性是解决所设计的商业模式能否通过现有技术手段实现的问题，技术的先进性与投资的经济性，是技术可行性的主题。法律的可行性是解决现有的投资方案是否与国家法律、法规、政策相悖，在法律、法规、政策发生冲突的情形下，如何通过法律结构的设计，实现法律、法规与政策的和谐统一。

经济可行性与技术可行性通常统称为投资可行性。对于新建、改建的项目，新建、改建的成本控制还涉及工程造价预算书的编制。法律可行性分析通常会通过对投资可行性报告出具法律意见书或对投资可行性研究报告进行法律性审查的形式出现。

【建议条款】

1. 初步勘察工作

甲方负责项目初步勘察工作。初步勘察的工作成果应当满足编制预可行性研究报告的需求。

2. 预可行性研究报告编制

甲方负责预可行性研究报告的编制，编制的深度应当达到满足政府部门立项的要求。

3. 立项

甲方负责本项目的立项，立项前对本项目做的"物有所值"评价以及政府财政承受能力评估均由甲方负责完成。

4. 编制可行性研究报告

（1）乙方负责编制可行性研究报告。在充分调查研究、评价预测和必要的勘察工作基础上，对项目建设的必要性、经济性、技术性进行综合研究论证，对不同的方案进行比较；提出推荐建设方案。

（2）可行性研究报告应当满足设计招标的要求。

5. 初步设计工作

乙方负责初步设计工作。初步设计应当根据本项目可行性研究报告进行编制，要明确工程规模、建设目的、投资效益、设计原则和标准，深化设计方案，确定拆迁、征地范围和数量，提出设计中存在的问题、注意事项及有关建议，其深度应能控制工程投资，满足编制施工图设计、主要设备订货、招标及施工准备的要求。

6. 融资可行性研究报告

（1）乙方负责融资可行性研究报告。

（2）对甲方给予支持的贷款部分，乙方将按照贷款方的要求，提供相关贷款文件，甲方协助办理必要的审批文件。

（3）对于乙方自筹部分资金，要明确资金来源、性质、用途、金额、到位时间以及抵押物种类、数量、担保人、资金成本、资金的置换、退出，提出资金方案中可能存在的问题以及应对之策。

7. 法律意见书

法律意见书由甲乙双方律师团队分别出具。法律意见书中存在重大法律观点的分歧，甲乙双方及律师团队应当共同论证，形成一致意见。

第 19 条　前期工作任务分担

项目合同应分别约定政府和社会资本主体所负责的前期工作内容。

【解读与说明】

前部分章节所约定的都是政府与社会资本在 PPP 项目中总体的分工。从本章起，开始逐章单列政府与社会资本的工作内容。由于前章节中对政府与社会资本的分工均有较为全面的约定，笔者认为，在之后的各章节中，对政府与社会资本的合作分工应当更为深入、细致，使所编制的合同文本更具有实际操作层面的指导性。

【建议条款】

1. 甲方应当承担的前期工作任务

（1）以下证照由甲方负责完成

1）项目土地规划许可；

2）项目土地使用权证；

3）建设规划许可证；

4）建设工程施工许可证；

5）特许经营权许可证；

6）正式立项批准；

7）专用条款约定的其他事项。

（2）甲方聘请的本项目咨询机构及各机构工作任务

1）投资咨询机构：_____公司，负责编制本项目预可行性研究报告。代理甲方就预、正式可行性研究报告中所涉及的问题与乙方进行谈判。

2）工程造价咨询机构：_____公司，负责编制本项目预投资预算书。代理甲方就项目投资造价部分所涉问题与乙方进行谈判。

3）律师事务所：_____律师事务所，负责本项目合同文本以及各法律文书的草拟与编制。代理甲方就本项目所涉法律障碍进行排除并代表甲方对乙方各商业方案的合法性、合规性以及与政策的相符性进行审查，并与乙方进行谈判。

（3）完成本项目_____万元贷款额度的安排。

（4）按时参加项目例会，完成例会中安排的甲方工作任务。

2.乙方应承担的工作任务

（1）以下工作由乙方完成

1）资本金的筹措；

2）正式可行性研究报告的编制；

3）融资计划的落实；

4）建筑商的选择；

5）运营商、维护上的选择；

6）项目的勘察、初步设计。

（2）乙方聘请的本项目咨询机构及各机构工作任务

1）投资咨询机构：_____公司，负责编制本项目实施方案。代理乙方就预、正式实施方案中所涉及的问题与甲方进行谈判。

2）工程造价咨询机构：_____公司，负责编制本项目投资预算书。代理乙方就项目投资造价部分所涉问题与甲方进行谈判。

3）律师事务所：_____律师事务所，负责本项目合同文本以及各法律文书的草拟与编制。代理乙方就本项目所涉法律障碍进行排除并代表乙方对甲方各方案的合法性、合规性以及与政策的相符性进行审查，并与甲方进行谈判。

（3）提交为办理各种证照、批件所应当出具的相关法律文书。

第 20 条 前期工作经费

明确政府和社会资本主体分别承担的前期工作费用。对于政府开展前期工作的经费需要社会资本主体承担的，应明确费用范围、确认和支付方式，以及前期工作成果和知识产权归属。

【解读与说明】

发展改革委在《合同指南》中加入此条款，为地方政府聘请高水平的 PPP 咨询机构、专家级人员提供了可能。同时也为社会资本聘请高端专业人员解除了后顾之忧。该条款的出现，使高额的 PPP 前期费用进入项目成本具有了合法性。

当然，这种合法性是基于为 PPP 项目服务，是基于政府和社会资本的民事主体身份，在经济活动中对合作项目成本的分摊。基于政府的行政服务职能而向 PPP 项目提供的服务（如政府基于行政职能为 PPP 项目审批的各类批文、证照、证书），其费用不应摊入 PPP 项目成本之中。

政府在 PPP 项目前期所做的勘察、总体设计、编制预可行性研究报告、编制建设工程造价预算书等专门服务于 PPP 项目的工作并产生了实际费用，该等费用可以摊入 PPP 项目成本之中。政府所做的"物有所值"评价、"政府财政承受能力评估"等发生的费用，是政府履行行政管理职能所为，不能摊入 PPP 项目成本之中。

【建议条款】

1. 甲乙双方确认，本项目前期工作经费为本合同额的____%，总计人民币____万元。

2. 根据双方前期工作的实际投入以及工作效果，双方同意前期工作经费按如下比例分割：甲方____%，____万元；乙方____%，____万元。

3. 甲方应获得的前期工作经费由乙方支付，支付方式为：_____。

4. 前期工作期间，无论是甲方还是乙方就本项目形成的知识产权、工作成果按约定确认权属。

第 21 条 政府提供的前期工作支持

政府应对社会资本主体承担的项目前期工作提供支持，包括但不限于：

（1）协调相关部门和利益主体提供必要资料和文件。

（2）对社会资本主体的合理诉求提供支持。

（3）组织召开项目协调会。

【解读与说明】

PPP 模式对国内来讲，是一种全新的操作模式。对于这类全新的、高度复杂型的项目，专业的、富有经验的专家咨询团队必不可少。政府的专业优势在于行政管理，因此，推进 PPP 项目，政府聘请专业的 PPP 专家咨询团队，是对 PPP 前期项目的最大支持。

政府拥有强大的 PPP 专家咨询团队，首先可以为政府制定出操作性强的 PPP 项目方案，容易获得社会资本的认可，招商成功的可能性大。对于没有聘请 PPP 咨询机构的社会资本，还具有指导、帮助作用。对于本身聘有 PPP 咨询团队的社会资本，双方在专业上可以直接实现无缝对接，使项目迅速进入快车道。

专业问题解决之后，需要政府支持的就是土地问题。土地能否交付？如何交付？商业上土地使用的创新模式如何在税务上体现出来？创新的成功以及创新成果的固守，都需要政府的支持。

土地问题解决之后，就是项目建设工程招投标问题。新建或改建的 PPP 项目的建设工程，无论适用《招投标法》还是《政府采购法》，都会遇到建设工程招投标的具体问题。在建设工程招投标之前，还会有一个特许经营权招投标的存在。招投标机制的安排、法律架构的设计，以及法律、法规、政策冲突的平衡，均需要在前期就得到政府的支持，以支撑项目商业模式的设计。

政府可行性研究报告与社会资本的可行性研究报告发生冲突，同样需要政府的支持。笔者认为，基于当地社会经济水平而设置的项目技术参数不宜变动外，为完成项目或为提高投资收益率的商业方案、运作模式都可以更多地接受社会资本的方案，对政府而言，守住法律风险的底线，就是对社会资本商业模式的最大支持。

【建议条款】

1. 甲方成立专门的领导班子并聘请专业咨询团队为本项目服务。

2. 甲方负责排除障碍，将土地占有按照合同约定移交给乙方。

3. 甲方支持乙方完成招投标法律机构的设计、安排。

4. 甲方尊重双方专业人士做出的商业方案，支持双方专业人员做出的对项目法律架构的设计、安排。

5.甲方组织召开协调会，协调项目各参与单位共同推进本项目的进展。

6.甲方组织召开协调会，排除非本项目相关单位、人员对本项目进展实施的干扰。

第22条 前期工作监管

若需要设定对项目前期工作的特别监管措施，应在合同中明确监管内容、方法和程序，以及监管费用的安排等事项。

【解读与说明】

PPP项目的复杂，除了技术、商业模式的复杂外，主体身份的转换也是造成合同复杂的原因之一。因此明晰本合同项下政府的行为是行政行为还是民事行为，是编制本合同不可动摇的基本原则。沿着笔者编制本合同的思路，就本合同而言，所谓前期工作，指的就是签订本合同之前，政府与社会资本为签订本合同所做的各项工作。合同尚未签订，双方并没有互负权利义务，"监管"的权利从何而来？

但是换个角度，就能够了解《合同指南》安排此条款的作用。

PPP合同总体上可分为两类：一类是需要取得特许经营权的项目；另一类是不需要取得特许经营权的项目。对于需要取得特许经营权的项目，通常是社会资本先获得特许经营权，政府给予社会资本一定的期限去完成签订民事合同所要满足的具体条件，诸如寻找合作伙伴、落实资金安排、完成正式可行性研究等等。由于政府授予了社会资本特许经营权，社会资本给予政府的对价是在约定的时间内完成特许经营权合同要求完成的签订民事合同的条件。基于特许经营权合同，政府有权力对社会资本的工作进展进行监管。但此时，政府行使的权力是基于特许经营权合同，其权力的性质为行政权，而本合同约定的是民事权利，故此等权力不宜安排在本合同之中。

社会资本与政府签订特许经营权合同之后，双方为本项目所做的工作，都可以归为本合同的前期工作。双方可能是依据特许经营权合同约定的时间节点工作，也有可能另行签订协议。另行签订协议的，可以将此等协议定性为民事协议。没有另行签订协议的，政府与社会资本有关合同的谈判应当定性为民事活动。政府基于特许经营权合同对项目推进过程中的监管，应当归于行政行为。

在本合同中，政府作为民事主体，对社会资本只享有知情权、监督权、建议权，不享有监管权。

【建议条款】

1. 本条款监管权仅指知情权、监督权、建议权。

2. 知情权

（1）甲方的知情权

1）甲方有权利了解乙方各合作伙伴主体的基本情况，对于主要的合作伙伴包括但不限于承建商、融资商、运营商、原料供应商、成品接收方等，甲方有权到乙方各合作伙伴实际经营地进行考察。

2）甲方有权了解乙方对本项目的商业模式、法律架构、股权结构，以及为完成本项目而制定的建设阶段、融资阶段、运营阶段的商业计划，并有权要求乙方对各文件主要部分进行必要的说明。

（2）乙方的知情权

1）乙方有权利了解甲方当地以及上级政府有关 PPP 项目的指导、优惠政策，并结合当地具体情况编制本项目具体实施方案。

2）乙方有权利了解甲方审批本项目的各具体部门、各法定程序。有权随时了解各项审批的进展状态。

3）乙方有权利了解甲方为本项目所设定的主要技术参数的依据以及当地社会经济基本指标。

3. 监督权

（1）甲方的监督权

1）甲方发现乙方提供的资料存在瑕疵以及与实际考察的情况不一致，有权利要求乙方进行解释或予以纠正。

2）甲方发现乙方工作进度落后于计划安排，可以了解影响工作进程的原因，并有权利对此原因开展调查。

（2）乙方的监督权

1）甲方的工作进度落后于计划安排，乙方有权要求甲方做出说明并要求甲方提供整改方案。

2）甲方将不属于本项目前期工作内容的事项列入本项目并计入本项目成本，乙方有权利要求甲方予以纠正。

4. 建议权

在前期工作阶段，双方发现对方存在影响本项目质量、进度的因素，有权利向对方提出书面建议。是否采纳，由建议接收方决定。

第 23 条 前期工作违约及处理

项目合同应明确各方在前期工作中违约行为的认定和违约责任。可视影响将违约行为划分为重大违约和一般违约，并分别约定违约责任。

【解读与说明】

本条款同样体现出 PPP 项目合同与一般民事合同的差异性。前期工作阶段，顾名思义意味着合同尚未正式签订的阶段。对一般民事合同而言，此阶段违背合同，违约方只是承担先合同义务，并不存在违约责任之说。就民事 PPP 合同而言，与一般的民事合同无异，违约方所要承担的是先合同义务。但是对于特许经营权合同而言，政府与社会资本在此阶段的违约，有可能导致特许经营权合同的解除，则可能承担相应的行政违约责任。《合同指南》对此条款的安排，表明其对于本合同是民事合同还是行政合同的定性尚不确定。

遵循前述一般违约为民事违约，重大违约为行政违约的原则。本条款的编制也局限在一般违约之内。

【建议条款】

1. 甲方一般违约与处理

（1）甲方未能按照本合同约定，完成本项目政府待批相关事项；

（2）甲方未能按照双方计划安排的时间节点及要求，完成自己名下的工作任务；

（3）按照专用条款执行。

2. 乙方一般违约与处理

（1）乙方以及乙方确定的合作伙伴提供虚假文件参与本项目；

（2）乙方以及乙方确定的合作伙伴提交的文件与甲方考察的实际情况存在实质性差异；

（3）乙方未能按照双方计划安排的时间节点及要求，完成自己名下的工作任务；

（4）按照专用条款执行。

第六章　工程建设

本章重点约定合作项目工程建设条件，进度、质量、安全要求，变更管理，实际投资认定，工程验收，工程保险及违约责任等事项。

本章适用于包含新建、改扩建工程的合作项目。

第24条　政府提供的建设条件

项目合同可约定政府为项目建设提供的条件，如建设用地、交通条件、市政配套等。

【解读与说明】

PPP模式是政府与社会资本合作，国家相关政策文件只是对项目风险的分担做了明确规定，对合作的范围、合作的内容并没有具体规定。这就为PPP项目政府与社会资本合作的多样性提供了基础。在政府与社会资本合作中，对于土地的使用如何合作，就是一个值得热议的话题。采用传统的出让、划拨方式为PPP项目提供土地，体现不出政府与社会资本合作的特性。在PPP项目中，以一种"创新"的方式利用土地，又为现行的《土地管理法》所不容。

无论以哪一种方式利用土地，政府与社会资本是一种合作关系，是对土地使用的定性。既然是一种合作关系，作为土地的提供方，政府就有必要将土地利用的基本方式在合同中约定清楚，以明确双方的权利义务。

目前我们国家的土地使用机制是各土地使用主体需要利用土地，都必须从国家土地储备中心取得。土地储备中心的土地，俗称"熟地"，均具备工程建设的基本条件。该等土地按照现行的《土地管理法》只能通过出让或划拨的方式取得。而政府与社会资本合作的土地，不排除以"生地"的方式进行合作。"生地"的建设条件究竟如何，尤其需要在合同中约定清楚。

【建议条款】

1.本项目是以第＿＿＿＿种方式取得土地使用权，土地的用途为＿＿＿＿用地。

（1）出让；

（2）划拨；

（3）专用条款约定。

2. 甲方提供的交通条件

（1）甲方保障本项目所使用的机械、设备、部件通过项目所在地现有的交通方式能够运达施工场地；

（2）甲方负责排除本项目施工车辆正常进出施工场地的障碍。

3. 甲方负责提供的项目市政基本配套

上水：＿＿＿吨／日，下水：＿＿＿，电：＿＿＿千伏，电话：＿＿＿门，光纤：＿＿＿兆，煤气：＿＿＿。

第25条　进度、质量、安全及管理要求

项目合同应约定项目建设的进度、质量、安全及管理要求。详细内容可在合同附件中描述。

（1）项目控制性进度计划，包括项目建设期各阶段的建设任务、工期等要求。

（2）项目达标投产标准，包括生产能力、技术性能、产品标准等。

（3）项目建设标准，包括技术标准、工艺路线、质量要求等。

（4）项目安全要求，包括安全管理目标、安全管理体系、安全事故责任等。

（5）工程建设管理要求，包括对招投标、施工监理、分包等。

【解读与说明】

本条款是 PPP 项目建设工程主要控制条款，它不仅控制着工程的进度、质量，而且还控制着未来项目的产能与效益。本合同为政府与社会资本合作之合同。项目工程建设的合同是由社会资本与承建商之间所签订，在签订本合同之前，建设工程合同有的已经签订，或至少合同条款都已经锁定。因此本合同条款的编制不是空穴来风，而是要与本项目建设工程合同保持一致。

对于政府而言，并非本合同签订之后，项目工程建设就大功告成，而是还要审查本合同约定的各项建设指标是否已在社会资本与承建商的合同中体现出来。对于社会资本而言，将政府对项目的各项技术指标与承建商的工程承包合同技术指标实现无缝对接，才可以最大限度地减少自身的风险。这是在编制 PPP 合同时必须要把握的原则。

【建议条款】

在实际操作中，本章节的谈判与社会资本和承建商的谈判并非完全背靠背完成。通常情况下，社会资本会邀请承建商一起参加与政府进行的有关工程建设项目合同条款的谈判。政府、社会资本、承建商对项目建设的基本经济技术指标进行充分交底，有利于保障项目建设的顺利进行，有利于项目投产实现预期目的。

1. 进度计划

（1）本项目工期＿＿＿＿天。开工期为＿＿＿＿年＿＿＿＿月＿＿＿＿日。竣工验收期为＿＿＿＿年＿＿＿＿月＿＿＿＿日。实际开工期以乙方发给承建商的开工令为准。本项目竣工验收期无论何种原因导致延期，不影响本合同约定的合同终止日期。

（2）本项目＿＿＿＿年＿＿＿＿月＿＿＿＿日建设达到正负零。

（3）本项目＿＿＿＿年＿＿＿＿月＿＿＿＿日实现土建封顶。

（4）本项目＿＿＿＿年＿＿＿＿月＿＿＿＿日完成设备安装。

（5）本项目＿＿＿＿年＿＿＿＿月＿＿＿＿日完成整体试车。

2. 工程质量

（1）土建安装质量要求：＿＿＿＿＿＿。

（2）本项目整体试车应当达到的技术指标：按照专用条款执行。

3. 技术标准

（1）本项目技术标准应当遵循技术规范，符合国家标准。没有国家标准或国家标准不明，可以使用行业标准或企业标准。各层级技术标准发生冲突，以更为严格的作为本合同技术标准。

（2）本项目所使用的技术发生侵权，侵权责任由乙方承担；在工程建设过程中形成知识产权，由甲乙双方共同拥有。

4. 工程安全

乙方应当按照国家施工规范安排施工安全员，对现场施工人员定期进行安全生产教育。发生工伤事故应当及时向政府相关部门报告，并承担所发生的全部费用。

5. 工程管理

（1）招投标管理

1）本项目通过公开招投标方式乙方中标。乙方之合作伙伴承建商、融资方、运营方及专用条款约定的分包商、供应商等其他各方均同时中标。

2）前项约定的乙方各合作伙伴发生变更，应当经过甲方批准。接替方的加入，同样需要经过甲方的考察与批准。

3）本项目乙方不得转包、违法分包。

4）本项目设备的采购应当按照《政府采购法》之规定进行采购。

（2）施工监理

本项目工程建设监理单位为：＿＿＿＿＿。监理费用由乙方承担。

（3）分包管理

1）乙方负责对承建商、分包单位的管理，协调总分包之间的关系。

2）乙方负责支付各分包单位的合同款项，乙方对于各分包主体形成的债务，由乙方自己承担，与甲方无关。

第 26 条　建设期的审查和审批事项

项目合同应明确需要履行的建设审查和审批事项，并明确社会资本主体的责任，以及政府应提供的协助与协调。

【解读与说明】

在我们国家现有的体制下，工程建设必须通过政府相关部门审核。PPP 项目也不例外，对于新建和改建的 PPP 项目，取得土地使用权后所做的第一件事就是对项目进行规划报建，使项目的建设取得合法身份。取得当地政府规划部门颁发的建设工程规划许可证后，就可着手建筑工程施工许可证的办理手续。取得建筑工程施工许可证，PPP 项目在法律上就具备了施工的条件。

全国各地审批建设工程规划许可证与建设工程施工许可证的部门可能有所不同，但建设工程必须要通过这两证审核是一致的。对于以出让划拨之外的方式取得土地使用权的 PPP 项目，土地取得的方式具有"创新性"，此种状态下建设规划许可证与建设工程施工许可证的审批程序、时限如何确定，则应当在合同中予以约定。

国办发〔2015〕42 号文指出，简化项目审核流程，建议不减少审批环节，建立项目实施方案联评联审机制，提高审查工作效率，对实施方案中已经明确的内容不再作实质性审查。根据国务院这一精神，对 PPP 项目建设工程实施联审联评的，也应当在本合同中明确约定。

【建议条款】

PPP 模式是 BOT 模式的发展与改进。其共同点是项目建成后均要移交政府，不同点是投资方项目回收资金来源、时限长短不同。从建设用地角度上说，BOT

项目的土地使用模式基本上趋于成熟，土地的所有权属于政府，社会资本针对土地的投入资产均属于政府，社会资本获得的对价为特许经营权。实际操作中，以此方式解决PPP项目的土地使用问题，一是沿袭过去成熟的做法，二是可以减少土地过户形成的巨大税务负担。

选择土地使用权属于政府的PPP用地模式，基于合同中有关社会资本在土地上的投资形成的资产均属于政府的约定，PPP项目报建的主体即使为社会资本，社会资本也只是项目形式上的"业主"。项目的实际业主是基于本合同约定的土地使用权持有者，即政府。

1.本项目建设工程报建主体为甲方，项目的投资以及商业风险均由乙方承担。

2.甲方负责本项目的报建、施工许可证的申请，并负责该等申请获得政府相关部门批准。

3.乙方负责为甲方办理本项目报建、施工许可证提供必要的资料。

4.按照专用条款执行。

第27条　工程变更管理

项目合同应约定建设方案变更（如工程范围、工艺技术方案、设计标准或建设标准等的变更）和控制性进度计划变更等工程变更的触发条件、变更程序、方法和处置方案。

【解读与说明】

国务院推行PPP一个核心的原动力，就是PPP模式可以提高公共产品的供给效率。而提高效率最直接、便利的手段就是通过市场竞争。

作为一个通过公开的市场竞争方式选择的中标人，在中标之后，对项目原方案进行实质性变更，包括但不限于工程范围、工艺技术方案、设计标准、建设标准以及工期等等，对其他投标人会形成一种不公，有违《招标投标法》基本原则。如此作为有规避《招标投标法》的嫌疑，存在导致招投标无效的法律风险。由此，对PPP项目前期工作的重要性也可略见一斑。

PPP项目与BOT项目一个重大的区别就是PPP项目不是一个"闭门造车"的产物。BOT项目通常是在项目施工图出来后，政府才开始进行招标。中标的社会资本则需要按图施工。建造完成后，项目是否能够产生收益，与社会资本无关，社会资本的投入由政府承担支付责任。PPP项目不同，政府不承担或不完全承担社会资本的投入，社会资本的投资回报必须从 PPP 项目运营效益中产生。因此，社会资本在进入 PPP 之前，一定会与政府就项目的未来效益进行充分沟通，并且还会聘请专业咨询机构对项目的经济性、技术性、合法性进行分析、测算，最后才形成投标方案。

社会资本中标之后，乃至在合同履行过程中，无论哪一方提出对合同实质性条款进行变更，权且不说法律，仅就变更后项目的经济性、技术性、合法性的分析所需咨询团队的费用，也是一笔不小的开支。该等费用由变更提出方承担，符合公平原则。对项目重新评估后，接受变更提议方，对是否接受变更具有决定权。

该条款的设置，流露出发展改革委计划经济的思维方式。在计划经济状态下，项目的立项、投资、变更、接收均由发展改革委决定。项目的投资、成本、收益均由发展改革委独家承担，不会涉及他人利益。PPP 模式改变了发展改革委既有的投资管理模式，开标后项目的任何变更，都将直接影响中标人的实体利益。发展改革委的权限在此受到社会资本的限制。由于发展改革委长年以来形成了惯性思维方式，短时间内突然改变或许也存在一定的难度，故在此条款编制中要特别关注计划经济思路对合同条款的影响。

【建议条款】

社会资本作为投标方，在投资收益符合自己的期待值时，就会参与投标。中标以后，希望实现合同的利益应当说符合社会资本的愿望。因此就社会资本方而言，提出对合同实质性条款进行变更为小概率事件。对政府而言，由于其在专业上相对社会资本处于弱势，自身机制的原因又导致其难以跟上社会资本的投资效率，因此对项目提出变更的可能性偏大。

为了规制政府方面对项目实质性条款变更的随意性，对变更部分的投资、收益以及风险都应当做出新的安排，增加政府方面的经济负担，以此平衡双方的利益。

1. 工程变更的提出

（1）甲方对项目建设方案提出实质性变更，包括但不限于工程范围、工艺技术方案、设计标准、建设标准以及工期等，应当以书面的方式向乙方提出。

（2）乙方无权利对项目建设方案实质性内容提出变更。

（3）双方就工程变更未达成一致前，乙方应当按照合同约定的内容执行。已履行的部分为变更所改变，乙方不承担责任。

2. 工程变更的实施

（1）乙方接到甲方实质性变更本项目工程建设方案的提议后，应当在 7 日之内向甲方提交项目建设方案变更回复建议书，并提交对该变更方案进行评估的人员、时间及费用预算，甲方应当在7日内书面回复。

（2）甲方同意乙方的回复建议书，应当在7日之内将回复建议书载明的款项支付至乙方账户，乙方在收到该笔款项后正式启动项目建设方案变更可行性研究。

（3）甲乙双方在对变更方案洽谈期间，不改变本合同约定的投资、施工的进度。

（4）乙方与甲方应就变更方案进行谈判。双方就变更方案取得一致意见，签订变更方案补充协议；双方就变更方案不能取得一致意见，乙方仍按本合同执行。

3. 工程变更费用承担

（1）乙方因论证建设方案变更所导致的投资增加由甲方承担。

（2）乙方接到甲方变更本项目建设方案的提议后至双方签订变更方案补充协议期间，因按照本合同施工与变更方案不一致之处而需实施的拆除、整改等措施所产生的费用及损失，由甲方承担。

（3）因建设方案变更导致本项目投资额增加的，甲方应当在双方签订变更方案补充协议之日起7日内将增加投资额支付至乙方账户。因建设方案变更导致本项目投资额减少的，乙方依据本合同所享有的收益不受影响，本合同期限不变更。

（4）由于建设方案的变更导致工期延误，建设工期相应顺延，本合同期限也相应顺延。

第28条　实际投资认定

项目合同应根据投资控制要求，约定项目实际投资的认定方法，以及项目投资发生节约或出现超支时的处理方法，并视需要设定相应的激励机制。

【解读与说明】

PPP项目建设工程通常都是实行固定总价合同，似乎投资成本的控制，与实际投资人没有关系。实则不然，实际投资的认定，在建设工程类合同中，具有非常现实的意义。从项目投资成本控制角度上说，实际投资的认定，可以有效地减少不必要的投资，以最小的投资实现最大的效益。从工程结算角度上说，为建设工程实施过程中合同终止提供了结算的依据。从投资收益角度上说，投资发生的节约，将会由业主与施工单位分享，业主与施工单位实现双赢。当然，这一系列良好效果的展现，有赖于合同条款的安排。

PPP项目的投资方为社会资本，就项目本质而言，其产权还是属于政府。目前政府的建设项目均采用 2013 工程量清单报价规范。因此 PPP 项目也应当采用此计价规范，工程量实行据实结算。以此为基础，作为 PPP 项目的实际投资的计算依据。

【建议条款】

1. 本项目建设工程采用《建设工程工程量清单计价规范》GB 50500—2013 计价，根据施工图确定工程量。工程总造价_____万元。在没有设计变更的情形下，工程总造价不予调整。

2. 发生设计变更，变更部分计价按照本合同系列文件约定执行。

3. 本项目建设过程中合同终止，建设工程实际投资按照本合同系列文件中有关工程量清单约定计价、计量进行结算。

第 29 条　征地、拆迁和安置

项目合同应约定征地、拆迁、安置的范围、进度、实施责任主体及费用负担，并对维护社会稳定、妥善处理后续遗留问题提出明确要求。

【解读与说明】

本条款的设置为 PPP 项目获得建设用地使用权的方式开拓了广泛的空间。在目前的土地利用体制下，建设用地的取得只能通过出让或划拨的方式完成。而出让划拨的土地，来自政府土地储备中心，是政府已经完成了土地征收手续之后，能够交给土地使用者直接开发利用的土地。此意味着对土地的征收、地上房屋的拆迁、相关人员的安置，均由政府完成。

本条款的设置改变了目前土地使用供给方式。通过合同的约定，征地、拆迁、安置等原先属于政府法定范围的工作内容，可以安排由社会资本完成。此种土地取得方式的安排与从政府土地储备中心取得土地相比各有利弊。有利的是，社会资本从征收土地开始就实质性地介入 PPP 项目，对项目的实际情况了解得最清楚，容易与政府达成符合实际的合意。不利的是，征地、拆迁、安置工作难度很大，由社会资本承担如此难度的工作，对政府来讲所支出的费用必然增大，最终的征地效果仍然还是具有不确定性。

PPP 项目的优势之一，就是"将风险分配给最适宜的一方承担"。PPP 项目的征地工作与风险，安排由政府承担符合国家目前的状况，也较具有经济性。《合同指南》将征地、拆迁和安置作为一个条款列出，指导政府与社会资本在编制 PPP

合同文本时对权利义务进行分配，有待于各地根据实际情况进行安排。

【建议条款】

本项目征地、拆迁和安置选择第_____款的方式

1. 甲方负责征地、拆迁和安置工作

（1）甲方负责征地、拆迁和安置工作，并承担发生的所有费用；

（2）甲方负责在本合同约定的期限内将本合同约定的宗地使用权移交给乙方使用；

（3）甲方负责解决本项目移交前该宗地块与各主体发生的纠纷，并保证不影响乙方按照本合同约定使用该宗地块。

2. 乙方负责征地、拆迁和安置工作

（1）乙方负责征地、拆迁和安置工作，并承担发生的所有费用；

（2）乙方负责按照与政府_____部门签订的_____协议约定的时间节点完成本项目宗地的征收、拆迁和安置工作；

（3）乙方负责解决本项目移交前该宗地块与各主体发生的纠纷，并承担所有费用。

3. 按照专用条款执行。

第 30 条　项目验收

项目验收应遵照国家及地方主管部门关于基本建设项目验收管理的规定执行。项目验收通常包括专项验收和竣工验收。项目合同应约定项目验收的计划、标准、费用和工作机制等要求。如有必要，应针对特定环节做出专项安排。

【解读与说明】

项目验收是社会资本在对本项目工程自检合格之后与政府进行的民事法律行为。政府在接到社会资本对项目工程进行验收的申请之后，组织相关人员对项目工程进行验收。验收合格，项目进入运营阶段；验收不合格，社会资本将按照合同约定进行整改。逾期仍未通过项目验收，社会资本将承担违约责任。

项目验收是政府对本项目工程质量进行控制的强制性手段。就整个工程建设而言，单靠项目验收对质量进行控制显然是不够的。因此在项目建设的重要节点，都应当安排对项目工程质量进行验收的检测环节。一般而言，基础工程、主体工程、

设备安装工程、工程竣工验收、空车运行验收等节点，社会资本都应当将阶段性验收合格的法律性文件报政府备案。

项目各阶段验收的质量标准，应当按照本合同约定的质量标准执行。验收的程序也应当按照本合同约定的方式进行。尽管建设工程合同是社会资本与承建商签署的，但是在重要工程质量检验环节上，还是应当邀请政府方面见证、参与验收。一次验收没有通过，整改后的验收同样应当邀请政府方面见证、参与验收。此举有利于政府与社会资本对工程质量的把控取得一致意见，防患于未然，使项目验收顺利通过。

【建议条款】

1. 本项目工程建设以下节点，乙方应当通知甲方进行验收。

2. 本项目工程建设以下节点，乙方可以通知甲方参加验收。验收结束，乙方应当在3日之内将验收结果报甲方备案。

3. 验收标准按照本合同_____条执行。

4. 验收程序

（1）乙方在本项目验收及各验收节点前15天内应当以书面的方式通知甲方参加验收。通知中应当包含验收内容、验收时间、实际施工人、乙方参加人员、各参加验收机构及人员。乙方未通知甲方擅自验收无效。甲方有权利要求乙方重新进行验收。已经覆盖的工程应当打开，所产生的损失由乙方自己承担。

（2）甲方在收到乙方验收通知后7天内应当予以书面回复。甲方不回复或不参加验收的，视为验收合格。但涉及工程主体结构的除外。

（3）甲方对工程质量享有一票否决权。被甲方否决的工程项目应当整改直至通过甲方验收；因甲方错误使用一票否决权造成工程损失的，由甲方承担赔偿责任。

（4）甲方或甲方委托的人员代表甲方参加各阶段各专业的工程验收，应当持有甲方的书面委托书。参加验收的人员应当具有相应工程实际工作经验并拥有中级以上职称。甲方参加验收所发生的直接费用，由乙方承担。

第31条　工程建设保险

项目合同应约定建设期需要投保的相关险种，如建筑工程一切险、安装工程一切险、建筑施工人员团体意外伤害保险等，并落实各方的责任和义务，注意保险期限与项目运营期相关保险在时间上的衔接。

【解读与说明】

建设工程是一项高风险的工作，建设周期长、工作环境危险度高。这一特性给业主与承建商带来巨大压力与风险。为了减轻此等压力与风险，业主与承建商一般都通过购买保险来分解这类风险。

为减轻建设工程建造过程中给业主或承建商带来的风险，各保险机构所提供的保险产品种类也较多。但是最常用的有三种保险产品，即建筑工程一切险、安装工程一切险、建筑施工人员团体意外伤害险。

建筑工程一切险是针对民用、工业和公共事业建筑工程项目，包括但不限于交通设施、水坝、厂矿、发电设施等，在建造过程中因自然灾害或意外事故而引起的一切损失而设计的一种保险产品。其保险范围为保单中举例除外的一切事故，包括但不限于：火灾、爆炸、雷击、飞行器坠落及灭火或其他救助所造成的损失；海啸、洪水、潮水、水灾、地震、暴雨、风暴、雪崩、地崩、山崩、冻灾、冰雹及其他自然灾害；一般性盗窃或抢劫；由于工人、技术人员缺乏经验、疏忽、过失、恶意行为或无能力等导致的施工拙劣而造成的损失；其他意外事件。

安装工程一切险是针对各种设备、装置的安装工程（包括但不限于：电气、通风、给水排水以及设备安装等工作内容）而设计的一种保险产品。保险范围为保单内分项明列的保险财产在明列的工地范围内，因保单责任免除意外的任何自然灾害或意外事故造成的物质损坏或灭失。

建筑施工人员团体意外伤害险是针对在建筑工程施工现场从事管理和作业，并与施工企业建立劳动关系的人员发生人身伤害意外所设计的保险产品。保险范围为从事建筑施工及建筑施工相关的工作，或在施工现场或施工期间指定的生活区域内，因遭受意外伤害事故而致人身受到伤害。

在PPP项目中，政府与社会资本均可以成为建设工程投保人，受益人则只有建筑物的所有权人政府。对PPP项目建设过程中的投保人与受益人，都应当在PPP合同编制时予以确定。

【建议条款】

1. 本项目建设工程的受益人为甲方，投保人为乙方。乙方对本项目建设工程的投保费用，已经计算到乙方本合同对价之中。

2. 乙方列甲方为受益人，投保的险种为_____。

3. 乙方应当自费为本项目现场工作人员办理社会保险或另行投保工伤险。

4. 本条第1、2、3条履行完毕，是本合同双方签署条件之一。

第 32 条 工程保修

项目合同应约定工程完工之后的保修安排，内容包括但不限于：

（1）保修期限和范围。

（2）保修期内的保修责任和义务。

（3）工程质保金的设置、使用和退还。

（4）保修期保函的设置和使用。

【解读与说明】

工程保修给了政府与社会资本选择的空间。此处"工程"既可指项目建设工程，亦可指项目工程。项目建设工程与项目工程的保修在时间与范围上都大相径庭。有关保修的指向，应当在合同中约定清楚。

保修的期限与范围，《建设工程质量管理条例》中有明确规定。通俗地说就是结构保修为设计年限，防水 5 年，供暖、供冷 2 期，其他 2 年。政府与社会资本可以在不超过此界限范围内进行约定。

如何有效地获得保修期内的服务，申请保修的程序应当在合同中约定明确。保修的结果如何认定以及保修施工期的拖延如何获得救济，都是保修条款中不可缺少的内容。

对于动用保修金的条件以及保修金不足如何保障工程的保修能够得到实现，社会资本保修不力，政府启动保修程序所花费的费用如何认定等政府与社会资本容易产生纠纷的权利边界尤其需要界定清楚。

保修金不足如何启动追加保修金程序以及保修金不能按照合同约定追加到位的违约责任，都是本条款所应当关注的问题。

【建议条款】

1. 本条款所称工程是指以下第_____种情形。

（1）项目建设工程竣工验收合格；

（2）项目竣工验收合格。

2. 保修期限和范围

（1）基础设施工程、房屋建筑的地基基础工程和主体结构工程，为设计文件规定的该工程合理使用年限；

（2）屋面防水工程、有防水要求的卫生间、房间和外墙面的防渗漏，为 5 年；

（3）供热与供冷系统，为2个采暖期、供冷期；

（4）电气管线、给水排水管道、设备安装和装修工程，为2年。

3. 保修的程序

（1）发生保修事项，乙方应当在收到甲方保修通知后24小时之内到现场查看，3天内提供保修方案；

（2）乙方应当在保修方案承诺的期限内完成保修任务；

（3）保修合格的标志为甲方对该保修事项的签字。

4. 保修金的使用

（1）乙方未能按照本条3款的要求完成保修任务，甲方有权另行聘请第三方完成保修任务。甲方有权直接从乙方的工程质量保修金中扣除因聘请第三方完成保修任务所发生的实际费用。

（2）甲方应当在扣除乙方保证金后3天内以书面的形式通知乙方，并通知乙方续补保证金。乙方应当在收到通知之日起7天内，将续补的保证金支付至甲方的账户。

（3）乙方不按照本合同约定的期限续补保证金，按照本合同____专用条款执行。

第33条　建设期监管

若需要，可对项目建设招标采购、工程投资、工程质量、工程进度以及工程建设档案资料等事项安排特别监管措施，应在合同中明确监管的主体、内容、方法和程序，以及费用安排。

【解读与说明】

政府与社会资本合作风险分配的基本原则是政府承担法律、政策风险，社会资本承担全部商业风险。从商业原则上说，风险与利润成正比，与管理决策权成正比。据此，社会资本对项目建设招标采购、工程投资、工程质量、工程进度享有毋庸置疑的决策权。但是，政府作为PPP项目建设工程的所有人，对项目的建设不可能不履行业主的监督责任。从《合同指南》条款的安排上看，对政府行使监督权，社会资本还应当支付相关的费用，表明政府行使此监督权的性质是民事权利而非行政权力。因此在合同的编制中如何分配政府的监督权以及费用，就是合同谈判中比较敏感的事项。

PPP项目作为政府与社会资本合作的项目，政府与社会资本的权利均来自合同双方的约定，最能体现"法无禁止皆可为"的民法理念。合同文本的编制阶段也是政府与社会资本合作的前期阶段，同时在进行编制的还有项目实施方案、招标投标文件。在编制实施方案之时，政府就将建设期监督的范围定下基调，有利于今后与社会资本谈判减少分歧。

当然，任何事物都具有双面性。政府将建设期监督权权重设置偏大、监督费用安排偏高，会形成对社会资本拒绝的势态，不利于项目的落地。本着"用人不疑、疑人不用"的原则，政府对社会资本的审查更多地应当局限于形式审查而非实质性审查。只有社会资本出现违反法律、法规的事项，政府才能够启动对社会资本经营活动的实质性审查权。

政府在建设期的监督权应当局限于政府招标文件所限定的范围。招标文件没有设定政府建设期的监督权以及监督的范围、内容、方法和程序，双方在合同谈判过程中，不应当将该监督权纳入谈判范围之内。

【建议条款】

1. 甲方对建设期的监管权来源于本合同的约定。本合同没有赋予甲方监督权的，甲方不得擅自创设监督权。

2. 甲方享有的监督权的范围、内容以及行使监督权的方法与程序，应当按照本合同专用条款执行。不按照本合同专用条款行使监督权，不发生监督权行使的法律效力。

第34条　建设期违约和处理

项目合同应明确各方在建设期违约行为的认定和违约责任。可视影响将违约行为划分为重大违约和一般违约，并分别约定违约责任。

【解读与说明】

政府在PPP项目的建设期，其行使的权利更多的是监督权与知情权。建设期违约责任的承担实体，更主要的是社会资本与承建商。作为建设项目的最终拥有者，PPP项目的承建商也是应当经过政府的认可。因此PPP合同建设期的违约内容，更多的基于社会资本与承建商PPP项目建设工程合同的约定。

政府对社会资本在PPP合同建设期的违约主要关注工程的质量、工期、价款等重点环节。政府对社会资本是否违约的认定主要是通过对工程主要进度节点的考核和对工程相关文件的形式审查确认。如对监理单位、重要分包单位资质的审查，对工程关键线路的工期节点的考核，对工程进度款的支付与工程预算的吻合性的审查。社会资本应当按期将工程进展的相关资料报政府备案，政府可以根据实际需要到项目工地检查、复核社会资本上报资料的真实性，并对项目的进展提出建设性意见。

社会资本对政府建设期的违约主要关注建设工程施工土地的占有具有合法性且不受非法干扰，建设工程的施工具有合法性，为建设工程施工的配套服务能够保障项目施工的顺利进行。

在合同编制中，应当明确约定出现违约事由的告知方式、认定程序、解决方法以及所应当承担的责任。将"程序上的瑕疵，不构成违约事由的认定"作为违约认定的原则之一，以此制约政府对工程项目不当干预。

【建议条款】

1. 甲方的违约和处理

（1）建设期甲方存在如下情形之一，构成违约：

1）不能按照本合同的约定交付施工场地；

2）不能按照本合同约定时间办理完毕项目建设开工所需的相关合法手续；

3）不能按照本合同约定的时间节点完成建设工程配套相关工作。

（2）甲方违约的认定

1）违约事实发生后，乙方应当在事件发生之日起＿＿＿日内，以书面的形式告知甲方。甲方收到后，应当在＿＿＿日内进行核实。

2）甲方核实后，应当在＿＿＿日内向乙方提出整改方案，并承担违约责任。

3）甲方逾期不核实或整改期届满尚未整改到位，乙方可以向甲方发出整改通知书，甲方应当按照乙方整改通知书上载明的时间，完成整改工作。

4）甲方不能在乙方发出的整改通知书载明的时间期限内完成整改，由专用条款约定。

（3）甲方违约责任的承担

按照专用条款执行。

2. 乙方的违约和处理

（1）建设期乙方有如下情形之一，构成违约：

1）乙方选择的建设项目监理机构不具有合法资质、监理人员不具备监理资格的；

2）乙方不按照本合同约定向甲方申报工程进度报表的；

3）乙方不按照建设工程关键线路完成工程进度的；

4）乙方对工程的投资严重超预算或按照预算严重不足的；

5）乙方选择的分包单位不具有相应工程施工资质的。

（2）乙方违约的认定

1）违约事实发生后，甲方应当在事件发生之日起____日内，以书面的形式告知乙方。乙方收到后，应当在___日内进行核实。

2）乙方核实后，应当在___日内向甲方提出整改方案，并承担违约责任。

3）乙方逾期不核实或整改期届满尚未整改到位，甲方可以向乙方发出整改通知书，乙方应当按照甲方整改通知书上载明的时间，完成整改工作。

4）乙方不能在甲方发出的整改通知书载明的时间期限内完成整改，由专用条款约定。

（3）乙方违约责任的承担

按照专用条款执行。

第七章　政府移交资产

本章重点约定政府向社会资本主体移交资产的准备工作、移交范围和标准、移交程序及违约责任等。

本章适用于包含政府向社会资本主体转让或出租资产的合作项目。

【解读与说明】

PPP项目依照项目的现状可以分为新建项目和存量项目。新建项目是需要选址建设的项目。存量项目是已经存在的项目，包括在建、改建、已经完工的项目。本章的内容主要是针对存量项目，因此对新建项目不适用。

第35条　移交前准备

项目合同应对移交前准备工作做出安排，以保证项目顺利移交，内容一般包括：

（1）准备工作的内容和进度安排。

（2）各方责任和义务。

（3）负责移交的工作机构和工作机制等。

【解读与说明】

存量项目的移交主要需要解决的问题是人、财、物的问题。所谓人就是对存量项目的人员做好安置、分流；所谓财就是项目的债权、债务必须厘清；物就是项目的物权即项目名下的资产与品质务必盘清。PPP项目所提供产品是社会公共产品，目前项目基本上都掌控在国家手中，资产性质属于国有资产。资产的移交涉及国有资产是否存在流失的敏感问题，因此，存量项目的资产移交尤其应当注意。

政府的存量项目移交给社会资本通过PPP模式运营，对项目的尽职调查和资产评估是不可缺少的一个环节。移交工作机构成立后所作的第一项工作就是聘请会计师事务所、资产评估机构、律师事务所对项目进行尽职调查和评估，以保证项目国有资产不发生流失。此项工作完成之后，投资咨询机构才可以介入对项目进行PPP策划阶段。

移交机构应当由政府、社会资本、存量项目运营管理团队组成，聘请会计师事务所、资产评估机构、律师事务所参与移交工作。移交机构在项目尽职调查报告和评估报告的基础之上，形成项目资产清单、权益清单，作为移交的内容；人员的培训、安置也是移交机构，尤其是政府方面应当承担的责任。

【建议条款】

1.准备工作的内容与进度安排

（1）＿＿年＿＿月＿＿日之前，成立移交领导小组。组长＿＿，由甲方委派；副组长＿＿，由乙方委派。成员＿＿。

（2）＿＿年＿＿月＿＿日之前，完成会计师事务所、评估机构、律师事务所的聘请。＿＿年＿＿月＿＿日之前，完成会计师事务所尽职调查、律师事务所尽职调查、评估机构出具评估报告。

（3）＿＿年＿＿月＿＿日之前，完成存量项目人员调整、安置；＿＿年＿＿月＿＿日完成新岗位人员的培训。

（4）双方约定项目移交基准日为＿＿年＿＿月＿＿日，交割日为＿＿年＿＿月＿＿日。乙方在移交基准日前＿＿日介入项目的日常经营活动。

2.双方责任与义务

（1）甲方的责任与义务

1）甲方负责将项目按照本合同约定的时间移交给乙方占有，并保障乙方在本合同约定的运营期间对项目的占有不受到非法侵害；

2）甲方负责项目分流人员的安置，保障不因人员分流引发社会问题；

3）甲方保证项目移交后，本项目与本地区同类项目享受国家同等待遇及当地政府同等优惠待遇；

4）按照专用条款执行。

（2）乙方的责任与义务

1）乙方应当按照本合同约定向甲方支付项目移交保证金；

2）参与中介机构的尽职调查、资产评估，对中介机构出具的报告提出建议或及时确认；

3）组织经营管理团队，按照本合同约定接受资产并保证项目生产经营平稳过渡；

4）按照专用条款执行。

3.负责移交的工作机构和工作机制

（1）本合同第1款（1）项约定的移交领导小组为本项目移交工作机构。移交领导小组负责本项目移交具体工作，移交领导小组的决定对甲乙双方具有约束力。

（2）移交领导小组每周____召开一次移交工作协调例会，解决、协调移交过程中出现的问题。

（3）移交领导小组在本项目交割后自行终止。

第36条　资产移交

合同应对资产移交以下事项进行约定：

（1）移交范围，如资产、资料、产权等。

（2）进度安排。

（3）移交验收程序。

（4）移交标准，如设施设备技术状态、资产法律状态等。

（5）移交的责任和费用。

（6）移交的批准和完成确认。

（7）其他事项，如项目人员安置方案、项目保险的转让、承包合同和供货合同的转让、技术转让及培训要求等。

【解读与说明】

该条款通过举例法给出了资产移交应当包括的事项。作为指南，其指引性较为明确。移交的范围应当包括项目的动产、不动产以及知识产权；进度安排应当根据已经批准的项目可行性研究报告进行编制；移交验收程序，包括静态的验收与动态的验收；移交的标准主要指项目的基准日各设施、设备的技术指标以及资产的产权状态；移交的责任和费用是指移交风险转移的日期，一般选择为交割日；移交的批准和完成确认主要是要给予项目相关系列合同在本项目移交批准后一个完成确认的期限。其他各项，可以根据尽职调查报告的相关内容进行编制。

【建议条款】

1.移交范围：_____。

2.进度安排：_____。

3.移交验收程序

（1）静态验收程序：_____。

（2）动态验收程序：_____。

4.移交标准

（1）技术标准：_____。

（2）设备、设施寿命：_____。

（3）产权状态：_____。

5.移交的责任与费用

（1）交割日之前，本项目所发生的一切债权债务由甲方承担；交割日之后，所发生的一切债权债务由乙方承担；

（2）移交发生的费用____元，由乙方支付，可以计入本项目之成本。

第37条 移交违约及处理

项目合同应明确资产移交过程中各方违约行为的认定和违约责任。可视影响将违约行为划分为重大违约和一般违约，并分别约定违约责任。

【建议条款】

1.甲方的违约和处理

（1）建设期甲方存在如下情形之一，构成违约：

1）不能按照本合同的约定交付本项目；

2）不能按照本合同约定时间办理完毕项目移交审批事项；

3）不能按照本合同约定的时间节点完成人员分流相关工作。

（2）甲方违约的认定

1）违约事实发生后，乙方应当在事件发生之日起____日内，以书面的形式告知甲方。甲方收到后，应当在____日内进行核实。

2）甲方核实后，应当在____日内向乙方提出整改方案，并承担违约责任。

3）甲方逾期不核实或整改期届满尚未整改到位，乙方可以向甲方发出整改通知书，甲方应当按照乙方整改通知书上载明的时间，完成整改工作；

4）甲方不能在乙方发出的整改通知书载明的时间期限内完成整改，由专用条款约定。

（3）甲方违约责任的承担

按照专用条款执行。

2.乙方的违约和处理

（1）移交中乙方有如下情形之一，构成违约：

1）乙方不按照本合同的约定向甲方缴纳保证金；

2）乙方不按照本合同约定向中介机构支付中介费用；

3）乙方不按照本合同约定接受项目。

（2）乙方违约的认定

1）违约事实发生后，甲方应当在事件发生之日起＿＿＿日内，以书面的形式告知乙方。乙方收到后，应当在＿＿＿日内进行核实。

2）乙方核实后，应当在＿＿＿日内向甲方提出整改方案，并承担违约责任；

3）乙方逾期不核实或整改期届满尚未整改到位，甲方可以向乙方发出整改通知书，乙方应当按照甲方整改通知书上载明的时间，完成整改工作；

4）乙方不能在甲方发出的整改通知书载明的时间期限内完成整改，由专用条款约定。

（3）乙方违约责任的承担

按照专用条款执行。

第八章 运营和服务

本章重点约定合作项目运营的外部条件、运营服务标准和要求、更新改造及追加投资、服务计量、运营期保险、政府监管、运营支出及违约责任等事项。

本章适用于包含项目运营环节的合作项目。

【解读与说明】

PPP 项目主要包含建设、融资、运营三阶段。本章主要对项目运营阶段的双方权利义务进行约定。PPP 项目的运营期在项目全生命周期内占绝大多数时间，运营期间长，面临风险大。PPP 项目风险的合理分配，主要在此章节中体现，在编制本章合同条款时应当特别注意。

第38条 政府提供的外部条件

项目合同应约定政府为项目运营提供的外部条件，如：

（1）项目运营所需的外部设施、设备和服务及其具体内容、规格、提供方式（无偿提供、租赁等）和费用标准等。

（2）项目生产运营所需特定资源及其来源、数量、质量、提供方式和费用标准等，如污水处理厂的进水来源、来水量、进水水质等。

（3）对项目特定产出物的处置方式及配套条件，如污水处理厂的出水、污泥的处置，垃圾焚烧厂的飞灰、灰渣的处置等。

（4）道路、供水、供电、排水等其他保障条件。

【解读与说明】

之所以采取 PPP 模式，从本质上说，存在着政府与社会资本合作的天然要素。社会资本不可能或很难凭借一己之力，达到项目设计的功能。只有与政府合作，项目的功效才能获得最大的发挥。就具体项目而言，例如污水处理的 PPP 项目，社会资本可以按照设计要求完成项目的建设、安装调试、生产、排放等内容，但是社会资本往往欠缺足够的实力去完成污水的收集以及污水管道的铺设，此项工作必须依靠政府及现有的污水管网才能完成项目设计所设定的功能。

不同的 PPP 项目对政府提供的项目支持条件各有不同。本文以污水处理 PPP 项目为蓝本编制 PPP 合同，故暂且只讨论污水处理相关事宜，其他类型的 PPP 项目可以参照本合同内容，安排相应的条款。

污水处理 PPP 项目使用政府的污水集聚管网首先要考虑是无偿使用还是有偿租赁。若选择无偿使用，本着民事行为权利义务对等的原则，污水管网出现问题，导致对项目污水供给不足，政府作为管网的提供者也不需要承担责任。若选择有偿租赁，会增加社会资本投入的成本，但是管网的质量能够得到法律上的保障。这一问题必须在合同约定中予以明确。

为了保障项目污水的用量，为本项目提供污水的管网四至以及该区域未来的城市定位、规划、人口容量也应当在合同中做出具体约定；为本项目提供污水的城市区域过去三年的污水产生量，与本项目污水进水管口对接的管口直径，与主管线相连的分管口直径、数量，与分管口相连的支管口直径、数量以及管网的维护、管理责任都是编制合同所不可或缺的内容；污水的主要来源、主要污染指标等都应当在合同中予以明确。

与污水进水管一致，经处理达到排放标准的污水的排放管网，同样需要依靠政府的污水排放网线。如何使用管网，如何使用排放之水，也应当在合同中约定。需要特别指出的是，随着科技的发展，"变废为宝"的新技术会不断涌现，基于本项目使用新技术所产生的新的产品的收益，社会资本与政府如何分配，也应当在合同中预先约定。

政府对项目运行所应提供的基本保障，如：道路、供电、供水、排水、正常的社会生产经营秩序也都应当一并在合同中约定。

【建议条款】

1. 甲方提供的设施、设备和服务

（1）甲方提供的外部设施

1）甲方提供的外部设施的内容：_____。

2）甲方提供的外部设施的方式：_____。

3）甲方的收费期限与方式：_____。

（2）甲方提供的外部设备

1）甲方提供的外部设备的内容：_____。

2）甲方提供的外部设备的方式：_____。

3）甲方的收费期限与方式：_____。

2. 甲方提供污水的来源及指标

（1）本项目污水来源：____污水供给源区域四至：____；污水供给源区域管线状况：___；

（2）污水中所含主要污染物含量：___；污水日供给量：___。

3. 出水及附属物处理方式

（1）出水的处理方式

1）从本合同约定的出水口排出；

2）按照专用条款执行。

（2）污泥处理方式

1）污泥排放标准：_____；

2）污泥必须经脱水后才能外运，脱水技术指标为_____；

3）污泥由乙方运送至甲方指定的地点：_____。

4. 甲方提供的外部服务

（1）甲方保障乙方正常的道路通行权，保障乙方生产经营所需的供水、排水、供电。

（2）甲方保障乙方的正常生产经营不受外界社会的干扰。

第 39 条 试运营和正式运营

项目合同应约定试运营的安排，如：

（1）试运营的前提条件和技术标准。

（2）试运营的期限。

（3）试运营期间的责任安排。

（4）试运营的费用和收入处理。

（5）正式运营的前提条件。

（6）正式运营开始时间和确认方式等。

【解读与说明】

本条款是 PPP 项目中的一个过渡性条款。项目经过竣工验收之后，项目的占有由承建商转移给运营商，运营商开始对项目进行试运行。试运行的目的是要考验项目运行各参数的可靠性，防止、减少正式运行过程中出现重大技术、安全事故。

从国际角度看PPP，通常建设工程采取EPC模式，这样可以将项目的试运行阶段划归为承建商负责，运营商所接手的是一个能够直接进入运营阶段的项目，更有利于发挥运营商的专业运营能力。

从工程技术角度上讲，试运营的前提条件是项目调试成功。所谓调试成功是指项目空车运行和投料运行能够达到设计任务书的各项技术指标要求。试运行则是考验项目各项技术指标的极端值下的运行正常性。试运行通过后，正常运行就具备了基本保障。因此本合同的试运营的前提条件和技术标准、试运营期限、正式运行的条件等条款内容必须依照项目的设计任务书编制。试运营期间的责任安排、试运行的费用和收入处理、试运营开始时间和确认方式可以通过双方协商进行确定。

【建议条款】

1. 试运营的前提条件和技术标准：(与设计任务书载明的内容保持一致)。

2. 试运营的期限：(与设计任务书载明的内容保持一致)。

3. 试运营期间的责任安排：_____。

4. 试运营的费用和收入处理：_____。

5. 试运营的前提条件：(与设计任务书载明的内容保持一致)。

6. 正式运营开始时间和确认方式：_____。

第40条　运营服务标准

项目合同应从维护公共利益、提高运营效率、节约运营成本等角度，约定项目运营服务标准。详细内容可在合同附件中描述。

（1）服务范围、服务内容。

（2）生产规模或服务能力。

（3）技术标准，如污水厂的出水标准、自来水厂的水质标准等。

（4）服务质量，如普遍服务、持续服务等。

（5）其他要求，如运营机构资质、运营组织模式、运营分包等。

【解读与说明】

本条款是对社会资本在本合同项下提供社会公共产品的数量和品质以及对数量、品质的组织保障进行安排。条款涉及的服务范围、服务内容、生产规模，技术标准、服务质量等内容来源于项目的立项报告载明的数据。运营机构的资质、运营组织模式、运营分包等条款的编制应当与政府本项目招标文件载明的投标人条件保持一致。

【建议条款】

1. 服务范围和内容：_____。

2. 生产规模：_____。

3. 技术标准：_____。

4. 服务质量：_____。

5. 对运营商的其他要求：_____。

第41条　运营服务要求变更

项目合同应约定运营期间服务标准和要求的变更安排，如：

（1）变更触发条件，如因政策或外部环境发生重大变化，需要变更运营服务标准等。

（2）变更程序，包括变更提出、评估、批准、认定等。

（3）新增投资和运营费用的承担责任。

（4）各方利益调整方法或处理措施。

【解读与说明】

PPP项目短则十几年，长则30年，政策、外部环境发生变化导致项目运营服务标准的调整，在当今科学技术高速发展的今天，在我国处在改革开放的档口，应该也是在预料之中。只是作为合作的双方，在编制合同之时就应该预见到，一旦发生运营服务标准调整，通过什么程序去实现双方新的利益平衡。

因政策的变化引发运营服务指标变更在本合同项下应当属于政府承担的风险，由此发生成本的增加也应当由政府方面承担。外部环境的变化可能会有两方面因素引发：一是政府规划的调整导致外部环境发生重大变化；二是自然气候条件的变化导致外部环境发生重大变化。规划的调整引发变化之风险应当由政府承担；自然气候的变化归属于不可抗力，按照本合同不可抗力条款执行。

变更程序的设定从根本上说，还是要将政府的权力关在笼子里。政府与社会资本合作最大的风险就是政府行政权力对社会资本的过多干涉。如何控制政府"过多地干涉"社会资本正常的生产经营活动。一是对范围、内容进行限定，二是通过公开、透明的程序设置，使政府的干预行为暴露在阳光之下。

新增投资和运营费用的承担，原则上"谁引起、谁承担"。对政府方面引起的运营技术标准的变更，政府应当承担。当然，这只是一个基本原则，在合同编制中还应当考虑变更后双方的利益实现新的平衡。

【建议条款】

1.变更触发条件

（1）法律变更触发：因法律变更触发运营服务要求变更，乙方应当无条件执行。

（2）甲方变更触发：因甲方自身原因提出对本合同约定的运营服务要求进行变更，应当在甲乙双方协商一致后执行。

（3）自然环境触发：按照本合同第十一章执行。

2.变更程序

（1）发生变更事项，甲方应当向乙方书面提交发生变更的原因、依据、后果、期限、费用预算、支付安排等相关文件资料。

（2）乙方收到变更文件资料后应当在＿＿＿日内，完成对变更的评估；乙方不具备评估能力的，可以在收到上述文件资料后的＿＿＿日内，向甲方提出对变更事项进行评估。

（3）甲乙双方根据评估结果进行协商达成一致意见，并报政府相关管理部门批准。

3.新增投资和运营费用的承担责任

（1）新增投资和运营的费用由甲方承担。

（2）甲方触发的变更事项被政府部门否决，乙方因配合甲方进行变更所发生的费用，由甲方承担。

4.各方利益调整方法或处理措施

按照专用条款执行。

第42条　运营维护与修理

项目合同应约定项目运营维护与设施修理事项。详细内容可在合同附件中描述。

（1）项目日常运营维护的范围和技术标准。

（2）项目日常运营维护记录和报告制度。

（3）大中修资金的筹措和使用管理等。

【解读与说明】

作为有经验的运营商，应在项目投标之时，或至少在项目正式运营之前，编制完成项目运营维护与修理手册，并提交给政府。

【建议条款】

1.乙方应当在＿＿＿年＿＿＿月＿＿＿日之前编制完成本项目运营维护与修理手册，报甲方备案；

2.乙方应当按照报甲方备案的运营维护与修理手册执行。

第43条　更新改造和追加投资

对于运营期间需要进行更新改造和追加投资的合作项目，项目合同应对更新改造和追加投资的范围、触发条件、实施方式、投资控制、补偿方案等进行约定。

【解读与说明】

PPP项目中，社会资本承担所有商业风险。项目在运行期间，是否需要对项目现有的设施、设备、工艺、流程进行改造，完全取决于社会资本对市场的判断。从政府与社会资本以PPP模式进行合作的层面上说，政府对是否进行更新改造没有发言权。当社会资本认为需要对项目进行更新改造之时，由社会资本向政府提出更新改造方案，供政府决策。

PPP项目从商业运作上说，是政府与社会资本合作。从资产的权属上说，社会资本对项目的所有投资形成的资产都属于政府。社会资本追加投资，其程序等同更新改造；政府追加投资，选择谁作为追加投资的实施主体目前受到《政府采购法》和《招标投标法》限制。在本合同中直接约定由社会资本作为政府追加投资的实施主体，法律上存在障碍。

【建议条款】

按照专用条款执行。

第44条　主副产品的权属

项目合同应约定在运营过程中产生的主副产品（如污水处理厂的出水等）的权属和处置权限。

【解读与说明】

本条款的设置，不仅要解决目前科学技术水平条件下项目生产过程中能够产生的主副产品的权属安排，更要关注未来新科技、新工艺出现之后所带来的新的副产品之权属安排。PPP项目，社会资本的收益实行"保底削峰"，使社会资本的收益受到控制，如果新技术的出现使社会资本能在现有的基础之上实现更大的投资回报，可以说，这也是社会资本目前参与PPP所期待的一项利益。

【建议条款】

1. 本项目主产品及权属

本项目主产品为经处理后的污水。主产品的权属归乙方所有。乙方处分主产品所产生的收益按照专用条款执行。

2. 本项目副产品及权属

（1）污泥。

本项目副产品为污水处理后形成的污泥。副产品的权属归乙方所有。乙方处分副产品所产生的收益按照专用条款执行。

（2）其他副产品按照专用条款执行。

第45条　项目运营服务计量

项目合同应约定项目所提供服务（或产品）的计量方法、标准、计量程序、计量争议解决、责任和费用划分等事项。

【解读与说明】

不同类型的PPP项目所提供的社会公共产品不同，因此对产品计量的方式也不同。对于交通类的PPP项目，该条款的作用并不显现，但对于污水处理类的PPP项目，该条款就显得特别重要。污水处理PPP项目出水的计量通过出水管口设置的计量表计量，计量表的型号、规格、品牌、精度、校准期限、校准单位资质都应当在合同中约定。计量表设主副表，主副表同时工作，以主表计量为准；主表停止工作，以副表计量为准。主副表均实行铅封，铅封遭到破坏，责任由社会资本负责，铅封被损之日前的出水量不予计量。

双方对计量发生争议，变更计量点、计量仪器设备、计量单位属于合同变更，未经双方同意不得变更。对计量仪器设备的准确度发生争议，可以聘请有资质的第三方进行检测。检测合格，检测费用由检测提出方承担；检测不合格，检测提出方不承担检测费用。

【建议条款】

1. 出水的计量

（1）本项目出水计量实行主副表制，主副表同时工作，以主表计量为准；主表停止工作，以副表计量为准。主副表均实行铅封，铅封遭到破坏，责任由社会资本负责，铅封被损之日前的出水量不予计量。

（2）本项目出水计量检测表安装位置见项目工程竣工图。主表：型号＿＿、规格＿＿、品牌＿＿、精度＿＿、校准期限＿＿、校准单位资质＿＿；副表：型号＿＿、规格＿＿、品牌＿＿、精度＿＿、校准期限＿＿、校准单位资质＿＿。

2. 计量争议解决

（1）主副表均实行铅封，铅封遭到破坏，责任由社会资本承担，铅封被损日之前的出水量不予计量。

（2）计量点的设置、计量仪器设备的规格型号、计量单位未经合同双方一致同意不得变更。

（3）对计量仪器设备计量的准确度发生争议，可以聘请有资质的第三方进行检测。检测合格，检测费用由检测提出方承担；检测不合格，检测提出方不承担检测费用，由本合同相对方承担。

第46条 运营期的特别补偿

项目合同应约定运营期间由于政府特殊要求造成社会资本主体支出增加、收入减少的补偿方式、补偿金额、支付程序及协商机制等。

【解读与说明】

PPP项目的难点之一在于政府往往无法适应其作为合同民事主体一方的地位，

而要以行政主体的身份履行合同。作为民事合同，一方提出特殊要求，造成另一方支出增加，是否可行取决于另一方的选择。这是民事活动当事人意思自治原则的具体体现，而本合同条款就违背了这一民事原则。政府提出特殊要求，社会资本就必须接受，而且还要以合同的形式固定下来。作为发展改革委发布的《合同指南》中的条款，地方政府与社会资本也难以违背，社会资本只能通过商业上的制约来平衡政府强加给社会资本的意志。

此条款是政府之手插入PPP项目的合法途径，因此在合同编制中，应当提高政府干预本项目的经济成本。政府提出的特殊要求给社会资本造成支出增加的内容、计价方式、不可撤销的专项补偿金的设置、不可撤销的支付条件以及协商机制，都应当在合同中锁定。

【建议条款】

甲方特殊要求的提出

1. 甲方在运营期间对乙方提出特殊要求，应当得到乙方的同意后方可实施；

2. 甲方提出的特殊要求会增加乙方的支出或减少乙方的收入，甲乙双方应当就甲方对乙方的补偿金额达成一致之后，方可落实甲方的特殊要求；

3. 双方达成的补偿金额低于＿＿＿万元，甲方一次性支付给乙方后，方可实施甲方的特殊要求；高于＿＿＿万，甲方应当在乙方指定的银行开立不可撤销的专项补偿金账户，向乙方提交不可撤销的支付条件后，乙方实施甲方特殊要求。

4. 在乙方实施甲方的特殊要求之后，甲方提出变更或终止特殊要求。在甲乙双方未达成新的一致意见之前，不影响乙方继续执行甲方的特殊要求及取得回报。

5. 甲方提出特殊要求增加乙方支出的明细构成、计价方式、款项支付方式，按照专用条款执行。

第47条 运营期保险

项目合同应约定运营期需要投保的险种、保险范围、保险责任期间、保额、投保人、受益人、保险赔偿金的使用等。

【解读与说明】

PPP项目为相对固定收益的投资项目。其固定收益是扣除成本之后的所得。而保险是否已经列入项目成本就是本条款所要关心的问题。在PPP实施方案中，会对项目的收益做较为详尽的分析，对投保各类保险也会纳入项目财务分析之中。故在编制本条款时，应当以通过的实施方案中财务分析部分所列明的投保内容为依据，保持PPP合同文件体系内容的一致性。

【建议条款】

1.险种：＿＿＿，保险范围＿＿＿，保险责任期间＿＿＿，保额＿＿＿，投保人＿＿＿，受益人＿＿＿，保险赔偿金的使用＿＿＿＿＿。

2.险种：＿＿＿，保险范围＿＿＿，保险责任期间＿＿＿，保额＿＿＿，投保人＿＿＿，受益人＿＿＿，保险赔偿金的使用＿＿＿＿＿。

3.险种：＿＿＿，保险范围＿＿＿，保险责任期间＿＿＿，保额＿＿＿，投保人＿＿＿，受益人＿＿＿，保险赔偿金的使用＿＿＿＿＿。

4.投保其他险种，按照专用条款执行。

第48条　运营期政府监管

政府有关部门依据自身行政职能对项目运营进行监管，社会资本主体应当予以配合。政府可在不影响项目正常运营的原则下安排特别监管措施，并与社会资本主体议定费用分担方式，如：

（1）委托专业机构开展中期评估和后评价。

（2）政府临时接管的触发条件、实施程序、接管范围和时间、接管期间各方的权利义务等。

【解读与说明】

本条款很明显地阐述了发展改革委在本条款中给政府的定位，政府依据自身行政职能对项目运营进行监管是政府的一种行政行为，是法律赋予政府的权力，在本合同中不得排除，即使排除也没有法律效力。政府在本合同中的身份是民事主体，与市场经济状态下的其他民事主体一样，没有行政权。其行为不是履行行政职能。因此发展改革委在此条款中将政府的行政职能安排进去，势必造成政府在本合同中的身份不清，引发政府与社会资本权利义务的混乱。在PPP合同编制时，一定要将政府的行政行为与民事行为在合同中分离。分离不清或不分离，或许存在着政府方面的意图，但对社会资本后患无穷。

PPP项目进入运营阶段，对项目进行中期评估和后评价是政府作为PPP项目的合作方对项目进行检查的权利，属于民事知情权的一种。

政府临时接管对社会资本是一种非常严厉的措施，触发条件应当严格控制。接管条件一般可以分类两类：一是普遍性接管，如发生战争、瘟疫等严重社会事件，同地区同类型项目统一接管；二是针对性接管，即仅对本项目接管。本合同编制所要关注的是针对性接管。

针对性接管的触发条件可以说是政府和社会资本前期谈判的重点，或者可以说被政府列为不可谈判条件。若该条款被政府列为不可谈判条款，合同编制就必须将招标文件中载明的该条件摘入本合同。若为可谈判条款，作为社会资本方面的律师，务必请社会资本亲自审核、确认该条款内容，律师也应当就该条款给社会资本一个真实、准确、完整的解释。

【建议条款】

1. 委托专业机构开展中期评估和后评估

（1）专业机构的选择。

（2）中期评估期限：每___年评估一次，第一次评估时间为___年___月___日；后评估期限：每___年评估一次，第一次评估时间为___年___月___日。

（3）评估的费用，由乙方承担。

2. 政府接管

（1）普遍性接管

政府对所辖区域内与本项目同类型的项目统一接管，构成普遍性接管。乙方应当无条件接受。

（2）针对性接管

按专用条款执行。

第49条　运营支出

项目合同应约定社会资本主体承担的成本和费用范围，如人工费、燃料动力费、修理费、财务费用、保险费、管理费、相关税费等。

【解读与说明】

该条款属于对社会资本运营成本的核定。在PPP项目实施方案中，能够列入成本的各项会有具体明细，该项目的增减，都会导致成本的变化，引发社会资本收益的变化。因此，律师在编制此商业条款时，应当以实施方案中载明的各项成本为依据。

【建议条款】

1. 人工费：_____。

2. 燃料动力费：_____。

3. 修理费：_____。

4. 财务费用：_____。

5. 保险费：_____。

6. 管理费：_____。

7. 税费：_____。

8. 其他：按照专用条款执行。

第50条　运营期违约事项和处理

项目合同应明确各方在运营期违约行为的认定和违约责任。可视影响将违约行为划分为重大违约和一般违约，并分别约定违约责任。

【解读与说明】

本合同是民事合同，所以在违约责任的编制上只将一般的违约纳入本合同条款之中。重大违约会导致本合同的终止，引发政府与社会资本签订的行政合同——特许经营权授予合同的终止。因此重大违约安排在政府与社会资本就本项目签订的行政合同之中。

【建议条款】

1. 甲方的违约事项和处理

（1）运营期甲方存在如下情形之一，构成违约：

1）不能按照本合同的约定提供外部条件；

2）不能按照本合同约定时间办理完毕项目运行手续；

3）不能按照本合同约定的程序实施监督权。

（2）甲方违约的认定

1）违约事实发生后，乙方应当在事件发生之日起_____日内，以书面的形式告知甲方。甲方收到后，应当在____日内进行核实。

2）甲方核实后，应当在____日内向乙方提出整改方案，并承担违约责任。

3）甲方逾期不核实或整改期届满尚未整改到位，乙方可以向甲方发出整改通知书，甲方应当按照乙方整改通知书上载明的时间，完成整改工作。

4）甲方不能在乙方发出的整改通知书载明的时间期限内完成整改，按专用条款执行。

（3）甲方违约责任的承担

按照专用条款执行。

2. 乙方的违约和处理

（1）运营期乙方有如下情形之一，构成违约：

1）乙方不按照本合同的约定向甲方缴纳保证金；

2）乙方不按照本合同约定提供合格的产品；

3）乙方不按照本合同约定保证产品提供的持续性。

（2）乙方违约的认定

1）违约事实发生后，甲方应当在事件发生之日起____日内，以书面的形式告知乙方。乙方收到后，应当在____日内进行核实。

2）乙方核实后，应当在____日内向甲方提出整改方案，并承担违约责任。

3）乙方逾期不核实或整改期届满尚未整改到位，甲方可以向乙方发出整改通知书，乙方应当按照甲方整改通知书上载明的时间，完成整改工作。

4）乙方不能在甲方发出的整改通知书载明的时间期限内完成整改，按照专用条款执行。

（3）乙方违约责任的承担

按照专用条款执行。

第九章 社会资本主体移交项目

本章重点约定社会资本主体向政府移交项目的过渡期、移交范围和标准、移交程序、质量保证及违约责任等。

本章适用于包含社会资本主体向政府移交项目的合作项目。

第51条 项目移交前过渡期

项目合同应约定项目合作期届满前的一定时期（如12个月）作为过渡期，并约定过渡期安排，以保证项目顺利移交。内容一般包括：

（1）过渡期的起讫日期、工作内容和进度安排。

（2）各方责任和义务，包括移交期间对公共利益的保护。

（3）负责项目移交的工作机构和工作机制，如移交委员会的设立、移交程序、移交责任划分等。

【解读与说明】

PPP项目社会资本占有项目土地和资产进行运营，运营期间土地与资产权属的归属，取决于合同的约定。鉴于土地与资产最终是移交给政府，因此无论其权属如何，社会资本都应当对移交的资产进行尽职调查，查清家底，给政府方面一个清白的交代。

成立移交委员会是移交进入实质性阶段的第一步，聘请会计师事务所、评估机构及律师事务所等专业的中介机构对项目资产进行尽职调查，是社会资本安全退出项目的必经程序。在移交委员会的管理、监督下，依据中介机构出具的公证报告，按部就班地实现项目移交是政府和社会资本所共同期待的结果。

【建议条款】

1. 准备工作的内容与进度安排

（1）＿＿年＿＿月＿＿日之前，成立移交领导小组。组长＿＿，由甲方委派；副组长＿＿，由乙方委派。成员＿＿＿＿＿。

（2）＿＿年＿＿月＿＿日之前，完成会计师事务所、评估机构、律师事务所的聘请。＿＿年＿＿月＿＿日之前，完成会计师事务所尽职调查、律师事务所尽职调查、评估机构出具评估报告。

（3）＿＿年＿＿月＿＿日之前，完成存量项目人员调整、安置；＿＿年＿＿月＿＿日完成新岗位人员的培训。

（4）双方约定项目移交基准日为＿＿年＿＿月＿＿日，交割日为＿＿年＿＿月＿＿日。甲方在移交基准日前＿＿日介入项目的日常经营活动。

2.负责移交的工作机构和工作机制

（1）本合同第51条1款（1）项约定的移交委员会为本项目移交工作机构。移交委员会负责本项目移交具体工作，移交委员会的决定对甲乙双方具有约束力。

（2）移交委员会每周＿＿召开一次移交工作协调例会，解决、协调移交过程中出现的问题。

（3）移交委员会在本项目交割后自行终止。

第52条　项目移交

对于合作期满时的项目移交，项目合同应约定以下事项：

（1）移交方式，明确资产移交、经营权移交、股权移交或其他移交方式。

（2）移交范围，如资产、资料、产权等。

（3）移交验收程序。

（4）移交标准，如项目设施设备需要达到的技术状态、资产法律状态等。

（5）移交的责任和费用。

（6）移交的批准和完成确认。

（7）其他事项，如项目人员安置方案、项目保险的转让、承包合同和供货合同的转让、技术转让及培训要求等。

【建议条款】

1.移交范围：＿＿＿＿。

2.进度安排：＿＿＿＿。

3.移交验收程序

（1）静态验收程序

1）物权移交：＿＿＿＿。

2）知识产权移交：_____。

3）财务移交：_____。

（2）动态验收程序：_____。

4.移交标准

（1）技术标准：_____。

（2）设备、设施寿命：_____。

（3）产权状态：_____。

5.移交的责任与费用

（1）交割日之前，本项目所发生的一切债权债务由乙方承担；交割日之后，所发生的一切债权债务由甲方承担；

（2）移交发生的费用_____元，由乙方支付，可以计入本项目之成本。

第53条 移交质量保证

项目合同应明确如下事项：

（1）移交保证期的约定，包括移交保证期限、保证责任、保证期内各方权利义务等。

（2）移交质保金或保函的安排，可与履约保证结合考虑，包括质保金数额和形式、保证期限、移交质保金兑取条件、移交质保金的退还条件等。

【解读与说明】

为了保障移交的质量和顺利进行，单独设立移交保证金条款。保证金的形式分为两类：一是现金担保，二是保函担保。现金担保的保证金来源一般有三种方式：一是由项目保证金中约定一部分为项目移交保证金；二是由社会资本在移交即将开始之时提交移交保证金；三是在移交之前某一期限从社会资本运营收益中扣除一部分作为移交保证金。保证金的保证期限为本合同约定的移交期开始至本项目移交结束止。

【建议条款】

1.本项目移交设立移交质量保证金。乙方应当在____年____月____日之前向甲方提供保证金。保证金数额为____万元。保证金的形式为____。保证期限为____年____月____日至____年____月____日止。

2. 在本合同约定的期限内乙方完成项目移交，甲方应当在项目交割日后七天内返还乙方保证金。

3. 移交期间甲方的权利义务

（1）甲方应当依照本合同约定向乙方提出成立移交委员会，并主持移交工作；

（2）甲方负责编制移交工作内容、计划安排、费用安排等事项；

（3）甲方负责落实具有同等专业能力的项目运营管理团队与乙方对接；

（4）甲方接受团队的费用自移交期间开始之日起，由乙方负担；

（5）乙方违反本合同约定的移交义务，甲方有权利扣减乙方的移交保证金；

（6）甲方应当按照本合同约定返还乙方保证金。

4. 移交期间乙方的权利义务

（1）乙方应当配合甲方成立移交委员会并支持甲方工作；

（2）乙方应当协助甲方编制移交工作内容、计划安排、费用安排等事项，并提出合理化建议；

（3）乙方应当对甲方接受人员进行必要的专业培训，实现甲乙双方无缝交接；对不称职人员，乙方可以向甲方建议撤换；

（4）乙方按时支付甲方接收人员的费用；

（5）因甲方的原因造成移交延期，延期期间的项目收入归乙方所有。

第54条　项目移交违约及处理

项目合同应明确项目移交过程中各方违约行为的认定和违约责任。可视影响将违约行为划分为重大违约和一般违约，并分别约定违约责任。

【解读与说明】

项目移交是 PPP 项目的最后阶段，政府与社会资本能够完成项目全生命周期的合作，应当说已经具备了良好的合作基础。但是在最后阶段也不能放松。本条款并非只是对违约方责任承担的分配，更重要的是使合作各方能够预见到违约的不利后果，减少违约事件的发生。

【建议条款】

1. 甲方的违约事项和处理

（1）移交期间甲方存在如下情形之一，构成违约：

1）不能按照本合同的约定成立移交委员会；

2）不能按照本合同约定时间编制完成移交工作计划；

3）不能按照本合同约定返还乙方保证金。

（2）甲方违约的认定

1）违约事实发生后，乙方应当在事件发生之日起＿＿＿日内，以书面的形式告知甲方。甲方收到后，应当在＿＿＿日内进行核实。

2）甲方核实后，应当在＿＿＿日内向乙方提出整改方案，并承担违约责任。

3）甲方逾期不核实或整改期届满尚未整改到位，乙方可以向甲方发出整改通知书，甲方应当按照乙方整改通知书上载明的时间，完成整改工作。

4）甲方不能在乙方发出的整改通知书载明的时间期限内完成整改，按专用条款执行。

（3）甲方违约责任的承担

按照专用条款执行。

2.乙方的违约和处理

（1）移交期间乙方有如下情形之一，构成违约：

1）乙方不按照本合同的约定向甲方移交保证金；

2）乙方不按照本合同约定对接受关键岗位人员进行必要的培训；

3）乙方不按照本合同约定移交本项目。

（2）乙方违约的认定

1）违约事实发生后，甲方应当在事件发生之日起＿＿＿日内，以书面的形式告知乙方。乙方收到后，应当在＿＿＿日内进行核实。

2）乙方核实后，应当在＿＿＿日内向甲方提出整改方案，并承担违约责任。

3）乙方逾期不核实或整改期届满尚未整改到位，甲方可以向乙方发出整改通知书，乙方应当按照甲方整改通知书上载明的时间，完成整改工作。

4）乙方不能在甲方发出的整改通知书载明的时间期限内完成整改，由专用条款约定。

（3）乙方违约责任的承担

按专用条款执行。

第十章　收入和回报

本章重点约定合作项目收入、价格确定和调整、财务监管及违约责任等事项。本章为项目合同的必备篇章。

【解读与说明】

本章节为商业条款。同为污水处理项目，采用不同的工艺技术、处理不同的主要污水指标、位于不同的地理区位、使用不同的资金来源都会构成商业条款的变化。本章节合同条款的编制，必须以社会资本投标文件或磋商性竞争性谈判合意为依据，不得有丝毫偏离。

第55条　项目运营收入

项目合同应按照合理收益、节约资源的原则，约定社会资本主体的收入范围、计算方法等事项。详细内容可在合同附件中描述。

（1）社会资本主体提供公共服务而获得的收入范围及计算方法。

（2）社会资本主体在项目运营期间可获得的其他收入。

（3）如涉及政府与社会资本主体收入分成的，应约定分成机制，如分成计算方法、支付方式、税收责任等。

【解读与说明】

通常，PPP项目合同期限有十几年乃至三十年，在如此漫长的合同期，随着科技的进步，项目收入范围具有不确定性。由于社会资本承担了项目的所有商业风险，本着风险与投资回报成正比的投资原则，收入范围扩展所形成的收入应当归属于社会资本，如此较为公平，也更能够激发社会资本参与PPP项目的热情。

PPP项目的性质决定了社会资本收益的"保底削峰"，因此对政府收益的范围应当固定，只有在合同约定的政府分成范围，政府才享有对项目分成的权利。合同未约定的，因本项目产生的新的收益，政府不享有收益分成权。

【建议条款】

1. 乙方生产产品收入范围及计算方法：

2. 其他收入：_____。

3. 分成机制：_____。

4. 按照专用条款执行。

第56条　服务价格及调整

项目合同应按照收益与风险匹配、社会可承受的原则，合理约定项目服务价格及调整机制。

1. 执行政府定价的价格及调整

（1）执行政府批准颁布的项目服务或产品价格。

（2）遵守政府价格调整相关规定，配合政府价格调整工作，如价格听证等。

2. 项目合同约定的价格及调整

（1）初始定价及价格水平年。

（2）运营期间的价格调整机制，包括价格调整周期或调价触发机制、调价方法、调价程序及各方权利义务等。

【解读与说明】

本条款是对PPP项目定价的设定。PPP项目具有高度的广泛性，但是其收费类型可以分为两类。一是由政府定价的项目；二是由市场定价的项目。污水处理目前属于政府定价的项目，因此本合同对市场定价的项目条款暂不涉及。

政府定价的项目相对简单，社会资本提供的社会公共产品主要是执行政府定价，产品调价也应当遵循政府定价的价格听证制度。

【建议条款】

1. 本项目污水处理价格执行_____。价格的调整按照《价格法》及政府相关调价文件执行。

2. 乙方应当配合当地政府开展本项目产品价格听证活动，并提供价格听证所需的必要文件、数据、资料。

第57条 特殊项目收入

若社会资本主体不参与项目运营或不通过项目运营获得收入的，项目合同应在法律允许框架内，按照合理收益原则约定社会资本主体获取收入的具体方式。

【解读与说明】

本条款是要解决项目被政府接管之后，社会资本投资收益如何保障的问题。这涉及社会资本的核心利益，也是一旦面临政府强行接管时对社会资本最后的保护。可以预见社会资本会在此条款中设置不可谈判条件。

【建议条款】

按照专用条款执行。

第58条 财务监管

政府和社会资本合作项目事关公共利益，项目合同应约定对社会资本主体的财务监管制度安排，明确社会资本主体的配合义务，如：

（1）成本监管和审计机制。

（2）年度报告及专项报告制度。

（3）特殊专用账户的设置和监管等。

【解读与说明】

本条款的设置，是政府与社会资本关注的焦点。从投资风险承担的角度上说，社会资本承担项目的全部风险，当然地享有项目财务的自主权。但是从物权角度上说，项目的物权都属于政府，作为产权人对他人经营自己的财产给予必要的关注，也是产权人应有的民事权利。政府与社会资本合作，尤其是长期合作，自我们国家成立以来尚未发生过。这是一个新生事物，有待于政府与社会资本通过谈判形成利益平衡。

政府和社会资本在本合同中是地位平等的民事主体，有权处分自己的权利。作为合同文本编制人，只要忠实地将当事人双方关于财务监督的合意真实、准确、完整地通过文字表达出来，即完成了合同编制人应尽的责任。

【建议条款】

1. 成本监管和审计机制。

2. 年度报告及专项报告制度。

3. 特殊专用账户的设置及共同管理。

4. 按照专用条款执行。

第59条 违约事项及其处理

项目合同应明确各方在收入获取、补贴支付、价格调整、财务监管等方面的违约行为的认定和违约责任。可视影响将违约行为划分为重大违约和一般违约，并分别约定违约责任。

【解读与说明】

本章节为商业条款，商业上的违约行为一般会导致金钱方面损失，对违约责任的承担，也应当以金钱补偿为原则。但是政府方的资金受《预算法》的调整，政府出现违约，其当年的预算中没有本项目的违约金安排，本合同约定的违约金也无法落实。政府的当年预算中安排有本项目巨额违约金预算，似乎又显示出政府极大的违约可能性。因此，在编制本条款时，不仅要将可能发生违约的情形设置完整，更要落实一旦发生违约事项，政府的违约金支付的出处，将政府的违约责任落到实处。

【建议条款】

1. 甲方的违约事项及其处理

（1）甲方存在如下情形之一，构成违约：

1）不能按照本合同的约定确认乙方经营收入的；

2）不能按照本合同约定调整产品价格的；

3）超越本合同约定行使财务监督权的。

（2）甲方违约的认定

1）违约事实发生后，乙方应当在事件发生之日起____日内，以书面的形式告知甲方。甲方收到后，应当在____日内进行核实。

2）甲方核实后，应当在___日内向乙方提出整改方案，并承担违约责任。

3）甲方逾期不核实或整改期届满尚未整改到位，乙方可以向甲方发出整改通

235

知书，甲方应当按照乙方整改通知书上载明的时间，完成整改工作。

4）甲方不能在乙方发出的整改通知书载明的时间期限内完成整改，按专用条款执行。

（3）甲方违约责任的承担

按照专用条款执行。

2.乙方的违约事项及其处理

（1）乙方有如下情形之一，构成违约：

1）乙方不按照本合同的约定向甲方支付分成的；

2）乙方不按照本合同约定向甲方报备财务资料的；

3）乙方给甲方报备的财务资料存在做假账或变造、伪造财务凭据情形的。

（2）乙方违约的认定

1）违约事实发生后，甲方应当在事件发生之日起＿＿＿日内，以书面的形式告知乙方。乙方收到后，应当在＿＿＿日内进行核实。

2）乙方核实后，应当在＿＿＿日内向甲方提出整改方案，并承担违约责任。

3）乙方逾期不核实或整改期届满尚未整改到位，甲方可以向乙方发出整改通知书，乙方应当按照甲方整改通知书上载明的时间，完成整改工作。

4）乙方不能在甲方发出的整改通知书载明的时间期限内完成整改，由专用条款约定。

（3）乙方违约责任的承担

按照专用条款执行。

第十一章 不可抗力和法律变更

本章重点约定不可抗力事件和法律变更的处理事项。
本章为项目合同的必备篇章。

【解读与说明】

《合同指南》将不可抗力与法律变更设置在同一个章节，具有将"法律变更"列为"不可抗力"的引导性。不可抗力是一个法律术语，在世界范围内基本得到一致的认同，即不可预见、不可抗拒、不可避免之外力。法律或者政策的变更，在市场经济状态下的国家里，具有可预见性。PPP 模式就是我国进行市场开放、推进经济市场化的产物，否认我们国家市场经济的基本性质，PPP 项目就失去了存在的社会基础。

发展改革委将法律变更归为不可抗力一章，表明发展改革委希望在 PPP 合作期间，发生法律、政策的变更，按不可抗力处理，免除政府法律、政策变更的责任。此等安排与 PPP 项目政府承担法律、政策变更的风险相冲突，违背了 PPP 模式政府与社会资本风险分配的基本原则。

当然，将法律变更纳入不可抗力一章并不意味着法律变更就属于不可抗力。因此，合同文本编制者要厘清不可抗力与法律变更的界限，保障政府与社会资本在此条款项下的利益平衡。

第 60 条 不可抗力事件

项目合同应约定不可抗力的类型和范围，如自然灾害、社会异常事件、化学或放射性污染、核辐射、考古文物等。

【解读与说明】

我国法律对不可抗力的定义是指不能预见、不能避免并不能克服的客观情况。具体通常主要包括以下几种情形：(1) 自然灾害，如台风、冰雹、地震、海啸、洪水、火山爆发、山体滑坡；(2) 政府行为，如征收、征用；(3) 社会异常事件，如战争、武装冲突、罢工、骚乱、暴动等。因为不可抗力是一种自然、社会现象，因此通过列举的方式无法穷尽不可抗力的情形。

不可抗力一旦发生，不可避免地会对民事法律行为发生实质性改变。对PPP合同而言，必然发生合同内容的变更。因此，正确识别不可抗力，应当从以下三方面入手：

（1）不可预见性。法律要求构成不可抗力的事件必须是有关当事人在订立合同时，对这个事件是否会发生是不可能预见到的。在正常情况下，对于一般合同当事人来说，判断其能否预见到某一事件的发生有两个不同的标准：一是客观标准，就是在某种具体情况下，一般理智正常的人能够预见到的，合同当事人就应预见到；如果对该种事件的预见需要有一定专门知识，那么只要具有这种专业知识的一般正常水平的人所能预见到的，则该合同的当事人就应该预见到；另一个标准是主观标准，就是在某种具体情况下，根据行为人的主观条件，如年龄、智力发育状况、知识水平、教育和技术能力等来判断合同的当事人是否应该预见到。这两种标准，可以单独运用，但在多种情况下应结合使用。

（2）不可避免性。合同生效后，当事人对可能出现的意外情况尽管采取了及时合理的措施，但客观上并不能阻止这一意外情况的发生，这就是不可避免性。如果一个事件的发生完全可以通过当事人及时合理的作为而避免，则该事件就不能认为是不可抗力。

（3）不可克服性。不可克服性是指合同的当事人对于意外发生的某一个事件所造成的损失不能克服。如果某一事件造成的后果可以通过当事人的努力而得到克服，那么这个事件就不是不可抗力事件。

不可抗力条款的法律性质是免责条款。当不可抗力发生之后，当事人根据合同约定的通知时间、方式告知对方，便可减轻或免除合同责任。不可抗力是法定的条款，当事人在合同中排除该条款，不能得到法律的支持。相反，当事人在合同中扩大对"不可抗力"认定的范畴，会被认定为当事人双方另行对免除责任的约定，具有法律效力。

法律、政策是否列入不可抗力的范围，取决于政府与社会资本的约定。民事合作最具有多样性，是"法无禁止皆可为"的民事法律原则在社会经济生活中的具体体现。在编制合同文本过程中，尊重当事人的约定、明释合同条款的风险是法律人的基本操守。

【建议条款】

不可抗力事件是指不能预见、不能避免、不能克服的客观情况。其类型和范围仅指以下情形：

（1）自然灾害，如台风、冰雹、地震、海啸、洪水、火山爆发、山体滑坡；

（2）政府行为，如征收、征用；

（3）社会异常事件，如战争、武装冲突、罢工、骚乱、暴动；

（4）其他事件，化学或放射性污染、核辐射、考古文物；

（5）按照专用条款执行。

第61条　不可抗力事件的认定和评估

项目合同应约定不可抗力事件的认定及其影响后果评估程序、方法和原则。对于特殊项目，应根据项目实际情况约定不可抗力事件的认定标准。

【解读与说明】

不可抗力具有多样性，不可抗力对项目的影响力同样具有多样性。并非不可抗力发生，就必然产生不可抗力的法律后果。不可抗力对项目的影响程度，必须经过政府和社会资本共同认同。不能形成一致的，还可以聘请第三方对不可抗力影响后果进行鉴定、评估。

鉴于社会资本占有项目的资产，在合同期间负责项目资产的运营与维护，因此，不可抗力事件一旦发生，社会资本有义务第一时间将发生不可抗力事件报告政府，要求政府对不可抗力事件给项目造成的损失进行评估。政府是项目资产的所有权人，从国际角度看，业主通常是不可抗力事件所造成损失的承担者。PPP项目不可抗力事件风险如何分配，一则看政府的招标文件，二则看政府与社会资本谈判的结果。

因为政府与社会资本在PPP项目中是民事合作关系，因此合同中对不可抗力风险责任的分配，具有最高效力。这一点政府与社会资本务必清楚。

【建议条款】

1. 不可抗力事件的认定

不可抗力事件发生之后，乙方应当在第一时间通过本合同约定的方式通知甲方。

2.评估的程序和方法

（1）甲方不能在乙方通知之后＿＿＿＿小时赶到现场，视为对不可抗力事件发生的认可，并承担不可抗力事件给项目及乙方造成的损失；

（2）甲方确认不可抗力事件后，应当与乙方就项目受到的损失当场进行核实、确认并形成书面文书；

（3）不可抗力事件产生损失的评估由具有相应资质的评估机构进行，评估费用计入不可抗力造成的损失；

3.评估原则

（1）实事求是原则，以实际发生的损失为限进行评估；

（2）弥补损失原则，以恢复原样为限进行评估。

4.责任承担

甲乙双方各自承担不可抗力造成的损失。

第62条　不可抗力事件发生期间各方权利和义务

项目合同应约定不可抗力事件发生后的各方权利和义务，如及时通知、积极补救等，以维护公共利益，减少损失。

【解读与说明】

不可抗力事件的发生其必然的结果是造成政府与社会资本财产的损失，因此，及时采取补救措施，防止、减少损失的扩大，是当事人双方应有的义务。作为项目资产的占有、运营、管理、受益者，社会资本更有义务在不可抗力事件发生之时，将事件造成的损失降为最低。作为项目资产的权利人，政府所拥有的资产为公共资产。在不可抗力事件发生之时，运用政府的公权力保护公共财产的安全，维护社会公共产品的持续提供，是政府的法定职责。因此政府有义务动员、调动全社会资源，维护公共利益，减少项目损失。

【建议条款】

1.不可抗力发生期间甲方的权利与义务

（1）不可抗力事件发生后,甲方应当第一时间赶到项目现场指挥抗险救灾工作；

（2）甲方应当为项目恢复正常生产提供必要的物质支持；

（3）甲方应当为项目资产的安全、项目正常运营提供必要的社会环境。

2. 不可抗力发生期间乙方的权利义务

（1）不可抗力事件发生后，乙方应当第一时间报告甲方；

（2）无论甲方是否对乙方的报告给予回复，乙方都有义务调动自有资源最大限度地减少不可抗力事件给项目造成的损失；

（3）乙方因不可抗力事件对甲方资产抢险投入的费用，不可抗力事件结束，甲方应当优先足额拨付补偿。

第 63 条　不可抗力事件的处理

项目合同应根据不可抗力事件对合同履行造成的影响程度，分别约定不可抗力事件的处理。造成合同部分不能履行，可协商变更或解除项目合同；造成合同履行中断，可继续履行合同并就中断期间的损失承担做出约定；造成合同履行不能，应约定解除合同。

【解读与说明】

不可抗力事件的处理实际上是对不可抗力事件后果的处理。对于不可抗力事件，法律的基本原则是部分或全部免于承担责任。对于 PPP 项目而言，不可抗力事件发生之后，免于承担什么责任，谁免谁的责任，则有必要做进一步探究。

PPP 项目在经济上有两大特点：一是投资由社会资本完全承担，投资风险由社会资本完全承担；二是项目全生命周期结束之后，社会资本必须将项目无条件移交给政府。由于项目由社会资本全额投资，未来项目还必须移交给政府，为了减轻社会资本投资的压力，对 PPP 项目的土地使用权是否需要过户到社会资本名下就存在着不同的操作模式。过户到社会资本名下，社会资本必须支付巨额土地出让金，不仅如此还要缴纳高额税费。并且过户到名下的土地用途是公共事业用地，银行不接受此类土地使用权的抵押，盘活不了资金。未来项目移交给政府，土地还会产生二次税费，无疑会给社会资本带来巨大的经济负担，降低项目资金使用效率。不过户到社会资本名下，则社会资本对项目的所有投资的权益者为政府，项目完成社会资本除了背负巨额债务以外一无所有。

土地使用权过户到社会资本名下，尽管经济上不合算，但是物权完整，法律关系明确。发生不可抗力事件，社会资本作为项目的业主，对项目在不可抗力事件中所遭受的损失承担责任，自己负责恢复。社会资本免于承担不可抗力事件发生期间生产经营不正常的责任，政府免于承担不可抗力事件发生期间的支付责任。

双方的权利义务达成平衡。

土地使用权不过户到社会资本名下，尽管项目更具有经济性，但是物权处在一种合作状态。根据我国"房随地走"的原则，土地属于政府，则社会资本在土地上的投资权属都归政府。这种状态下发生不可抗力事件，损失的承担者应当是政府。

极端情况下，因不可抗力事件导致项目毁损，不具备继续运营的可能性。此时社会资本免于承担不按合同运营的责任，政府免于承担不提供运营场地、设备、设施的责任。土地毁损的不利后果由政府自行承担。对于依附于土地上的由社会资本投资建设的建筑物、构筑物的毁损，政府获得法定豁免。

不可抗力事件导致项目部分毁损，政府作为业主应当承担毁损修复的责任。社会资本免于承担事件发生期间运营不正常的责任，政府免于承担有限支付的责任。

【建议条款】

本合同不可抗力事件处理采用＿＿＿＿＿＿方式执行。

1.本项目土地使用权在甲方名下，按照专用条款执行；

2.本项目土地使用权在乙方名下，按照专用条款执行。

第64条　法律变更

项目合同应约定，如在项目合同生效后发布新的法律、法规或对法律、法规进行修订，影响项目运行或各方项目收益时，变更项目合同或解除项目合同的触发条件、影响评估、处理程序等事项。

【解读与说明】

在司法实践中，通常将全国人民代表大会及其常务委员会制定的法律，国务院制定的行政法规作为裁判案件的依据。在民事活动中，当事人双方可以对"法律、法规"做出特别的定义，或者说可以扩充"法律、法规"的内涵。一旦扩充了"法律、法规"的内涵，就本合同而言，扩充部分的内容就与"法律、法规"具有同等约束力。

PPP项目的生命周期往往较长，在合同履行过程中，国家法律、法规的调整，应当说是预料中之事。法律、法规的调整对本项目产生实质性的经济影响，在合同编制中就予以安排，有利于双方合同的履行。

近三十年，我们国家一直处在改革的过程当中。所谓改革，就是对现有的法律、法规的突破。纵观改革的历程，有些改革的政策最终上升为法律，成为社会经济生活中的准则；有些改革进行到一半，因各种各样的原因半途而废或者在实践中发现事与愿违而终止。PPP 的推进同样面临这样的不确定性。

从民法角度上看，我国的民法只规定了企业与企业、企业与事业单位合作的民事活动准则，没有规定企业或个人与政府合作的民事活动准则。PPP 项目中政府作为民事主体，一旦与社会资本发生纠纷，在司法层面上，适用法律的选择就会成为一个难以逾越的门槛。

在现有的法律框架下推进 PPP 项目，若干年后，政府与社会资本合作被国家认定为违法行为，或者至少是一种没有法律依据的行为，由此导致 PPP 项目终止的责任的承担，在合同编制中同样应当重视。

【建议条款】

法律变更导致本合同内容变更

（1）法律变更的认定

法律变更事件发生之后，甲方应当在第一时间通过本合同约定的方式通知乙方。

（2）评估的程序和方法

甲乙双方应当委托咨询机构、律师事务所对法律变更导致费用的增加、责任的认定进行评估并形成书面文件。

（3）评估原则

第一，实事求是原则，以实际发生的损失为限进行评估；其次，弥补损失原则，以恢复原样为限进行评估。

（4）责任承担

法律变更的责任由甲方承担。

第十二章 合同解除

本章重点约定合同解除事由、解除程序，以及合同解除后的财务安排、项目移交等事项。

本章为项目合同的必备篇章。

【解读与说明】

合同解除应该说是政府与社会资本在签订合同之时所不希望出现的结果。但是，在PPP合同如此长的履行期限中，合同解除的可能性不可轻视。PPP合同的解除，不仅仅是政府与社会资本签订的民事合同的解除，同时也意味着政府与社会资本签订的行政合同——特许经营权授予合同也面临着解除。特许经营权授予合同解除必须经授予机构批准后才能生效，因此，在政府与社会资本就合同解除达成一致意见之后，特许经营权授予合同解除之前，政府与社会资本对系争项目权利义务的约定，必须界定清楚。

合同解除，对于社会资本违约，以《合同法》为原则处理合同解除的后果，相对容易。对于政府违约的，社会资本的投入以及回报如何得到实质上的补偿，这是PPP合同的核心性条款。即使合同中有明确约定，补偿资金不能落实到政府当年预算之中，合同约定也不具有执行性。因此，在PPP合同编制中，如何使条款具有可操作性、落到实处，是政府与社会资本诚意合作的体现，也是PPP合同质量的体现。

第 65 条 合同解除的事由

项目合同应约定各种可能导致合同解除的事由，包括：

（1）发生不可抗力事件，导致合同履行不能或各方不能就合同变更达成一致。

（2）发生法律变更，各方不能就合同变更达成一致。

（3）合同一方严重违约，导致合同目的无法实现。

（4）社会资本主体破产清算或类似情形。

（5）合同各方协商一致。

（6）法律规定或合同各方约定的其他事由。

【解读与说明】

本条款通过概括性表述，基本涵盖了合同解除的各种情形。不可抗力属于当事人双方无法预测、无法避免、无法抗拒的事项，属于超出当事人双方意识范围发生的事件；法律变更属于当事人双方具有一定的预见性，但是无法控制的事件；合同一方严重违约，属于当事人双方合同履行的客观行为；社会资本破产基本上会发生社会资本严重违约的情形；其他事由属于兜底条款，当事人根据具体项目的情况可以新增合同解除的条件。

合同解除是政府与社会资本在合作过程中所发生的最严重的事件。为了保证合同的严肃性以及当事人双方对合作未来的可预见性，建议在编制 PPP 合同之时，合同解除的条件设置不宜过多，以法律规定的合同解除条件为宜。

【建议条款】

1. 发生不可抗力，导致合同履行不能或各方不能就合同变更达成一致；
2. 发生法律变更，各方不能就合同变更达成一致；
3. 合同一方严重违约，导致合同目的无法实现；
4. 社会资本主体破产清算或类似情形；
5. 合同各方协商一致；
6. 法律规定或合同各方约定的其他事由。

第 66 条　合同解除程序

项目合同应约定合同解除程序。

【解读与说明】

合同解除是对当事人双方的合作项目"施以极刑"，因此，为了保证合同解除的谨慎性与严肃性，合同解除不仅事由必须满足法律、合同的约定，合同解除的程序也必须满足合同约定。

【建议条款】

1. 合同解除发起方应当向对方发出《合同解除警示通知书》，通知书应当载明合同解除的事由、证据、已经或可能产生的损失的依据。

2. 接收方收到《解除合同通知书》之后，同意解除的，应当给发起方书面回复，项目进入移交阶段；不同意解除的，应当在 14 天内向发起方提交《合同解除警示异议书》，异议书中应载明不同意合同解除的理由、证据以及项目正常运营的相关资料。

3. 发起方接受异议书的，本解除合同程序终止；不同意异议书的，可以将双方有关合同解除的资料提交 PPP 调解委员会，由调解委员会负责调停。

4. 调解委员会接受调停之后，应当在 14 天内安排、组织各方就合同解除事宜进行调解。

5. 调解委员会应当自收到调解申请之后 28 天内出具调解意见，期限届满没有出具调解意见的，视为调解失败。

6. 调解失败之后 14 天内，发起方有权利向对方发出《合同解除通知书》；超过 14 天的，发起方应当按照合同第 66 条 1 款，重新启动合同解除程序。

7. 《合同解除通知书》自对方签收之日起，对双方具有约束力，项目进入移交阶段；签收方有异议的，按照国家法律、法规执行，但不影响按照本合同约定对项目进行移交的工作。

8. 《合同解除通知书》对方签收之后，由发起方向特许经营权授予政府提请解除《特许经营权授予合同》，本合同解除自《特许经营权授予合同》解除批准之日起生效。

第 67 条　合同解除的财务安排

按照公平合理的原则，在项目合同中具体约定各种合同解除情形时的财务安排，以及相应的处理程序。如：

（1）明确各种合同解除情形下，补偿或赔偿的计算方法，赔偿应体现违约责任及向无过错方的利益让渡。补偿或赔偿额度的评估要坚持公平合理、维护公益性原则，可设计具有可操作性的补偿或赔偿计算公式。

（2）明确各方对补偿或赔偿计算成果的审核、认定和支付程序。

【解读与说明】

PPP 合同的解除后果的处理具有多样性。不可抗力引发的合同解除，原则上应当依据民法的原则，责任由各自承担。发生法律变更引发的合同解除，原则上也应当由双方各自承担，这里特别需要指出的是，对于政策上许可，法律上禁止的事项，引发合同解除，不构成发生法律解除的情形。因当事人双方的原因引发合同解除，应当使用民法中的过错原则，即由过错方承担合同解除的责任。

每个地区、每个项目、每个社会资本的不同，都会导致合同解除补偿或赔偿条件的不同。对于 PPP 项目，在现有的统计数据下，政府违约属于大概率事件。故因政府行为导致合同解除以及政府对社会资本的补偿如何落实、兑现，是本条款编制的重点。

政府的开支受《预算法》的调整。政府与社会资本合作的若干年中，哪一年做出政府违约补偿社会资本之预算，具有巨大的不确定性。每一地政府、每一届政府对合同解除后果的处理都会有不同的思路，因此社会资本应当在专用条款中与政府就该条款进行实质性磋商，以维护自身的基本利益。

【建议条款】

1.因不可抗力导致合同解除的财务安排

（1）甲乙双方所受到的损失各自承担。甲方名下的资产与人员所受到的损失由甲方承担；乙方名下的资产与人员所受到的损失由乙方承担。

（2）乙方对项目投资所受到的损失，按照专用条款执行。

2.因法律发生变更导致合同解除的财务安排

（1）本条款所称的法律按照_____执行。

（2）甲方名下的资产所受的损失，由甲方承担。乙方名下的资产所受的损失，由甲方补偿；乙方名下的资产全部移交给甲方，甲方按照第三方评估机构出具的评估结论给予乙方补偿。

（3）因违背签约时已经生效的法律导致合同无效，不构成本条款法律变更导致合同无效的法律后果。无效合同后果处理按照国家相关法律法规执行。

（4）甲方给予乙方的补偿支付方式、期限，按照专用条款执行。

3.因违约导致合同解除的财务安排

（1）甲方违约导致合同解除的财务安排

1）合同解除后，项目停止建设、运营的，甲方应当在乙方移交项目完成后56天内完成对乙方的财务安排，并且应得到乙方的书面认可。

2）在三年内重新启动建设、运营的，乙方享有重新建设、运营项目的权利；三年之后重新启动的，乙方享有重新建设、运行项目的优先权。

3）合同解除后项目继续运营的，甲方应当在项目移交之前，将乙方因解除合同所遭受的损失，包括但不限于乙方已经实际投入、按照本条款第5）项约定可以实现的预期利益、咨询费、律师费、评估费等等。甲方将乙方所受损失一次性结清，乙方才在移交文件上签字，甲方取得项目的继续建设、运营权。甲方未结清乙方所受损失之前，无权自己或安排第三人接管本项目。

4）项目停止建设、运营后重新启动，乙方放弃本条款第2）项权利的，甲方应当按照本条款第3）项结清乙方的费用后，方可自己或安排第三人继续本项目。

5）因甲方原因导致合同解除，甲方应当按照本合同乙方预期可得到的利益足额支付乙方。预期利益具体计算方式按照专用条款执行。

（2）乙方违约导致合同解除的财务安排

1）乙方签收甲方发出的解除合同通知书之日为合同解除项目资产核定的基准日，政府批准特许经营权授予合同解除之日为项目资产移交日。

2）乙方只能收回直接投资。直接投资额的认定，由甲方聘请的会计师事务所审定。乙方承担因合同解除发生的各项费用，包括但不限于咨询费、律师费、评估费、调解费、诉讼费、审计费等费用。

3）乙方收回投资的方式按照乙方实际投入的金额（投入项目的资金减去违约应承担的损失）与实施方案中本项目预算的比例，从项目收益中回收。

4）按照专用条款执行。

第 68 条　合同解除后的项目移交

项目合同应约定合同解除后的项目移交事宜，可参照本指南"项目移交"条款进行约定。

【建议条款】

按照第九章约定的执行。

第 69 条　合同解除的其他约定

结合项目特点和合同解除事由，可分别约定在合同解除时项目接管、项目持续运行、公共利益保护以及其他处置措施等。

【解读与说明】

本条款是一个灵活性条款。根据不同项目的具体特点，对解除合同的后果从程序到实体都可以进行约定。

【建议条款】

按照专用条款执行。

第十三章　违约处理

其他章节关于违约的未约定事项，在本章中予以约定；也可将关于违约的各种约定在本章集中明确。

本章为项目合同的必备篇章。

【解读与说明】

PPP合同各章节的实际履行人可能存在不同的主体，各实际履行人对自己履行期间的权利义务会更加关注，因此将违约条款在相应章节中约定清楚更有利于实际履行人查阅。

第70条　违约行为认定

项目合同应明确违约行为的认定以及免除责任或限制责任的事项。

【解读与说明】

PPP项目所涉领域广，涵盖专业多，履行时间长，形形色色的违约行为防不胜防，因此对各种违约行为进行抽象概括，为违约行为进行定性、定量的分析就显得特别重要。要实现这一点，政府与社会资本双方的法律服务应当贯穿整个项目的全生命周期。

违约程度的严重性也具有多层次。有的违约不造成实际损失，有的会造成实际损失或者是较大的实际损失，但是不会影响项目的正常建设、运行；有的违约行为可能就会威胁到合同的正常履行。因此在合同编制中，对违约行为进行分级设定，自然也就纳入合同编制者的视线。

PPP项目违约从法律属性上说可以分为民事违约与行政违约。所谓民事违约就是一方的违约行为不会导致合同的解除，纠纷的解决在民法的范畴之内；所谓行政违约是一方的违约行为直接导致合同的解除，纠纷的解决在行政法范畴之内。

民事违约也可以分为轻微违约与一般违约。轻微违约以不发生经济损失为限，一般违约以发生经济损失为起点，以不解除合同为限。

【建议条款】

1.本合同将违约分为轻微违约、一般违约、严重违约。轻微违约以不产生实际损失为限;一般违约以不导致合同解除为限;严重违约指引发本合同解除的违约。

2.属于轻微违约的,免除违约责任。

3.属于一般违约的,按各章节违约条款执行。

4.属于严重违约的,按照《特许经营权授予合同》执行。

5.按照专用条款执行。

第71条 违约责任承担方式

项目合同应明确违约行为的承担方式,如继续履行、赔偿损失、支付违约金及其他补救措施等。

【建议条款】

1.甲方违约的,甲方应当补偿乙方因甲方违约所受的经济损失,乙方经济损失的计算方式以及甲方支付违约金的数额与方式,按照专用条款执行;

2.乙方违约的,乙方应当补偿甲方因乙方违约所受的经济损失,甲方经济损失的计算方式以及甲方支付违约金的数额与方式,按照专用条款执行。

第72条 违约行为处理

项目合同可约定违约行为的处理程序,如违约发生后的确认、告知、赔偿等救济机制,以及上述处理程序的时限。

【解读与说明】

发生违约行为,对违约行为相关凭据的收集、告知、确认,损失的计算、补偿或赔偿的兑现的清晰约定,可以证实政府与社会资本谁更具有契约精神,对双方的违约都是最具约束力的监督。本条款的编制,要达到能够清晰地记录下政府与社会资本在项目全生命周期内各自违约的行为,从而厘清政府与社会资本在PPP项目中的权利边界。

【建议条款】

1. 发生违约情形，守约方可以向违约方发出《违约行为认定通知书》，通知书应当载明合同解除的事由、证据、已经或可能产生的损失的依据。

2. 接收方收到《违约行为认定通知书》之后，认定违约行为的，应当给守约方书面回复，进入违约损失核定阶段；不认同违约的，应当在 14 天内向发起方提交《违约行为认定异议书》，异议书中应载明不同意认定违约的理由、证据以及项目正常履约的相关资料。

3. 守约方接受异议书的，本违约认定程序终止；不同意异议书的，可以将双方有关违约行为认定的资料提交 PPP 调解委员会，由调解委员会负责调停。

4. 调解委员会接受调停之后，应当在 14 天内安排、组织各方就违约行为认定事宜进行调解。

5. 调解委员会应当自收到调解申请之后 28 天内出具调解意见，期限届满没有出具调解意见的，视为调解失败。

6. 调解失败之后 14 天内，守约方有权利按照本合同第 73 条 3 款执行。

7. 调解期间所发生的专家费、律师费、咨询费等为确定违约行为所应当发生的费用，由违约方承担。双方都有违约的，由双方按照各自的过错承担相应的费用。

第十四章　争议解决

本章重点约定争议解决方式。

本章为项目合同的必备篇章。

第73条　争议解决方式

1.协商

通常情况下，项目合同各方应在一方发出争议通知指明争议事项后，首先争取通过友好协商的方式解决争议。协商条款的编写应包括基本协商原则、协商程序、参与协商人员及约定的协商期限。若在约定期限内无法通过协商方式解决问题，则采用调解、仲裁或诉讼方式处理争议。

2.调解

项目合同可约定采用调解方式解决争议，并明确调解委员会的组成、职权、议事原则，调解程序，费用的承担主体等内容。

3.仲裁或诉讼

协商或调解不能解决的争议，合同各方可约定采用仲裁或诉讼方式解决。采用仲裁方式的，应明确仲裁事项、仲裁机构。

【解读与说明】

《合同指南》给出了解决纠纷的三种模式。三种模式互为补充，层层递进。协商的方式最为广泛，应当说没有按照合同约定的调解程序处理双方存在的违约事项均可归于协商。调解则是按照本合同约定的程序、内容、方法解决纠纷的模式。仲裁或诉讼则是按照法定的程序解决纠纷。

本条款将协商也程序化、规范化。笔者认为PPP合同内容复杂、履行期限较长，将PPP合同全生命周期内发生的各类大小纠纷均按照约定的协调程序处理，并不当然具有经济性与合理性。相反，将协商界定在双方自由的基础之上，调解界定在双方约定之上，可将解决纠纷的模式界定在不同的层级范围之中，更有利于当事人双方选择最经济、最有效的模式解决纠纷，有利于项目的顺利进行。

【建议条款】

1. 协商。甲乙双方为解决纠纷所进行的各种形式的洽谈，本合同第73条2款约定除外。

2. 调解。按照本条款所进行的解决纠纷的方式。

(1) 调解委员会组成。调解委员会是解决项目纠纷的临时机构，有1或3名调解员组成。由1名调解员组成的，调解员的选择应当由甲乙双方共同书面选定。由3名调解员组成的，甲乙双方各选择1名调解员，第3名调解员由双方共同选定。

(2) 调解委员会职权。

1) 就争议事项要求甲乙双方在限定的期限内提交厘清事实的证据；

2) 向涉及纠纷事项的经办人了解事实经过，并做笔录；

3) 核实甲乙双方提交的证据、资料；

4) 向甲乙双方出具调解意见征求意见稿；

5) 向甲乙双方出具调解意见正稿。

(3) 议事原则

1) 公平原则。甲乙双方利益的平衡、甲乙双方及公共产品的消费者公众之间利益的平衡是解决本合同纠纷公平原则的基础。社会因素的变更导致甲方、乙方、社会消费者利益失衡，依据公平原则调整。

2) 合同原则。非社会因素变更，纠纷的解决依据为本合同。

3) 证据原则。所有调解结论的出具，各项结论都必须有证据的支撑且证据经过对方核实。在限定的期限内没有核实或没有完成证据核实工作的，视为证据经核实认定。

4) 法律原则。合同、证据没有涵盖的部分，按照法律规定处理。

(4) 调解程序

1) 调解发起方向对方发出调解委员会成立函，接收方应当在7日内回复。拒绝回复或逾期回复，视为认同发起方成立函载明的内容。

2) 调解委员会成员由双方选定，三日内无法选定，通过抽签方式在_____仲裁委员会仲裁员名册中选定。

3) 确定调解委员会成员后7日内，双方各自将自己应当承担的调解费支付至调解委员会指定的合法账户。期限届满没有足额支付，发起方视为撤回调解申请，不得就本事项再行提出异议；对方视为接受发起方的主张。

4) 调解委员会在调解费用收到后7天内召集双方交换证据、听取双方意见、核实证据。

5）调解委员会应当在收到足额调解费后 28 天内出具调解意见征求意见稿，双方异议期为 7 天。异议期届满 7 天内，调解委员会应当出具正式调解意见。

6）调解意见正式稿自甲乙双方签字盖章之日起生效。

（5）费用承担

1）调解费用实行先交后调制。调解委员会成立之后，甲乙双方各自将调解费的 50% 支付至调解委员会制定的合法账户。

2）律师费、咨询费等因调解发生的费用在调解意见书正稿中一并明列承担责任人。

3）最终各项费用的分摊按照甲乙双方的过错程度由调解委员会分摊。

3. 仲裁与诉讼

（1）本项目仲裁选择＿＿＿＿仲裁委员会；

（2）本项目选择＿＿＿＿人民法院管辖。

第 74 条 争议期间的合同履行

诉讼或仲裁期间项目各方对合同无争议的部分应继续履行；除法律规定或另有约定外，任何一方不得以发生争议为由，停止项目运营服务、停止项目运营支持服务或采取其他影响公共利益的措施。

【解读与说明】

该条款来源于 FIDIC 条款，是国内外工程建设的行业惯例，在此延伸到项目运营阶段，为 PPP 项目所接纳。

【建议条款】

诉讼或仲裁期间项目各方对合同无争议部分应当继续履行；除法律或合同另有约定外，任何一方不得以发生争议为由，停止项目运营服务、停止项目运营支持服务或采取其他影响公共利益的措施。

第十五章　其他约定

本章约定项目合同的其他未尽事项。为项目合同的必备篇章。

第75条　合同变更与修订

可对项目合同变更的触发条件、变更程序、处理方法等进行约定。项目合同的变更与修订应以书面形式作出。

【解读与说明】

PPP合同全生命周期最长30余年，在如此漫长的期间，政府与社会资本对本合同进行变更或修改，应当属于可预见之事。尽管合同发生变更或修改是大概率事件，但是也要将合同的变更与修改区分为因甲乙双方原因变更或修改和非甲乙双方原因变更或修改。因甲乙双方的原因引发合同的变更或修改，为了杜绝道德风险，应当参照违约的性质安排合同条款；非因甲乙双方自身的原因引发变更或修改，则应当适用公平原则。

【建议条款】

1.因甲乙双方自身的原因导致合同变更与修订。

（1）合同变更与修订提出方应当以书面的形式向对方提出合同变更与修改的内容、原因、费用以及经济分析报告、法律意见书。并承担因合同变更与修改给对方增加的所有费用。

（2）对方接受合同变更与修改，双方签订合同变更与修改协议书；对方不同意修改，双方按照本合同执行。

2.非甲乙双方原因导致合同变更与修改

（1）因不可抗力导致合同的变更与修订，按照本合同第63条执行。

（2）因法律变更导致合同的变更与修订，按照合同第64条1款执行。

（3）因社会公共事件导致合同的变更与修订：

1）公共事件发生的认定

公共事件发生之后，乙方应当在第一时间通过本合同约定的方式通知甲方。

2）评估的程序和方法

甲乙双方应当委托咨询机构、律师事务所对公共事件导致费用的增加、责任的认定进行评估并形成书面文件。

3）评估原则

第一，实事求是原则，以实际发生的损失为限进行评估；其次，弥补损失原则，以恢复原样为限进行评估。

4）责任承担

法律变更的责任由甲方承担。

第 76 条　合同的转让

项目合同应约定合同权利义务是否允许转让；如允许转让，应约定需满足的条件和程序。

【解读与说明】

合同的转让主要是针对社会资本，政府方面不存在合同权利义务转让的问题。PPP 项目的实际操作主体，可以是社会资本也可以是项目公司。对项目公司而言，组成其的股东具有多样性，不同的股东对项目的诉求也各不相同。通常情况下，项目公司的股东在自身的工作完成之后，就没有再留在 PPP 项目公司中的意义。因此，在设立项目公司之时，就应当安排好各阶段股东退出的渠道。为了减少股东变更引发政府方面的疑虑，在合同签订之时，就明确载明各相关股东退出的时间与路径，有益于项目的正常进展。

【建议条款】

按照专用条款执行。

第 77 条　保密

项目合同应约定保密信息范围、保密措施、保密责任。保密信息通常包括项目涉及国家安全、商业秘密或合同各方约定的其他信息。

【解读与说明】

保密条款的本质是合同各方应对合同中约定范围的保密信息承担保密义务,保证不将这些保密信息泄露给第三方,其设置的目的是为了维护双方有关权益,保持相关专有技术的价值。

合同双方应在合同条款中对保密信息的范围、保密措施以及违反保密条款的责任进行明确的约定,以免在合同履行过程中就此发生争议。

【建议条款】

1. 保密信息范围

本合同文本以及本项目商业模式、合同法律结构、融资模式均属于保密范围,甲乙双方未经对方同意,不得将合同内容向第三方透露。

2. PPP合同体系中的各参与方,可以获悉与之相对应的本合同内容。双方聘请的咨询机构、律师具有获得本合同信息的权利。

3. PPP合同体系中的各相关方,对于因泄露本合同机密给合同其他各方造成的损失,应当承担赔偿责任。

4. 因泄密所应承担的赔偿金计算方式,按照专用条款执行。

第78条 信息披露

为维护公共利益、促进依法行政、提高项目透明度,合同各方有义务按照法律法规和项目合同约定,向对方或社会披露相关信息。详细披露事项可在合同附件中明确。

【建议条款】

本项目应当披露的信息,按照专用条款执行。

第79条 廉政和反腐

项目合同应约定各方恪守廉洁从政、廉洁从业和防范腐败的责任。

【解读与说明】

廉政和反腐条款是为规范合同双方相关执行人员的行为而设置。在合同文本中加入廉政和反腐条款，目的是为了从源头上遏制合同履行过程中的腐败行为。根据工程实践惯例，合同双方通常会另行签订一份"廉洁协议"作为合同附件，以更为详尽的条款约束双方执行人员的行为，为合同的良好履行奠定基础。

【建议条款】

按照《廉政和反腐协议》执行。

第 80 条　不弃权

合同应声明任何一方均不被视为放弃本合同中的任何条款，除非该方以书面形式作出放弃。任何一方未坚持要求对方严格履行本合同中的任何条款，或未行使其在本合同中规定的任何权利，均不应被视为对任何上述条款的放弃或对今后行使任何上述权利的放弃。

【解读与说明】

在我国《合同法》的合同体系中，合同分为三类：第一是书面合同；第二是口头合同；第三是实际履行。前两种都很好理解，也是我们日常生活中最常见的合同形式。

本条款的设置，否定了实际履行对书面合同文件变更的有效性。其根本原因在于 PPP 项目实际资产的权属归于公共财产，基于对公共财产的保护而设置本条款。

【建议条款】

任何一方不被视为放弃本合同中的任何条款，除非该方以书面的形式作出放弃。任何一方未坚持要求对方严格履行本合同中的任何条款，或未行使其在本合同中的任何权利，均不应被视为对任何上述条款的放弃或对今后行使任何上述权利的放弃。

第 81 条　通知

项目合同应约定通知的形式、送达、联络人、通讯地址等事项。

【解读与说明】

本条款不起眼，但是对于一个履行期长达几十年的合同而言，其重要性不可小觑。本合同中载明的通讯地址，在合同履行期内均为有效地址，不经书面通知不得改变。由于此条款的设置，使政府和社会资本各类文件的送达成为可能。

【建议条款】

1.通知的形式。甲乙双方通知对方的形式为通过中国邮政快递。

2.中国邮政的投递日，视为通知送达日。

3.本项目接受通知的联络人甲方：_____，乙方：_____。

4.通讯地址

（1）甲方通讯地址：_____。

（2）乙方通讯地址：_____。

5.本条款约定的通讯地址与联系人，如有发生变化，变化方应当在变化发生前一个月以书面的形式通知对方。没有通知对方的，本条款约定的通讯地址，为双方联系的唯一合法地址。

6.中国邮政发生变更、撤销，其合法承继者当然作为甲乙双方送达通知的方式。

第82条　合同适用法律

项目合同适用中华人民共和国法律。

【解读与说明】

在中国境内进行民事活动，原则上适用中国法律。通常情况下，只有涉外民事关系才适用国际条约或国际惯例。

根据《中华人民共和国立法法》的规定，只有全国人民代表大会及其常务委员会制定的狭义概念上的法律和国务院制定的行政法规才在全国范围适用，其他规范性法律文件或在空间上受限，或在适用事项上受限。

【建议条款】

本合同适用中华人民共和国法律。

第 83 条 适用语言

项目合同应约定合同订立及执行过程中所采用的语言。对于采用多种语言订立的，应明确以中文为准。

【解读与说明】

语言与表达是两个不同的概念。不同的语言文字可以有相同的表达形式，例如：均采用数据电文形式；相同的语言文字则可以有不同的表达形式，例如：可以是口头形式，也可以是书面形式。

另外，由于在建设工程领域形成了大量的习惯用语，笔者在此建议，在使用这些习惯用语或行业用语之前，双方应当对其含义予以明确约定，以免在以后的履行过程中发生歧义。

【建议条款】

本合同以中文编写、解释和说明。合同当事人在专用条款中约定使用多种语言时，以中文作为优先解释和说明合同的语言。

第 84 条 适用货币

明确项目合同所涉及经济行为采用的支付货币类型。

【解读与说明】

在当今经济全球化的大环境下，人民币结算在经济活动中早已不是必然的默认选项。不同的币种因为汇率的差异，其在相同数额下的价值往往是霄壤之别。为避免将来可能就此产生的争议，通常的做法是在合同中明确规定一种货币作为结算支付货币。同时，在中国大陆地区进行的经济活动中，当事人应尽可能选择人民币作为计价、结算及支付的币种，以避免因汇率变动所可能造成的亏损风险。

【建议条款】

本合同下的计价、结算及支付等所采用的唯一币种为人民币，单位为元。

第 85 条 合同份数

项目合同应约定合同的正副本数量和各方持有份数，并明确合同正本和副本具有同等法律效力。

【解读与说明】

关于合同份数，我国法律并无相关强制性规定。在实务操作中，当事人各方可根据自身实际需求确定。一般情况下，合同份数与签订合同的主体个数相一致，即每个合同主体各持一份。若法律法规对于合同的签订有其他特殊要求，例如需要报请有关主管机关审批备案的，则应按照要求相应增加合同份数。

【建议条款】

本合同正本两份，甲乙双方各持一份；副本_____份，甲乙双方各持_____份。本合同自_____生效。

第 86 条 合同附件

项目合同可列示合同附件名称。

【解读与说明】

通常情况下，合同附件是对合同各方构成约束力，但因不便于写入合同条款中而附列的其他文件，是合同的重要组成部分，与合同具有同等法律效力。若无特殊约定，附件通常可以作为合同的补充解释与说明。

【建议条款】

详见合同附件清单。

附　录

涉及 PPP 项目的主要法律法规及文件

附录1 《中华人民共和国合同法》摘要

总　则

第一章　一般规定

第一条　为了保护合同当事人的合法权益，维护社会经济秩序，促进社会主义现代化建设，制定本法。

第二条　本法所称合同是平等主体的自然人、法人、其他组织之间设立、变更、终止民事权利义务关系的协议。

婚姻、收养、监护等有关身份关系的协议，适用其他法律的规定。

第三条　合同当事人的法律地位平等，一方不得将自己的意志强加给另一方。

第四条　当事人依法享有自愿订立合同的权利，任何单位和个人不得非法干预。

第五条　当事人应当遵循公平原则确定各方的权利和义务。

第六条　当事人行使权利、履行义务应当遵循诚实信用原则。

第七条　当事人订立、履行合同，应当遵守法律、行政法规，尊重社会公德，不得扰乱社会经济秩序，损害社会公共利益。

第八条　依法成立的合同，对当事人具有法律约束力。当事人应当按照约定履行自己的义务，不得擅自变更或者解除合同。

依法成立的合同，受法律保护。

第二章　合同的订立

第九条　当事人订立合同，应当具有相应的民事权利能力和民事行为能力。当事人依法可以委托代理人订立合同。

第十条　当事人订立合同，有书面形式、口头形式和其他形式。

法律、行政法规规定采用书面形式的，应当采用书面形式。当事人约定采用书面形式的，应当采用书面形式。

第十一条　书面形式是指合同书、信件和数据电文（包括电报、电传、传真、电子数据交换和电子邮件）等可以有形地表现所载内容的形式。

第十二条　合同的内容由当事人约定，一般包括以下条款：

（一）当事人的名称或者姓名和住所；

（二）标的；

（三）数量；

（四）质量；

（五）价款或者报酬；

（六）履行期限、地点和方式；

（七）违约责任；

（八）解决争议的方法。

当事人可以参照各类合同的示范文本订立合同。

第十三条　当事人订立合同，采取要约、承诺方式。

第十四条　要约是希望和他人订立合同的意思表示，该意思表示应当符合下列规定：

（一）内容具体确定；

（二）表明经受要约人承诺，要约人即受该意思表示约束。

第十五条　要约邀请是希望他人向自己发出要约的意思表示。寄送的价目表、拍卖公告、招标公告、招股说明书、商业广告等为要约邀请。

商业广告的内容符合要约规定的，视为要约。

第十六条　要约到达受要约人时生效。

采用数据电文形式订立合同，收件人指定特定系统接收数据电文的，该数据电文进入该特定系统的时间，视为到达时间；未指定特定系统的，该数据电文进入收件人的任何系统的首次时间，视为到达时间。

第十七条　要约可以撤回。撤回要约的通知应当在要约到达受要约人之前或者与要约同时到达受要约人。

第十八条　要约可以撤销。撤销要约的通知应当在受要约人发出承诺通知之前到达受要约人。

第十九条　有下列情形之一的，要约不得撤销：

（一）要约人确定了承诺期限或者以其他形式明示要约不可撤销；

（二）受要约人有理由认为要约是不可撤销的，并已经为履行合同作了准备工作。

第二十条　有下列情形之一的，要约失效：

（一）拒绝要约的通知到达要约人；

（二）要约人依法撤销要约；

（三）承诺期限届满，受要约人未作出承诺；

（四）受要约人对要约的内容作出实质性变更。

第二十一条　承诺是受要约人同意要约的意思表示。

第二十二条　承诺应当以通知的方式作出，但根据交易习惯或者要约表明可以通过行为作出承诺的除外。

第二十三条　承诺应当在要约确定的期限内到达要约人。

要约没有确定承诺期限的，承诺应当依照下列规定到达：

（一）要约以对话方式作出的，应当即时作出承诺，但当事人另有约定的除外；

（二）要约以非对话方式作出的，承诺应当在合理期限内到达。

第二十四条　要约以信件或者电报作出的，承诺期限自信件载明的日期或者电报交发之日开始计算。信件未载明日期的，自投寄该信件的邮戳日期开始计算。要约以电话、传真等快速通讯方式作出的，承诺期限自要约到达受要约人时开始计算。

第二十五条　承诺生效时合同成立。

第二十六条　承诺通知到达要约人时生效。承诺不需要通知的，根据交易习惯或者要约的要求作出承诺的行为时生效。

采用数据电文形式订立合同的，承诺到达的时间适用本法第十六条第二款的规定。

第二十七条　承诺可以撤回。撤回承诺的通知应当在承诺通知到达要约人之前或者与承诺通知同时到达要约人。

第二十八条　受要约人超过承诺期限发出承诺的，除要约人及时通知受要约人该承诺有效的以外，为新要约。

第二十九条　受要约人在承诺期限内发出承诺，按照通常情形能够及时到达要约人，但因其他原因承诺到达要约人时超过承诺期限的，除要约人及时通知受要约人因承诺超过期限不接受该承诺的以外，该承诺有效。

第三十条　承诺的内容应当与要约的内容一致。受要约人对要约的内容作出实质性变更的，为新要约。有关合同标的、数量、质量、价款或者报酬、履行期限、履行地点和方式、违约责任和解决争议方法等的变更，是对要约内容的实质性变更。

第三十一条　承诺对要约的内容作出非实质性变更的，除要约人及时表示反对或者要约表明承诺不得对要约的内容作出任何变更的以外，该承诺有效，合同的内容以承诺的内容为准。

第三十二条 当事人采用合同书形式订立合同的，自双方当事人签字或者盖章时合同成立。

第三十三条 当事人采用信件、数据电文等形式订立合同的，可以在合同成立之前要求签订确认书。签订确认书时合同成立。

第三十四条 承诺生效的地点为合同成立的地点。

采用数据电文形式订立合同的，收件人的主营业地为合同成立的地点；没有主营业地的，其经常居住地为合同成立的地点。当事人另有约定的，按照其约定。

第三十五条 当事人采用合同书形式订立合同的，双方当事人签字或者盖章的地点为合同成立的地点。

第三十六条 法律、行政法规规定或者当事人约定采用书面形式订立合同，当事人未采用书面形式但一方已经履行主要义务，对方接受的，该合同成立。

第三十七条 采用合同书形式订立合同，在签字或者盖章之前，当事人一方已经履行主要义务，对方接受的，该合同成立。

第三十八条 国家根据需要下达指令性任务或者国家订货任务的，有关法人、其他组织之间应当依照有关法律、行政法规规定的权利和义务订立合同。

第三十九条 采用格式条款订立合同的，提供格式条款的一方应当遵循公平原则确定当事人之间的权利和义务，并采取合理的方式提请对方注意免除或者限制其责任的条款，按照对方的要求，对该条款予以说明。

格式条款是当事人为了重复使用而预先拟定，并在订立合同时未与对方协商的条款。

第四十条 格式条款具有本法第五十二条和第五十三条规定情形的，或者提供格式条款一方免除其责任、加重对方责任、排除对方主要权利的，该条款无效。

第四十一条 对格式条款的理解发生争议的，应当按照通常理解予以解释。对格式条款有两种以上解释的，应当作出不利于提供格式条款一方的解释。格式条款和非格式条款不一致的，应当采用非格式条款。

第四十二条 当事人在订立合同过程中有下列情形之一，给对方造成损失的，应当承担损害赔偿责任：

（一）假借订立合同，恶意进行磋商；

（二）故意隐瞒与订立合同有关的重要事实或者提供虚假情况；

（三）有其他违背诚实信用原则的行为。

第四十三条 当事人在订立合同过程中知悉的商业秘密，无论合同是否成立，不得泄露或者不正当地使用。泄露或者不正当地使用该商业秘密给对方造成损失的，应当承担损害赔偿责任。

第三章　合同的效力

第四十四条　依法成立的合同，自成立时生效。

法律、行政法规规定应当办理批准、登记等手续生效的，依照其规定。

第四十五条　当事人对合同的效力可以约定附条件。附生效条件的合同，自条件成就时生效。附解除条件的合同，自条件成就时失效。

当事人为自己的利益不正当地阻止条件成就的，视为条件已成就；不正当地促成条件成就的，视为条件不成就。

第四十六条　当事人对合同的效力可以约定附期限。附生效期限的合同，自期限届至时生效。附终止期限的合同，自期限届满时失效。

第四十七条　限制民事行为能力人订立的合同，经法定代理人追认后，该合同有效，但纯获利益的合同或者与其年龄、智力、精神健康状况相适应而订立的合同，不必经法定代理人追认。

相对人可以催告法定代理人在一个月内予以追认。法定代理人未作表示的，视为拒绝追认。合同被追认之前，善意相对人有撤销的权利。撤销应当以通知的方式作出。

第四十八条　行为人没有代理权、超越代理权或者代理权终止后以被代理人名义订立的合同，未经被代理人追认，对被代理人不发生效力，由行为人承担责任。

相对人可以催告被代理人在一个月内予以追认。被代理人未作表示的，视为拒绝追认。合同被追认之前，善意相对人有撤销的权利。撤销应当以通知的方式作出。

第四十九条　行为人没有代理权、超越代理权或者代理权终止后以被代理人名义订立合同，相对人有理由相信行为人有代理权的，该代理行为有效。

第五十条　法人或者其他组织的法定代表人、负责人超越权限订立的合同，除相对人知道或者应当知道其超越权限的以外，该代表行为有效。

第五十一条　无处分权的人处分他人财产，经权利人追认或者无处分权的人订立合同后取得处分权的，该合同有效。

第五十二条　有下列情形之一的，合同无效：

（一）一方以欺诈、胁迫的手段订立合同，损害国家利益；

（二）恶意串通，损害国家、集体或者第三人利益；

（三）以合法形式掩盖非法目的；

（四）损害社会公共利益；

（五）违反法律、行政法规的强制性规定。

第五十三条 合同中的下列免责条款无效：

（一）造成对方人身伤害的；

（二）因故意或者重大过失造成对方财产损失的。

第五十四条 下列合同，当事人一方有权请求人民法院或者仲裁机构变更或者撤销：

（一）因重大误解订立的；

（二）在订立合同时显失公平的。

一方以欺诈、胁迫的手段或者乘人之危，使对方在违背真实意思的情况下订立的合同，受损害方有权请求人民法院或者仲裁机构变更或者撤销。

当事人请求变更的，人民法院或者仲裁机构不得撤销。

第五十五条 有下列情形之一的，撤销权消灭：

（一）具有撤销权的当事人自知道或者应当知道撤销事由之日起一年内没有行使撤销权；

（二）具有撤销权的当事人知道撤销事由后明确表示或者以自己的行为放弃撤销权。

第五十六条 无效的合同或者被撤销的合同自始没有法律约束力。合同部分无效，不影响其他部分效力的，其他部分仍然有效。

第五十七条 合同无效、被撤销或者终止的，不影响合同中独立存在的有关解决争议方法的条款的效力。

第五十八条 合同无效或者被撤销后，因该合同取得的财产，应当予以返还；不能返还或者没有必要返还的，应当折价补偿。有过错的一方应当赔偿对方因此所受到的损失，双方都有过错的，应当各自承担相应的责任。

第五十九条 当事人恶意串通，损害国家、集体或者第三人利益的，因此取得的财产收归国家所有或者返还集体、第三人。

第四章 合同的履行

第六十条 当事人应当按照约定全面履行自己的义务。

当事人应当遵循诚实信用原则，根据合同的性质、目的和交易习惯履行通知、协助、保密等义务。

第六十一条 合同生效后，当事人就质量、价款或者报酬、履行地点等内容没有约定或者约定不明确的，可以协议补充；不能达成补充协议的，按照合同有关条款或者交易习惯确定。

第六十二条 当事人就有关合同内容约定不明确，依照本法第六十一条的规定仍不能确定的，适用下列规定：

（一）质量要求不明确的，按照国家标准、行业标准履行；没有国家标准、行业标准的，按照通常标准或者符合合同目的的特定标准履行。

（二）价款或者报酬不明确的，按照订立合同时履行地的市场价格履行；依法应当执行政府定价或者政府指导价的，按照规定履行。

（三）履行地点不明确，给付货币的，在接受货币一方所在地履行；交付不动产的，在不动产所在地履行；其他标的，在履行义务一方所在地履行。

（四）履行期限不明确的，债务人可以随时履行，债权人也可以随时要求履行，但应当给对方必要的准备时间。

（五）履行方式不明确的，按照有利于实现合同目的的方式履行。

（六）履行费用的负担不明确的，由履行义务一方负担。

第六十三条 执行政府定价或者政府指导价的，在合同约定的交付期限内政府价格调整时，按照交付时的价格计价。逾期交付标的物的，遇价格上涨时，按照原价格执行；价格下降时，按照新价格执行。逾期提取标的物或者逾期付款的，遇价格上涨时，按照新价格执行；价格下降时，按照原价格执行。

第六十四条 当事人约定由债务人向第三人履行债务的，债务人未向第三人履行债务或者履行债务不符合约定，应当向债权人承担违约责任。

第六十五条 当事人约定由第三人向债权人履行债务的，第三人不履行债务或者履行债务不符合约定，债务人应当向债权人承担违约责任。

第六十六条 当事人互负债务，没有先后履行顺序的，应当同时履行。一方在对方履行之前有权拒绝其履行要求。一方在对方履行债务不符合约定时，有权拒绝其相应的履行要求。

第六十七条 当事人互负债务，有先后履行顺序，先履行一方未履行的，后履行一方有权拒绝其履行要求。先履行一方履行债务不符合约定的，后履行一方有权拒绝其相应的履行要求。

第六十八条 应当先履行债务的当事人，有确切证据证明对方有下列情形之一的，可以中止履行：

（一）经营状况严重恶化；

（二）转移财产、抽逃资金，以逃避债务；

（三）丧失商业信誉；

（四）有丧失或者可能丧失履行债务能力的其他情形。

当事人没有确切证据中止履行的，应当承担违约责任。

第六十九条　当事人依照本法第六十八条的规定中止履行的，应当及时通知对方。对方提供适当担保时，应当恢复履行。中止履行后，对方在合理期限内未恢复履行能力并且未提供适当担保的，中止履行的一方可以解除合同。

第七十条　债权人分立、合并或者变更住所没有通知债务人，致使履行债务发生困难的，债务人可以中止履行或者将标的物提存。

第七十一条　债权人可以拒绝债务人提前履行债务，但提前履行不损害债权人利益的除外。

债务人提前履行债务给债权人增加的费用，由债务人负担。

第七十二条　债权人可以拒绝债务人部分履行债务，但部分履行不损害债权人利益的除外。

债务人部分履行债务给债权人增加的费用，由债务人负担。

第七十三条　因债务人怠于行使其到期债权，对债权人造成损害的，债权人可以向人民法院请求以自己的名义代位行使债务人的债权，但该债权专属于债务人自身的除外。

代位权的行使范围以债权人的债权为限。债权人行使代位权的必要费用，由债务人负担。

第七十四条　因债务人放弃其到期债权或者无偿转让财产，对债权人造成损害的，债权人可以请求人民法院撤销债务人的行为。债务人以明显不合理的低价转让财产，对债权人造成损害，并且受让人知道该情形的，债权人也可以请求人民法院撤销债务人的行为。

撤销权的行使范围以债权人的债权为限。债权人行使撤销权的必要费用，由债务人负担。

第七十五条　撤销权自债权人知道或者应当知道撤销事由之日起一年内行使。自债务人的行为发生之日起五年内没有行使撤销权的，该撤销权消灭。

第七十六条　合同生效后，当事人不得因姓名、名称的变更或者法定代表人、负责人、承办人的变动而不履行合同义务。

第五章　合同的变更和转让

第七十七条　当事人协商一致，可以变更合同。

法律、行政法规规定变更合同应当办理批准、登记等手续的，依照其规定。

第七十八条　当事人对合同变更的内容约定不明确的，推定为未变更。

第七十九条　债权人可以将合同的权利全部或者部分转让给第三人，但有下列情形之一的除外：

（一）根据合同性质不得转让；

（二）按照当事人约定不得转让；

（三）依照法律规定不得转让。

第八十条　债权人转让权利的，应当通知债务人。未经通知，该转让对债务人不发生效力。

债权人转让权利的通知不得撤销，但经受让人同意的除外。

第八十一条　债权人转让权利的，受让人取得与债权有关的从权利，但该从权利专属于债权人自身的除外。

第八十二条　债务人接到债权转让通知后，债务人对让与人的抗辩，可以向受让人主张。

第八十三条　债务人接到债权转让通知时，债务人对让与人享有债权，并且债务人的债权先于转让的债权到期或者同时到期的，债务人可以向受让人主张抵销。

第八十四条　债务人将合同的义务全部或者部分转移给第三人的，应当经债权人同意。

第八十五条　债务人转移义务的，新债务人可以主张原债务人对债权人的抗辩。

第八十六条　债务人转移义务的，新债务人应当承担与主债务有关的从债务，但该从债务专属于原债务人自身的除外。

第八十七条　法律、行政法规规定转让权利或者转移义务应当办理批准、登记等手续的，依照其规定。

第八十八条　当事人一方经对方同意，可以将自己在合同中的权利和义务一并转让给第三人。

第八十九条　权利和义务一并转让的，适用本法第七十九条、第八十一条至第八十三条、第八十五条至第八十七条的规定。

第九十条　当事人订立合同后合并的，由合并后的法人或者其他组织行使合同权利，履行合同义务。当事人订立合同后分立的，除债权人和债务人另有约定的以外，由分立的法人或者其他组织对合同的权利和义务享有连带债权，承担连带债务。

第六章　合同的权利义务终止

第九十一条　有下列情形之一的，合同的权利义务终止：

（一）债务已经按照约定履行；

（二）合同解除；

（三）债务相互抵销；

（四）债务人依法将标的物提存；

（五）债权人免除债务；

（六）债权债务同归于一人；

（七）法律规定或者当事人约定终止的其他情形。

第九十二条　合同的权利义务终止后，当事人应当遵循诚实信用原则，根据交易习惯履行通知、协助、保密等义务。

第九十三条　当事人协商一致，可以解除合同。

当事人可以约定一方解除合同的条件。解除合同的条件成立时，解除权人可以解除合同。

第九十四条　有下列情形之一的，当事人可以解除合同：

（一）因不可抗力致使不能实现合同目的；

（二）在履行期限届满之前，当事人一方明确表示或者以自己的行为表明不履行主要债务；

（三）当事人一方迟延履行主要债务，经催告后在合理期限内仍未履行；

（四）当事人一方迟延履行债务或者有其他违约行为致使不能实现合同目的；

（五）法律规定的其他情形。

第九十五条　法律规定或者当事人约定解除权行使期限，期限届满当事人不行使的，该权利消灭。

法律没有规定或者当事人没有约定解除权行使期限，经对方催告后在合理期限内不行使的，该权利消灭。

第九十六条　当事人一方依照本法第九十三条第二款、第九十四条的规定主张解除合同的，应当通知对方。合同自通知到达对方时解除。对方有异议的，可以请求人民法院或者仲裁机构确认解除合同的效力。

法律、行政法规规定解除合同应当办理批准、登记等手续的，依照其规定。

第九十七条　合同解除后，尚未履行的，终止履行；已经履行的，根据履行情况和合同性质，当事人可以要求恢复原状、采取其他补救措施，并有权要求赔偿损失。

第九十八条　合同的权利义务终止，不影响合同中结算和清理条款的效力。

第九十九条　当事人互负到期债务，该债务的标的物种类、品质相同的，任何一方可以将自己的债务与对方的债务抵销，但依照法律规定或者按照合同性质不得抵销的除外。

当事人主张抵销的，应当通知对方。通知自到达对方时生效。抵销不得附条件或者附期限。

第一百条　当事人互负债务，标的物种类、品质不相同的，经双方协商一致，也可以抵销。

第一百零一条　有下列情形之一，难以履行债务的，债务人可以将标的物提存：

（一）债权人无正当理由拒绝受领；

（二）债权人下落不明；

（三）债权人死亡未确定继承人或者丧失民事行为能力未确定监护人；

（四）法律规定的其他情形。

标的物不适于提存或者提存费用过高的，债务人依法可以拍卖或者变卖标的物，提存所得的价款。

第一百零二条　标的物提存后，除债权人下落不明的以外，债务人应当及时通知债权人或者债权人的继承人、监护人。

第一百零三条　标的物提存后，毁损、灭失的风险由债权人承担。提存期间，标的物的孳息归债权人所有。提存费用由债权人负担。

第一百零四条　债权人可以随时领取提存物，但债权人对债务人负有到期债务的，在债权人未履行债务或者提供担保之前，提存部门根据债务人的要求应当拒绝其领取提存物。

债权人领取提存物的权利，自提存之日起五年内不行使而消灭，提存物扣除提存费用后归国家所有。

第一百零五条　债权人免除债务人部分或者全部债务的，合同的权利义务部分或者全部终止。

第一百零六条　债权和债务同归于一人的，合同的权利义务终止，但涉及第三人利益的除外。

第七章　违约责任

第一百零七条　当事人一方不履行合同义务或者履行合同义务不符合约定的，应当承担继续履行、采取补救措施或者赔偿损失等违约责任。

第一百零八条　当事人一方明确表示或者以自己的行为表明不履行合同义务的，对方可以在履行期限届满之前要求其承担违约责任。

第一百零九条　当事人一方未支付价款或者报酬的，对方可以要求其支付价款或者报酬。

第一百一十条　当事人一方不履行非金钱债务或者履行非金钱债务不符合约定的，对方可以要求履行，但有下列情形之一的除外：

（一）法律上或者事实上不能履行；

（二）债务的标的不适于强制履行或者履行费用过高；

（三）债权人在合理期限内未要求履行。

第一百一十一条　质量不符合约定的，应当按照当事人的约定承担违约责任。对违约责任没有约定或者约定不明确，依照本法第六十一条的规定仍不能确定的，受损害方根据标的的性质以及损失的大小，可以合理选择要求对方承担修理、更换、重作、退货、减少价款或者报酬等违约责任。

第一百一十二条　当事人一方不履行合同义务或者履行合同义务不符合约定的，在履行义务或者采取补救措施后，对方还有其他损失的，应当赔偿损失。

第一百一十三条　当事人一方不履行合同义务或者履行合同义务不符合约定，给对方造成损失的，损失赔偿额应当相当于因违约所造成的损失，包括合同履行后可以获得的利益，但不得超过违反合同一方订立合同时预见到或者应当预见到的因违反合同可能造成的损失。

经营者对消费者提供商品或者服务有欺诈行为的，依照《中华人民共和国消费者权益保护法》的规定承担损害赔偿责任。

第一百一十四条　当事人可以约定一方违约时应当根据违约情况向对方支付一定数额的违约金，也可以约定因违约产生的损失赔偿额的计算方法。

约定的违约金低于造成的损失的，当事人可以请求人民法院或者仲裁机构予以增加；约定的违约金过分高于造成的损失的，当事人可以请求人民法院或者仲裁机构予以适当减少。

当事人就迟延履行约定违约金的，违约方支付违约金后，还应当履行债务。

第一百一十五条　当事人可以依照《中华人民共和国担保法》约定一方向对方给付定金作为债权的担保。债务人履行债务后，定金应当抵作价款或者收回。给付定金的一方不履行约定的债务的，无权要求返还定金；收受定金的一方不履行约定的债务的，应当双倍返还定金。

第一百一十六条　当事人既约定违约金，又约定定金的，一方违约时，对方可以选择适用违约金或者定金条款。

第一百一十七条　因不可抗力不能履行合同的，根据不可抗力的影响，部分或者全部免除责任，但法律另有规定的除外。当事人迟延履行后发生不可抗力的，不能免除责任。

本法所称不可抗力，是指不能预见、不能避免并不能克服的客观情况。

第一百一十八条　当事人一方因不可抗力不能履行合同的，应当及时通知对方，以减轻可能给对方造成的损失，并应当在合理期限内提供证明。

第一百一十九条　当事人一方违约后，对方应当采取适当措施防止损失的扩大；没有采取适当措施致使损失扩大的，不得就扩大的损失要求赔偿。

当事人因防止损失扩大而支出的合理费用，由违约方承担。

第一百二十条　当事人双方都违反合同的，应当各自承担相应的责任。

第一百二十一条　当事人一方因第三人的原因造成违约的，应当向对方承担违约责任。当事人一方和第三人之间的纠纷，依照法律规定或者按照约定解决。

第一百二十二条　因当事人一方的违约行为，侵害对方人身、财产权益的，受损害方有权选择依照本法要求其承担违约责任或者依照其他法律要求其承担侵权责任。

第八章　其他规定

第一百二十三条　其他法律对合同另有规定的，依照其规定。

第一百二十四条　本法分则或者其他法律没有明文规定的合同，适用本法总则的规定，并可以参照本法分则或者其他法律最相类似的规定。

第一百二十五条　当事人对合同条款的理解有争议的，应当按照合同所使用的词句、合同的有关条款、合同的目的、交易习惯以及诚实信用原则，确定该条款的真实意思。

合同文本采用两种以上文字订立并约定具有同等效力的，对各文本使用的词句推定具有相同含义。各文本使用的词句不一致的，应当根据合同的目的予以解释。

第一百二十六条 涉外合同的当事人可以选择处理合同争议所适用的法律，但法律另有规定的除外。涉外合同的当事人没有选择的，适用与合同有最密切联系的国家的法律。

在中华人民共和国境内履行的中外合资经营企业合同、中外合作经营企业合同、中外合作勘探开发自然资源合同，适用中华人民共和国法律。

第一百二十七条 工商行政管理部门和其他有关行政主管部门在各自的职权范围内，依照法律、行政法规的规定，对利用合同危害国家利益、社会公共利益的违法行为，负责监督处理；构成犯罪的，依法追究刑事责任。

第一百二十八条 当事人可以通过和解或者调解解决合同争议。

当事人不愿和解、调解或者和解、调解不成的，可以根据仲裁协议向仲裁机构申请仲裁。涉外合同的当事人可以根据仲裁协议向中国仲裁机构或者其他仲裁机构申请仲裁。当事人没有订立仲裁协议或者仲裁协议无效的，可以向人民法院起诉。当事人应当履行发生法律效力的判决、仲裁裁决、调解书；拒不履行的，对方可以请求人民法院执行。

第一百二十九条 因国际货物买卖合同和技术进出口合同争议提起诉讼或者申请仲裁的期限为四年，自当事人知道或者应当知道其权利受到侵害之日起计算。因其他合同争议提起诉讼或者申请仲裁的期限，依照有关法律的规定。

第九章 买卖合同

第一百三十条 买卖合同是出卖人转移标的物的所有权于买受人，买受人支付价款的合同。

第一百三十一条 买卖合同的内容除依照本法第十二条的规定以外，还可以包括包装方式、检验标准和方法、结算方式、合同使用的文字及其效力等条款。

第一百三十二条 出卖的标的物，应当属于出卖人所有或者出卖人有权处分。法律、行政法规禁止或者限制转让的标的物，依照其规定。

第一百三十三条 标的物的所有权自标的物交付时起转移，但法律另有规定或者当事人另有约定的除外。

第一百三十四条 当事人可以在买卖合同中约定买受人未履行支付价款或者其他义务的，标的物的所有权属于出卖人。

第一百三十五条　出卖人应当履行向买受人交付标的物或者交付提取标的物的单证，并转移标的物所有权的义务。

第一百三十六条　出卖人应当按照约定或者交易习惯向买受人交付提取标的物单证以外的有关单证和资料。

第一百三十七条　出卖具有知识产权的计算机软件等标的物的，除法律另有规定或者当事人另有约定的以外，该标的物的知识产权不属于买受人。

第一百三十八条　出卖人应当按照约定的期限交付标的物。约定交付期间的，出卖人可以在该交付期间内的任何时间交付。

第一百三十九条　当事人没有约定标的物的交付期限或者约定不明确的，适用本法第六十一条、第六十二条第四项的规定。

第一百四十条　标的物在订立合同之前已为买受人占有的，合同生效的时间为交付时间。

第一百四十一条　出卖人应当按照约定的地点交付标的物。

当事人没有约定交付地点或者约定不明确，依照本法第六十一条的规定仍不能确定的，适用下列规定：

（一）标的物需要运输的，出卖人应当将标的物交付给第一承运人以运交给买受人；

（二）标的物不需要运输，出卖人和买受人订立合同时知道标的物在某一地点的，出卖人应当在该地点交付标的物；不知道标的物在某一地点的，应当在出卖人订立合同时的营业地交付标的物。

第一百四十二条　标的物毁损、灭失的风险，在标的物交付之前由出卖人承担，交付之后由买受人承担，但法律另有规定或者当事人另有约定的除外。

第一百四十三条　因买受人的原因致使标的物不能按照约定的期限交付的，买受人应当自违反约定之日起承担标的物毁损、灭失的风险。

第一百四十四条　出卖人出卖交由承运人运输的在途标的物，除当事人另有约定的以外，毁损、灭失的风险自合同成立时起由买受人承担。

第一百四十五条　当事人没有约定交付地点或者约定不明确，依照本法第一百四十一条第二款第一项的规定标的物需要运输的，出卖人将标的物交付给第一承运人后，标的物毁损、灭失的风险由买受人承担。

第一百四十六条　出卖人按照约定或者依照本法第一百四十一条第二款第二项的规定将标的物置于交付地点，买受人违反约定没有收取的，标的物毁损、灭失的风险自违反约定之日起由买受人承担。

第一百四十七条 出卖人按照约定未交付有关标的物的单证和资料的，不影响标的物毁损、灭失风险的转移。

第一百四十八条 因标的物质量不符合质量要求，致使不能实现合同目的的，买受人可以拒绝接受标的物或者解除合同。买受人拒绝接受标的物或者解除合同的，标的物毁损、灭失的风险由出卖人承担。

第一百四十九条 标的物毁损、灭失的风险由买受人承担的，不影响因出卖人履行债务不符合约定，买受人要求其承担违约责任的权利。

第一百五十条 出卖人就交付的标的物，负有保证第三人不得向买受人主张任何权利的义务，但法律另有规定的除外。

第一百五十一条 买受人订立合同时知道或者应当知道第三人对买卖的标的物享有权利的，出卖人不承担本法第一百五十条规定的义务。

第一百五十二条 买受人有确切证据证明第三人可能就标的物主张权利的，可以中止支付相应的价款，但出卖人提供适当担保的除外。

第一百五十三条 出卖人应当按照约定的质量要求交付标的物。出卖人提供有关标的物质量说明的，交付的标的物应当符合该说明的质量要求。

第一百五十四条 当事人对标的物的质量要求没有约定或者约定不明确，依照本法第六十一条的规定仍不能确定的，适用本法第六十二条第一项的规定。

第一百五十五条 出卖人交付的标的物不符合质量要求的，买受人可以依照本法第一百一十一条的规定要求承担违约责任。

第一百五十六条 出卖人应当按照约定的包装方式交付标的物。对包装方式没有约定或者约定不明确，依照本法第六十一条的规定仍不能确定的，应当按照通用的方式包装，没有通用方式的，应当采取足以保护标的物的包装方式。

第一百五十七条 买受人收到标的物时应当在约定的检验期间内检验。没有约定检验期间的，应当及时检验。

第一百五十八条 当事人约定检验期间的，买受人应当在检验期间内将标的物的数量或者质量不符合约定的情形通知出卖人。买受人怠于通知的，视为标的物的数量或者质量符合约定。

当事人没有约定检验期间的，买受人应当在发现或者应当发现标的物的数量或者质量不符合约定的合理期间内通知出卖人。买受人在合理期间内未通知或者自标的物收到之日起两年内未通知出卖人的，视为标的物的数量或者质量符合约定，但对标的物有质量保证期的，适用质量保证期，不适用该两年的规定。

出卖人知道或者应当知道提供的标的物不符合约定的，买受人不受前两款规定的通知时间的限制。

第一百五十九条　买受人应当按照约定的数额支付价款。对价款没有约定或者约定不明确的，适用本法第六十一条、第六十二条第二项的规定。

第一百六十条　买受人应当按照约定的地点支付价款。对支付地点没有约定或者约定不明确，依照本法第六十一条的规定仍不能确定的，买受人应当在出卖人的营业地支付，但约定支付价款以交付标的物或者交付提取标的物单证为条件的，在交付标的物或者交付提取标的物单证的所在地支付。

第一百六十一条　买受人应当按照约定的时间支付价款。对支付时间没有约定或者约定不明确，依照本法第六十一条的规定仍不能确定的，买受人应当在收到标的物或者提取标的物单证的同时支付。

第一百六十二条　出卖人多交标的物的，买受人可以接收或者拒绝接收多交的部分。买受人接收多交部分的，按照合同的价格支付价款；买受人拒绝接收多交部分的，应当及时通知出卖人。

第一百六十三条　标的物在交付之前产生的孳息，归出卖人所有，交付之后产生的孳息，归买受人所有。

第一百六十四条　因标的物的主物不符合约定而解除合同的，解除合同的效力及于从物。因标的物的从物不符合约定被解除的，解除的效力不及于主物。

第一百六十五条　标的物为数物，其中一物不符合约定的，买受人可以就该物解除，但该物与他物分离使标的物的价值显受损害的，当事人可以就数物解除合同。

第一百六十六条　出卖人分批交付标的物的，出卖人对其中一批标的物不交付或者交付不符合约定，致使该批标的物不能实现合同目的的，买受人可以就该批标的物解除。

出卖人不交付其中一批标的物或者交付不符合约定，致使今后其他各批标的物的交付不能实现合同目的的，买受人可以就该批以及今后其他各批标的物解除。

买受人如果就其中一批标的物解除，该批标的物与其他各批标的物相互依存的，可以就已经交付和未交付的各批标的物解除。

第一百六十七条　分期付款的买受人未支付到期价款的金额达到全部价款的五分之一的，出卖人可以要求买受人支付全部价款或者解除合同。

出卖人解除合同的，可以向买受人要求支付该标的物的使用费。

第一百六十八条　凭样品买卖的当事人应当封存样品，并可以对样品质量予以说明。出卖人交付的标的物应当与样品及其说明的质量相同。

第一百六十九条　凭样品买卖的买受人不知道样品有隐蔽瑕疵的，即使交付的标的物与样品相同，出卖人交付的标的物的质量仍然应当符合同种物的通常标准。

第一百七十条　试用买卖的当事人可以约定标的物的试用期间。对试用期间没有约定或者约定不明确，依照本法第六十一条的规定仍不能确定的，由出卖人确定。

第一百七十一条　试用买卖的买受人在试用期内可以购买标的物，也可以拒绝购买。试用期间届满，买受人对是否购买标的物未作表示的，视为购买。

第一百七十二条　招标投标买卖的当事人的权利和义务以及招标投标程序等，依照有关法律、行政法规的规定。

第一百七十三条　拍卖的当事人的权利和义务以及拍卖程序等，依照有关法律、行政法规的规定。

第一百七十四条　法律对其他有偿合同有规定的，依照其规定；没有规定的，参照买卖合同的有关规定。

第一百七十五条　当事人约定易货交易，转移标的物的所有权的，参照买卖合同的有关规定。

第十五章　承揽合同

第二百五十一条　承揽合同是承揽人按照定作人的要求完成工作，交付工作成果，定作人给付报酬的合同。

承揽包括加工、定作、修理、复制、测试、检验等工作。

第二百五十二条　承揽合同的内容包括承揽的标的、数量、质量、报酬、承揽方式、材料的提供、履行期限、验收标准和方法等条款。

第二百五十三条　承揽人应当以自己的设备、技术和劳力，完成主要工作，但当事人另有约定的除外。

承揽人将其承揽的主要工作交由第三人完成的，应当就该第三人完成的工作成果向定作人负责；未经定作人同意的，定作人也可以解除合同。

第二百五十四条　承揽人可以将其承揽的辅助工作交由第三人完成。承揽人将其承揽的辅助工作交由第三人完成的，应当就该第三人完成的工作成果向定作人负责。

第二百五十五条　承揽人提供材料的，承揽人应当按照约定选用材料，并接受定作人检验。

第二百五十六条 定作人提供材料的，定作人应当按照约定提供材料。承揽人对定作人提供的材料，应当及时检验，发现不符合约定时，应当及时通知定作人更换、补齐或者采取其他补救措施。

承揽人不得擅自更换定作人提供的材料，不得更换不需要修理的零部件。

第二百五十七条 承揽人发现定作人提供的图纸或者技术要求不合理的，应当及时通知定作人。因定作人怠于答复等原因造成承揽人损失的，应当赔偿损失。

第二百五十八条 定作人中途变更承揽工作的要求，造成承揽人损失的，应当赔偿损失。

第二百五十九条 承揽工作需要定作人协助的，定作人有协助的义务。定作人不履行协助义务致使承揽工作不能完成的，承揽人可以催告定作人在合理期限内履行义务，并可以顺延履行期限；定作人逾期不履行的，承揽人可以解除合同。

第二百六十条 承揽人在工作期间，应当接受定作人必要的监督检验。定作人不得因监督检验妨碍承揽人的正常工作。

第二百六十一条 承揽人完成工作的，应当向定作人交付工作成果，并提交必要的技术资料和有关质量证明。定作人应当验收该工作成果。

第二百六十二条 承揽人交付的工作成果不符合质量要求的，定作人可以要求承揽人承担修理、重作、减少报酬、赔偿损失等违约责任。

第二百六十三条 定作人应当按照约定的期限支付报酬。对支付报酬的期限没有约定或者约定不明确，依照本法第六十一条的规定仍不能确定的，定作人应当在承揽人交付工作成果时支付；工作成果部分交付的，定作人应当相应支付。

第二百六十四条 定作人未向承揽人支付报酬或者材料费等价款的，承揽人对完成的工作成果享有留置权，但当事人另有约定的除外。

第二百六十五条 承揽人应当妥善保管定作人提供的材料以及完成的工作成果，因保管不善造成毁损、灭失的，应当承担损害赔偿责任。

第二百六十六条 承揽人应当按照定作人的要求保守秘密，未经定作人许可，不得留存复制品或者技术资料。

第二百六十七条 共同承揽人对定作人承担连带责任，但当事人另有约定的除外。

第二百六十八条 定作人可以随时解除承揽合同，造成承揽人损失的，应当赔偿损失。

第十六章　建设工程合同

第二百六十九条　建设工程合同是承包人进行工程建设，发包人支付价款的合同。

建设工程合同包括工程勘察、设计、施工合同。

第二百七十条　建设工程合同应当采用书面形式。

第二百七十一条　建设工程的招标投标活动，应当依照有关法律的规定公开、公平、公正进行。

第二百七十二条　发包人可以与总承包人订立建设工程合同，也可以分别与勘察人、设计人、施工人订立勘察、设计、施工承包合同。发包人不得将应当由一个承包人完成的建设工程肢解成若干部分发包给几个承包人。

总承包人或者勘察、设计、施工承包人经发包人同意，可以将自己承包的部分工作交由第三人完成。第三人就其完成的工作成果与总承包人或者勘察、设计、施工承包人向发包人承担连带责任。承包人不得将其承包的全部建设工程转包给第三人或者将其承包的全部建设工程肢解以后以分包的名义分别转包给第三人。

禁止承包人将工程分包给不具备相应资质条件的单位。禁止分包单位将其承包的工程再分包。建设工程主体结构的施工必须由承包人自行完成。

第二百七十三条　国家重大建设工程合同，应当按照国家规定的程序和国家批准的投资计划、可行性研究报告等文件订立。

第二百七十四条　勘察、设计合同的内容包括提交有关基础资料和文件（包括概预算）的期限、质量要求、费用以及其他协作条件等条款。

第二百七十五条　施工合同的内容包括工程范围、建设工期、中间交工工程的开工和竣工时间、工程质量、工程造价、技术资料交付时间、材料和设备供应责任、拨款和结算、竣工验收、质量保修范围和质量保证期、双方相互协作等条款。

第二百七十六条　建设工程实行监理的，发包人应当与监理人采用书面形式订立委托监理合同。发包人与监理人的权利和义务以及法律责任，应当依照本法委托合同以及其他有关法律、行政法规的规定。

第二百七十七条　发包人在不妨碍承包人正常作业的情况下，可以随时对作业进度、质量进行检查。

第二百七十八条　隐蔽工程在隐蔽以前，承包人应当通知发包人检查。发包人没有及时检查的，承包人可以顺延工程日期，并有权要求赔偿停工、窝工等损失。

第二百七十九条　建设工程竣工后，发包人应当根据施工图纸及说明书、国家颁发的施工验收规范和质量检验标准及时进行验收。验收合格的，发包人应当按照约定支付价款，并接收该建设工程。建设工程竣工经验收合格后，方可交付使用；未经验收或者验收不合格的，不得交付使用。

第二百八十条　勘察、设计的质量不符合要求或者未按照期限提交勘察、设计文件拖延工期，造成发包人损失的，勘察人、设计人应当继续完善勘察、设计，减收或者免收勘察、设计费并赔偿损失。

第二百八十一条　因施工人的原因致使建设工程质量不符合约定的，发包人有权要求施工人在合理期限内无偿修理或者返工、改建。经过修理或者返工、改建后，造成逾期交付的，施工人应当承担违约责任。

第二百八十二条　因承包人的原因致使建设工程在合理使用期限内造成人身和财产损害的，承包人应当承担损害赔偿责任。

第二百八十三条　发包人未按照约定的时间和要求提供原材料、设备、场地、资金、技术资料的，承包人可以顺延工程日期，并有权要求赔偿停工、窝工等损失。

第二百八十四条　因发包人的原因致使工程中途停建、缓建的，发包人应当采取措施弥补或者减少损失，赔偿承包人因此造成的停工、窝工、倒运、机械设备调迁、材料和构件积压等损失和实际费用。

第二百八十五条　因发包人变更计划，提供的资料不准确，或者未按照期限提供必需的勘察、设计工作条件而造成勘察、设计的返工、停工或者修改设计，发包人应当按照勘察人、设计人实际消耗的工作量增付费用。

第二百八十六条　发包人未按照约定支付价款的，承包人可以催告发包人在合理期限内支付价款。发包人逾期不支付的，除按照建设工程的性质不宜折价、拍卖的以外，承包人可以与发包人协议将该工程折价，也可以申请人民法院将该工程依法拍卖。建设工程的价款就该工程折价或者拍卖的价款优先受偿。

第二百八十七条　本章没有规定的，适用承揽合同的有关规定。

第二十一章　委托合同

第三百九十六条　委托合同是委托人和受托人约定，由受托人处理委托人事务的合同。

第三百九十七条　委托人可以特别委托受托人处理一项或者数项事务，也可以概括委托受托人处理一切事务。

第三百九十八条　委托人应当预付处理委托事务的费用。受托人为处理委托事务垫付的必要费用，委托人应当偿还该费用及其利息。

第三百九十九条　受托人应当按照委托人的指示处理委托事务。需要变更委托人指示的，应当经委托人同意；因情况紧急，难以和委托人取得联系的，受托人应当妥善处理委托事务，但事后应当将该情况及时报告委托人。

第四百条　受托人应当亲自处理委托事务。经委托人同意，受托人可以转委托。转委托经同意的，委托人可以就委托事务直接指示转委托的第三人，受托人仅就第三人的选任及其对第三人的指示承担责任。转委托未经同意的，受托人应当对转委托的第三人的行为承担责任，但在紧急情况下受托人为维护委托人的利益需要转委托的除外。

第四百零一条　受托人应当按照委托人的要求，报告委托事务的处理情况。委托合同终止时，受托人应当报告委托事务的结果。

第四百零二条　受托人以自己的名义，在委托人的授权范围内与第三人订立的合同，第三人在订立合同时知道受托人与委托人之间的代理关系的，该合同直接约束委托人和第三人，但有确切证据证明该合同只约束受托人和第三人的除外。

第四百零三条　受托人以自己的名义与第三人订立合同时，第三人不知道受托人与委托人之间的代理关系的，受托人因第三人的原因对委托人不履行义务，受托人应当向委托人披露第三人，委托人因此可以行使受托人对第三人的权利，但第三人与受托人订立合同时如果知道该委托人就不会订立合同的除外。

受托人因委托人的原因对第三人不履行义务，受托人应当向第三人披露委托人，第三人因此可以选择受托人或者委托人作为相对人主张其权利，但第三人不得变更选定的相对人。

委托人行使受托人对第三人的权利的，第三人可以向委托人主张其对受托人的抗辩。第三人选定委托人作为其相对人的，委托人可以向第三人主张其对受托人的抗辩以及受托人对第三人的抗辩。

第四百零四条　受托人处理委托事务取得的财产，应当转交给委托人。

第四百零五条　受托人完成委托事务的，委托人应当向其支付报酬。因不可归责于受托人的事由，委托合同解除或者委托事务不能完成的，委托人应当向受托人支付相应的报酬。当事人另有约定的，按照其约定。

第四百零六条　有偿的委托合同，因受托人的过错给委托人造成损失的，委托人可以要求赔偿损失。无偿的委托合同，因受托人的故意或者重大过失给委托人造成损失的，委托人可以要求赔偿损失。

受托人超越权限给委托人造成损失的，应当赔偿损失。

第四百零七条　受托人处理委托事务时，因不可归责于自己的事由受到损失的，可以向委托人要求赔偿损失。

第四百零八条　委托人经受托人同意，可以在受托人之外委托第三人处理委托事务。因此给受托人造成损失的，受托人可以向委托人要求赔偿损失。

第四百零九条　两个以上的受托人共同处理委托事务的，对委托人承担连带责任。

第四百一十条　委托人或者受托人可以随时解除委托合同。因解除合同给对方造成损失的，除不可归责于该当事人的事由以外，应当赔偿损失。

第四百一十一条　委托人或者受托人死亡、丧失民事行为能力或者破产的，委托合同终止，但当事人另有约定或者根据委托事务的性质不宜终止的除外。

第四百一十二条　因委托人死亡、丧失民事行为能力或者破产，致使委托合同终止将损害委托人利益的，在委托人的继承人、法定代理人或者清算组织承受委托事务之前，受托人应当继续处理委托事务。

第四百一十三条　因受托人死亡、丧失民事行为能力或者破产，致使委托合同终止的，受托人的继承人、法定代理人或者清算组织应当及时通知委托人。因委托合同终止将损害委托人利益的，在委托人作出善后处理之前，受托人的继承人、法定代理人或者清算组织应当采取必要措施。

附录 2 《中华人民共和国建筑法》

第一章　总　　则

第一条　【立法宗旨】为了加强对建筑活动的监督管理，维护建筑市场秩序，保证建筑工程的质量和安全，促进建筑业健康发展，制定本法。

第二条　【适用范围】在中华人民共和国境内从事建筑活动，实施对建筑活动的监督管理，应当遵守本法。

本法所称建筑活动，是指各类房屋建筑及其附属设施的建造和与其配套的线路、管道、设备的安装活动。

第三条　【建筑活动要求】建筑活动应当确保建筑工程质量和安全，符合国家的建筑工程安全标准。

第四条　【支持和提倡的方向】国家扶持建筑业的发展，支持建筑科学技术研究，提高房屋建筑设计水平，鼓励节约能源和保护环境，提倡采用先进技术、先进设备、先进工艺、新型建筑材料和现代管理方式。

第五条　【从业要求】从事建筑活动应当遵守法律、法规，不得损害社会公共利益和他人的合法权益。

任何单位和个人都不得妨碍和阻挠依法进行的建筑活动。

第六条　【管理部门】国务院建设行政主管部门对全国的建筑活动实施统一监督管理。

第二章　建筑许可

第一节　建筑工程施工许可

第七条　【施工许可证制度】建筑工程开工前，建设单位应当按照国家有关规定向工程所在地县级以上人民政府建设行政主管部门申请领取施工许可证；但是，国务院建设行政主管部门确定的限额以下的小型工程除外。

按照国务院规定的权限和程序批准开工报告的建筑工程，不再领取施工许可证。

第八条　【申领施工许可证条件】申请领取施工许可证，应当具备下列条件：

（一）已经办理该建筑工程用地批准手续；

（二）在城市规划区的建筑工程，已经取得规划许可证；

（三）需要拆迁的，其拆迁进度符合施工要求；

（四）已经确定建筑施工企业；

（五）有满足施工需要的施工图纸及技术资料；

（六）有保证工程质量和安全的具体措施；

（七）建设资金已经落实；

（八）法律、行政法规规定的其他条件。

建设行政主管部门应当自收到申请之日起十五日内，对符合条件的申请颁发施工许可证。

第九条 【开工期限】建设单位应当自领取施工许可证之日起三个月内开工。因故不能按期开工的，应当向发证机关申请延期；延期以两次为限，每次不超过三个月。既不开工又不申请延期或者超过延期时限的，施工许可证自行废止。

第十条 【施工中止和恢复】在建的建筑工程因故中止施工的，建设单位应当自中止施工之日起一个月内，向发证机关报告，并按照规定做好建筑工程的维护管理工作。

建筑工程恢复施工时，应当向发证机关报告；中止施工满一年的工程恢复施工前，建设单位应当报发证机关核验施工许可证。

第十一条 【不能按期施工的处理】按照国务院有关规定批准开工报告的建筑工程，因故不能按期开工或者中止施工的，应当及时向批准机关报告情况。因故不能按期开工超过六个月的，应当重新办理开工报告的批准手续。

第二节 从业资格

第十二条 【从业条件】从事建筑活动的建筑施工企业、勘察单位、设计单位和工程监理单位，应当具备下列条件：

（一）有符合国家规定的注册资本；

（二）有与其从事的建筑活动相适应的具有法定执业资格的专业技术人员；

（三）有从事相关建筑活动所应有的技术装备；

（四）法律、行政法规规定的其他条件。

第十三条 【资质等级】从事建筑活动的建筑施工企业、勘察单位、设计单位和工程监理单位，按照其拥有的注册资本、专业技术人员、技术装备和已完成的建筑工程业绩等资质条件，划分为不同的资质等级，经资质审查合格，取得相应等级的资质证书后，方可在其资质等级许可的范围内从事建筑活动。

第十四条　【执业资格的取得】从事建筑活动的专业技术人员，应当依法取得相应的执业资格证书，并在执业资格证书许可的范围内从事建筑活动。

第三章　建筑工程发包与承包

第一节　一般规定

第十五条　【承包合同】建筑工程的发包单位与承包单位应当依法订立书面合同，明确双方的权利和义务。

发包单位和承包单位应当全面履行合同约定的义务。不按照合同约定履行义务的，依法承担违约责任。

第十六条　【承发包活动的要求】建筑工程发包与承包的招标投标活动，应当遵循公开、公正、平等竞争的原则，择优选择承包单位。

建筑工程的招标投标，本法没有规定的，适用有关招标投标法律的规定。

第十七条　【禁止行贿索贿】发包单位及其工作人员在建筑工程发包中不得收受贿赂、回扣或者索取其他好处。

承包单位及其工作人员不得利用向发包单位及其工作人员行贿、提供回扣或者给予其他好处等不正当手段承揽工程。

第十八条　【工程造价约定的规定】建筑工程造价应当按照国家有关规定，由发包单位与承包单位在合同中约定。公开招标发包的，其造价的约定，须遵守招标投标法律的规定。

发包单位应当按照合同的约定，及时拨付工程款项。

第二节　发　包

第十九条　【发包方式的规定】建筑工程依法实行招标发包，对不适于招标发包的可以直接发包。

第二十条　【经公开招标而发包人规定】建筑工程实行公开招标的，发包单位应当依照法定程序和方式，发布招标公告，提供载有招标工程的主要技术要求、主要的合同条款、评标的标准和方法以及开标、评标、定标的程序等内容的招标文件。

开标应当在招标文件规定的时间、地点公开进行。开标后应当按照招标文件规定的评标标准和程序对标书进行评价、比较，在具备相应资质条件的投标者中，择优选定中标者。

第二十一条 【招标组织和监督的规定】建筑工程招标的开标、评标、定标由建设单位依法组织实施，并接受有关行政主管部门的监督。

第二十二条 【发包行为约束的规定】建筑工程实行招标发包的，发包单位应当将建筑工程发包给依法中标的承包单位。建筑工程实行直接发包的，发包单位应当将建筑工程发包给具有相应资质条件的承包单位。

第二十三条 【禁止限定发包的规定】政府及其所属部门不得滥用行政权力，限定发包单位将招标发包的建筑工程发包给指定的承包单位。

第二十四条 【总承包模式的规定】提倡对建筑工程实行总承包，禁止将建筑工程肢解发包。

建筑工程的发包单位可以将建筑工程的勘察、设计、施工、设备采购一并发包给一个工程总承包单位，也可以将建筑工程勘察、设计、施工、设备采购的一项或者多项发包给一个工程总承包单位；但是，不得将应当由一个承包单位完成的建筑工程肢解成若干部分发包给几个承包单位。

第二十五条 【建筑材料采购的规定】按照合同约定，建筑材料、建筑构配件和设备由工程承包单位采购的，发包单位不得指定承包单位购入用于工程的建筑材料、建筑构配件和设备或者指定生产厂、供应商。

第三节 承 包

第二十六 【资质等级许可的规定】条承包建筑工程的单位应当持有依法取得的资质证书，并在其资质等级许可的业务范围内承揽工程。

禁止建筑施工企业超越本企业资质等级许可的业务范围或者以任何形式用其他建筑施工企业的名义承揽工程。禁止建筑施工企业以任何形式允许其他单位或者个人使用本企业的资质证书、营业执照，以本企业的名义承揽工程。

第二十七条 【共同承包的规定】大型建筑工程或者结构复杂的建筑工程，可以由两个以上的承包单位联合共同承包。共同承包的各方对承包合同的履行承担连带责任。

两个以上不同资质等级的单位实行联合共同承包的，应当按照资质等级低的单位的业务许可范围承揽工程。

第二十八条 【禁止非法转包违法分包的规定】禁止承包单位将其承包的全部建筑工程转包给他人，禁止承包单位将其承包的全部建筑工程肢解以后以分包的名义分别转包给他人。

第二十九条　【合法分包的规定】建筑工程总承包单位可以将承包工程中的部分工程发包给具有相应资质条件的分包单位；但是，除总承包合同中约定的分包外，必须经建设单位认可。施工总承包的，建筑工程主体结构的施工必须由总承包单位自行完成。

建筑工程总承包单位按照总承包合同的约定对建设单位负责；分包单位按照分包合同的约定对总承包单位负责。总承包单位和分包单位就分包工程对建设单位承担连带责任。

禁止总承包单位将工程分包给不具备相应资质条件的单位。禁止分包单位将其承包的工程再分包。

第四章　建筑工程监理

第三十条　【工程监理制定的规定】国家推行建筑工程监理制度。

国务院可以规定实行强制监理的建筑工程的范围。

第三十一条　【监理委托的规定】实行监理的建筑工程，由建设单位委托具有相应资质条件的工程监理单位监理。建设单位与其委托的工程监理单位应当订立书面委托监理合同。

第三十二条　【监理监督的规定】建筑工程监理应当依照法律、行政法规及有关的技术标准、设计文件和建筑工程承包合同，对承包单位在施工质量、建设工期和建设资金使用等方面，代表建设单位实施监督。

工程监理人员认为工程施工不符合工程设计要求、施工技术标准和合同约定的，有权要求建筑施工企业改正。

工程监理人员发现工程设计不符合建筑工程质量标准或者合同约定的质量要求的，应当报告建设单位要求设计单位改正。

第三十三条　【监理事项通知的规定】实施建筑工程监理前，建设单位应当将委托的工程监理单位、监理的内容及监理权限，书面通知被监理的建筑施工企业。

第三十四条　【监理范围和职责的规定】工程监理单位应当在其资质等级许可的监理范围内，承担工程监理业务。

工程监理单位应当根据建设单位的委托，客观、公正地执行监理任务。

工程监理单位与被监理工程的承包单位以及建筑材料、建筑构配件和设备供应单位不得有隶属关系或者其他利害关系。

工程监理单位不得转让工程监理业务。

第三十五条 【监理单位违约责任的规定】工程监理单位不按照委托监理合同的约定履行监理义务，对应当监督检查的项目不检查或者不按照规定检查，给建设单位造成损失的，应当承担相应的赔偿责任。

工程监理单位与承包单位串通，为承包单位谋取非法利益，给建设单位造成损失的，应当与承包单位承担连带赔偿责任。

第五章　建筑安全生产管理

第三十六条 【建筑安全管理方针的规定】建筑工程安全生产管理必须坚持安全第一、预防为主的方针，建立健全安全生产的责任制度和群防群治制度。

第三十七条 【工程设计要求的规定】建筑工程设计应当符合按照国家规定制定的建筑安全规程和技术规范，保证工程的安全性能。

第三十八条 【安全措施的规定】建筑施工企业在编制施工组织设计时，应当根据建筑工程的特点制定相应的安全技术措施；对专业性较强的工程项目，应当编制专项安全施工组织设计，并采取安全技术措施。

第三十九条 【现场安全防范的规定】建筑施工企业应当在施工现场采取维护安全、防范危险、预防火灾等措施；有条件的，应当对施工现场实行封闭管理。

施工现场对毗邻的建筑物、构筑物和特殊作业环境可能造成损害的，建筑施工企业应当采取安全防护措施。

第四十条 【地下管钱保护的规定】建设单位应当向建筑施工企业提供与施工现场相关的地下管线资料，建筑施工企业应当采取措施加以保护。

第四十一条 【污染控制的规定】建筑施工企业应当遵守有关环境保护和安全生产的法律、法规的规定，采取控制和处理施工现场的各种粉尘、废气、废水、固体废物以及噪声、振动对环境的污染和危害的措施。

第四十二条 【其他需要审批事项的规定】有下列情形之一的，建设单位应当按照国家有关规定办理申请批准手续：

（一）需要临时占用规划批准范围以外场地的；

（二）可能损坏道路、管线、电力、邮电通讯等公共设施的；

（三）需要临时停水、停电、中断道路交通的；

（四）需要进行爆破作业的；

（五）法律、法规规定需要办理报批手续的其他情形。

第四十三条 【主管建筑安全部门的规定】建设行政主管部门负责建筑安全生

产的管理，并依法接受劳动行政主管部门对建筑安全生产的指导和监督。

第四十四条　【施工单位安全责任的规定】建筑施工企业必须依法加强对建筑安全生产的管理，执行安全生产责任制度，采取有效措施，防止伤亡和其他安全生产事故的发生。

建筑施工企业的法定代表人对本企业的安全生产负责。

第四十五条　【施工现场安全责任的规定】施工现场安全由建筑施工企业负责。实行施工总承包的，由总承包单位负责。分包单位向总承包单位负责，服从总承包单位对施工现场的安全生产管理。

第四十六条　【安全教育培训的规定】建筑施工企业应当建立健全劳动安全生产教育培训制度，加强对职工安全生产的教育培训；未经安全生产教育培训的人员，不得上岗作业。

第四十七条　【保障施工安全的规定】建筑施工企业和作业人员在施工过程中，应当遵守有关安全生产的法律、法规和建筑行业安全规章、规程，不得违章指挥或者违章作业。作业人员有权对影响人身健康的作业程序和作业条件提出改进意见，有权获得安全生产所需的防护用品。作业人员对危及生命安全和人身健康的行为有权提出批评、检举和控告。

第四十八条　【意外伤害投保的规定】建筑施工企业必须为从事危险作业的职工办理意外伤害保险，支付保险费。

第四十九条　【设计变更的规定】涉及建筑主体和承重结构变动的装修工程，建设单位应当在施工前委托原设计单位或者具有应资质条件的设计单位提出设计方案；没有设计方案的，不得施工。

第五十条　【房屋拆除安全的规定】房屋拆除应当由具备保证安全条件的建筑施工单位承担，由建筑施工单位负责人对安全负责。

第五十一条　【事故应急处理的规定】施工中发生事故时，建筑施工企业应当采取紧急措施减少人员伤亡和事故损失，并按照国家有关规定及时向有关部门报告。

第六章　建筑工程质量管理

第五十二条　【工程质量保证的规定】建筑工程勘察、设计、施工的质量必须符合国家有关建筑工程安全标准的要求，具体管理办法由国务院规定。

有关建筑工程安全的国家标准不能适应确保建筑安全的要求时，应当及时修订。

第五十三条 【工程质量体系认证制度的规定】国家对从事建筑活动的单位推行质量体系认证制度。从事建筑活动的单位根据自愿原则可以向国务院产品质量监督管理部门或者国务院产品质量监督管理部门授权的部门认可的认证机构申请质量体系认证。经认证合格的，由认证机构颁发质量体系认证证书。

第五十四条 【建设单位保证工程质量的规定】建设单位不得以任何理由，要求建筑设计单位或者建筑施工企业在工程设计或者施工作业中，违反法律、行政法规和建筑工程质量、安全标准，降低工程质量。

建筑设计单位和建筑施工企业对建设单位违反前款规定提出的降低工程质量的要求，应当予以拒绝。

第五十五条 【工程质量责任体系的规定】建筑工程实行总承包的，工程质量由工程总承包单位负责，总承包单位将建筑工程分包给其他单位的，应当对分包工程的质量与分包单位承担连带责任。分包单位应当接受总承包单位的质量管理。

第五十六条 【勘察和设计单位保证工程质量的规定】建筑工程的勘察、设计单位必须对其勘察、设计的质量负责。勘察、设计文件应当符合有关法律、行政法规的规定和建筑工程质量、安全标准、建筑工程勘察、设计技术规范以及合同的约定。设计文件选用的建筑材料、建筑构配件和设备，应当注明其规格、型号、性能等技术指标，其质量要求必须符合国家规定的标准。

第五十七条 【建材供给的规定】建筑设计单位对设计文件选用的建筑材料、建筑构配件和设备，不得指定生产厂、供应商。

第五十八条 【施工质量责任制的规定】建筑施工企业对工程的施工质量负责。

建筑施工企业必须按照工程设计图纸和施工技术标准施工，不得偷工减料。工程设计的修改由原设计单位负责，建筑施工企业不得擅自修改工程设计。

第五十九条 【建材设备检验的规定】建筑施工企业必须按照工程设计要求、施工技术标准和合同的约定，对建筑材料、建筑构配件和设备进行检验，不合格的不得使用。

第六十条 【不同部位质量保证的规定】建筑物在合理使用寿命内，必须确保地基基础工程和主体结构的质量。

建筑工程竣工时，屋顶、墙面不得留有渗漏、开裂等质量缺陷；对已发现的质量缺陷，建筑施工企业应当修复。

第六十一条 【工程竣工验收的规定】交付竣工验收的建筑工程，必须符合规定的建筑工程质量标准，有完整的工程技术经济资料和经签署的工程保修书，并具备国家规定的其他竣工条件。

建筑工程竣工经验收合格后，方可交付使用；未经验收或者验收不合格的，不得交付使用。

第六十二条　【工程质量保修制度的规定】建筑工程实行质量保修制度。

建筑工程的保修范围应当包括地基基础工程、主体结构工程、屋面防水工程和其他土建工程，以及电气管线、上下水管线的安装工程，供热、供冷系统工程等项目；保修的期限应当按照保证建筑物合理寿命年限内正常使用，维护使用者合法权益的原则确定。具体的保修范围和最低保修期限由国务院规定。

第六十三条　【工程质量投诉的规定】任何单位和个人对建筑工程的质量事故、质量缺陷都有权向建设行政主管部门或者其他有关部门进行检举、控告、投诉。

第七章　法律责任

第六十四条　【擅自施工的法律责任】违反本法规定，未取得施工许可证或者开工报告未经批准擅自施工的，责令改正，对不符合开工条件的责令停止施工，可以处以罚款。

第六十五条　【非示发包的法律责任】发包单位将工程发包给不具有相应资质条件的承包单位的，或者违反本法规定将建筑工程肢解发包的，责令改正，处以罚款。

超越本单位资质等级承揽工程的，责令停止违法行为，处以罚款，可以责令停业整顿，降低资质等级；情节严重的，吊销资质证书；有违法所得的，予以没收。

未取得资质证书承揽工程的，予以取缔，并处罚款；有违法所得的，予以没收。

以欺骗手段取得资质证书的，吊销资质证书，处以罚款；构成犯罪的，依法追究刑事责任。

第六十六条　【非法转证工程的法律责任】建筑施工企业转让、出借资质证书或者以其他方式允许他人以本企业的名义承揽工程的，责令改正，没收违法所得，并处罚款，可以责令停业整顿，降低资质等级；情节严重的，吊销资质证书。对因该项承揽工程不符合规定的质量标准造成的损失，建筑施工企业与使用本企业名义的单位或者个人承担连带赔偿责任。

第六十七条　【非法转包的法律责任】承包单位将承包的工程转包的，或者违反本法规定进行分包的，责令改正，没收违法所得，并处罚款，可以责令停业整顿，降低资质等级；情节严重的，吊销资质证书。

承包单位有前款规定的违法行为的，对因转包工程或者违法分包的工程不符合规定的质量标准造成的损失，与接受转包或者分包的单位承担连带赔偿责任。

第六十八条　【行贿和索贿的法律责任】在工程发包与承包中索贿、受贿、行贿，构成犯罪的，依法追究刑事责任；不构成犯罪的，分别处以罚款，没收贿赂的财物，对直接负责的主管人员和其他直接责任人员给予处分。

对在工程承包中行贿的承包单位，除依照前款规定处罚外，可以责令停业整顿，降低资质等级或者吊销资质证书。

第六十九条　【非法监理的法律责任】工程监理单位与建设单位或者建筑施工企业串通，弄虚作假、降低工程质量的，责令改正，处以罚款，降低资质等级或者吊销资质证书；有违法所得的，予以没收；造成损失的，承担连带赔偿责任；构成犯罪的，依法追究刑事责任。

工程监理单位转让监理业务的，责令改正，没收违法所得，可以责令停业整顿，降低资质等级；情节严重的，吊销资质证书。

第七十条　【改变承重结构的法律责任】违反本法规定，涉及建筑主体或者承重结构变动的装修工程擅自施工的，责令改正，处以罚款；造成损失的，承担赔偿责任；构成犯罪的，依法追究刑事责任。

第七十一条　【安全事故的法律责任】建筑施工企业违反本法规定，对建筑安全事故隐患不采取措施予以消除的，责令改正，可以处以罚款；情节严重的，责令停业整顿，降低资质等级或者吊销资质证书；构成犯罪的，依法追究刑事责任。

建筑施工企业的管理人员违章指挥、强令职工冒险作业，因而发生重大伤亡事故或者造成其他严重后果的，依法追究刑事责任。

第七十二条　【降低工程质量的法律责任】建设单位违反本法规定，要求建筑设计单位或者建筑施工企业违反建筑工程质量、安全标准，降低工程质量的，责令改正，可以处以罚款；构成犯罪的，依法追究刑事责任。

第七十三条　【非法设计的法律责任】建筑设计单位不按照建筑工程质量、安全标准进行设计的，责令改正，处以罚款；造成工程质量事故的，责令停业整顿，降低资质等级或者吊销资质证书，没收违法所得，并处罚款；造成损失的，承担赔偿责任；构成犯罪的，依法追究刑事责任。

第七十四条　【非法施工的法律责任】建筑施工企业在施工中偷工减料的，使用不合格的建筑材料、建筑构配件和设备的，或者有其他不按照工程设计图纸或者施工技术标准施工的行为的，责令改正，处以罚款；情节严重的，责令停业整顿，降低资质等级或者吊销资质证书；造成建筑工程质量不符合规定的质量标准的，负责返工、修理，并赔偿因此造成的损失；构成犯罪的，依法追究刑事责任。

第七十五条　【不履行保修的法律责任】建筑施工企业违反本法规定，不履行保修义务或者拖延履行保修义务的，责令改正，可以处以罚款，并对在保修期内因屋顶、墙面渗漏、开裂等质量缺陷造成的损失，承担赔偿责任。

第七十六条　【行政处罚的行政机关】本法规定的责令停业整顿、降低资质等级和吊销资质证书的行政处罚，由颁发资质证书的机关决定；其他行政处罚，由建设行政主管部门或者有关部门依照法律和国务院规定的职权范围决定。

依照本法规定被吊销资质证书的，由工商行政管理部门吊销其营业执照。

第七十七条　【非法颁证的法律责任】违反本法规定，对不具备相应资质等级条件的单位颁发该等级资质证书的，由其上级机关责令收回所发的资质证书，对直接负责的主管人员和其他直接责任人员给予行政处分；构成犯罪的，依法追究刑事责任。

第七十八条　【限制发包的法律责任】政府及其所属部门的工作人员违反本法规定，限定发包单位将招标发包的工程发包给指定的承包单位的，由上级机关责令改正；构成犯罪的，依法追究刑事责任。

第七十九条　【非法验收的法律责任】负责颁发建筑工程施工许可证的部门及其工作人员对不符合施工条件的建筑工程颁发施工许可证的，负责工程质量监督检查或者竣工验收的部门及其工作人员对不合格的建筑工程出具质量合格文件或者按合格工程验收的，由上级机关责令改正，对责任人员给予行政处分；构成犯罪的，依法追究刑事责任；造成损失的，由该部门承担相应的赔偿责任。

第八十条　【损害赔偿的规定】在建筑物的合理使用寿命内，因建筑工程质量不合格受到损害的，有权向责任者要求赔偿。

第八章　附　　则

第八十一条　【适用范围补充的规定】本法关于施工许可、建筑施工企业资质审查和建筑工程发包、承包、禁止转包，以及建筑工程监理、建筑工程安全和质量管理的规定，适用于其他专业建筑工程的建筑活动，具体办法由国务院规定。

第八十二条　【监管收费的规定】建设行政主管部门和其他有关部门在对建筑活动实施监督管理中，除按照国务院有关规定收取费用外，不得收取其他费用。

第八十三条　【适用范围的特别规定】省、自治区、直辖市人民政府确定的小型房屋建筑工程的建筑活动，参照本法执行。

依法核定作为文物保护的纪念建筑物和古建筑等的修缮，依照文物保护的有关法律规定执行。

抢险救灾及其他临时性房屋建筑和农民自建低层住宅的建筑活动，不适用本法。

第八十四条 【军用工程的特别规定】军用房屋建筑工程建筑活动的具体管理办法，由国务院、中央军事委员会依据本法制定。

第八十五条 【施行日期】本法自 1998 年 3 月 1 日起施行。

附录3 《中华人民共和国政府采购法》

第一章　总　则

第一条　为了规范政府采购行为，提高政府采购资金的使用效益，维护国家利益和社会公共利益，保护政府采购当事人的合法权益，促进廉政建设，制定本法。

第二条　在中华人民共和国境内进行的政府采购适用本法。

本法所称政府采购，是指各级国家机关、事业单位和团体组织，使用财政性资金采购依法制定的集中采购目录以内的或者采购限额标准以上的货物、工程和服务的行为。

政府集中采购目录和采购限额标准依照本法规定的权限制定。

本法所称采购，是指以合同方式有偿取得货物、工程和服务的行为，包括购买、租赁、委托、雇用等。

本法所称货物，是指各种形态和种类的物品，包括原材料、燃料、设备、产品等。

本法所称工程，是指建设工程，包括建筑物和构筑物的新建、改建、扩建、装修、拆除、修缮等。

本法所称服务，是指除货物和工程以外的其他政府采购对象。

第三条　政府采购应当遵循公开透明原则、公平竞争原则、公正原则和诚实信用原则。

第四条　政府采购工程进行招标投标的，适用招标投标法。

第五条　任何单位和个人不得采用任何方式，阻挠和限制供应商自由进入本地区和本行业的政府采购市场。

第六条　政府采购应当严格按照批准的预算执行。

第七条　政府采购实行集中采购和分散采购相结合。集中采购的范围由省级以上人民政府公布的集中采购目录确定。

属于中央预算的政府采购项目，其集中采购目录由国务院确定并公布；属于地方预算的政府采购项目，其集中采购目录由省、自治区、直辖市人民政府或者其授权的机构确定并公布。

纳入集中采购目录的政府采购项目，应当实行集中采购。

第八条　政府采购限额标准，属于中央预算的政府采购项目，由国务院确定并公布；属于地方预算的政府采购项目，由省、自治区、直辖市人民政府或者其授权的机构确定并公布。

第九条　政府采购应当有助于实现国家的经济和社会发展政策目标，包括保护环境，扶持不发达地区和少数民族地区，促进中小企业发展等。

第十条　政府采购应当采购本国货物、工程和服务。但有下列情形之一的除外：

（一）需要采购的货物、工程或者服务在中国境内无法获取或者无法以合理的商业条件获取的；

（二）为在中国境外使用而进行采购的；

（三）其他法律、行政法规另有规定的。

前款所称本国货物、工程和服务的界定，依照国务院有关规定执行。

第十一条　政府采购的信息应当在政府采购监督管理部门指定的媒体上及时向社会公开发布，但涉及商业秘密的除外。

第十二条　在政府采购活动中，采购人员及相关人员与供应商有利害关系的，必须回避。供应商认为采购人员及相关人员与其他供应商有利害关系的，可以申请其回避。

前款所称相关人员，包括招标采购中评标委员会的组成人员，竞争性谈判采购中谈判小组的组成人员，询价采购中询价小组的组成人员等。

第十三条　各级人民政府财政部门是负责政府采购监督管理的部门，依法履行对政府采购活动的监督管理职责。

各级人民政府其他有关部门依法履行与政府采购活动有关的监督管理职责。

第二章　政府采购当事人

第十四条　政府采购当事人是指在政府采购活动中享有权利和承担义务的各类主体，包括采购人、供应商和采购代理机构等。

第十五条　采购人是指依法进行政府采购的国家机关、事业单位、团体组织。

第十六条　集中采购机构为采购代理机构。设区的市、自治州以上人民政府根据本级政府采购项目组织集中采购的需要设立集中采购机构。

集中采购机构是非营利事业法人，根据采购人的委托办理采购事宜。

第十七条　集中采购机构进行政府采购活动，应当符合采购价格低于市场平均价格、采购效率更高、采购质量优良和服务良好的要求。

第十八条　采购人采购纳入集中采购目录的政府采购项目，必须委托集中采购机构代理采购；采购未纳入集中采购目录的政府采购项目，可以自行采购，也可以委托集中采购机构在委托的范围内代理采购。

纳入集中采购目录属于通用的政府采购项目的，应当委托集中采购机构代理采购；属于本部门、本系统有特殊要求的项目，应当实行部门集中采购；属于本单位有特殊要求的项目，经省级以上人民政府批准，可以自行采购。

第十九条　采购人可以委托经国务院有关部门或者省级人民政府有关部门认定资格的采购代理机构，在委托的范围内办理政府采购事宜。

采购人有权自行选择采购代理机构，任何单位和个人不得以任何方式为采购人指定采购代理机构。

第二十条　采购人依法委托采购代理机构办理采购事宜的，应当由采购人与采购代理机构签订委托代理协议，依法确定委托代理的事项，约定双方的权利义务。

第二十一条　供应商是指向采购人提供货物、工程或者服务的法人、其他组织或者自然人。

第二十二条　供应商参加政府采购活动应当具备下列条件：

（一）具有独立承担民事责任的能力；

（二）具有良好的商业信誉和健全的财务会计制度；

（三）具有履行合同所必需的设备和专业技术能力；

（四）有依法缴纳税收和社会保障资金的良好记录；

（五）参加政府采购活动前三年内，在经营活动中没有重大违法记录；

（六）法律、行政法规规定的其他条件。

采购人可以根据采购项目的特殊要求，规定供应商的特定条件，但不得以不合理的条件对供应商实行差别待遇或者歧视待遇。

第二十三条　采购人可以要求参加政府采购的供应商提供有关资质证明文件和业绩情况，并根据本法规定的供应商条件和采购项目对供应商的特定要求，对供应商的资格进行审查。

第二十四条　两个以上的自然人、法人或者其他组织可以组成一个联合体，以一个供应商的身份共同参加政府采购。

以联合体形式进行政府采购的，参加联合体的供应商均应当具备本法第二十二条规定的条件，并应当向采购人提交联合协议，载明联合体各方承担的工作和义务。联合体各方应当共同与采购人签订采购合同，就采购合同约定的事项对采购人承担连带责任。

第二十五条 政府采购当事人不得相互串通损害国家利益、社会公共利益和其他当事人的合法权益；不得以任何手段排斥其他供应商参与竞争。

供应商不得以向采购人、采购代理机构、评标委员会的组成人员、竞争性谈判小组的组成人员、询价小组的组成人员行贿或者采取其他不正当手段谋取中标或者成交。

采购代理机构不得以向采购人行贿或者采取其他不正当手段谋取非法利益。

第三章 政府采购方式

第二十六条 政府采购采用以下方式：

（一）公开招标；

（二）邀请招标；

（三）竞争性谈判；

（四）单一来源采购；

（五）询价；

（六）国务院政府采购监督管理部门认定的其他采购方式。

公开招标应作为政府采购的主要采购方式。

第二十七条 采购人采购货物或者服务应当采用公开招标方式的，其具体数额标准，属于中央预算的政府采购项目，由国务院规定；属于地方预算的政府采购项目，由省、自治区、直辖市人民政府规定；因特殊情况需要采用公开招标以外的采购方式的，应当在采购活动开始前获得设区的市、自治州以上人民政府采购监督管理部门的批准。

第二十八条 采购人不得将应当以公开招标方式采购的货物或者服务化整为零或者以其他任何方式规避公开招标采购。

第二十九条 符合下列情形之一的货物或者服务，可以依照本法采用邀请招标方式采购：

（一）具有特殊性，只能从有限范围的供应商处采购的；

（二）采用公开招标方式的费用占政府采购项目总价值的比例过大的。

第三十条 符合下列情形之一的货物或者服务，可以依照本法采用竞争性谈判方式采购：

（一）招标后没有供应商投标或者没有合格标的或者重新招标未能成立的；

（二）技术复杂或者性质特殊，不能确定详细规格或者具体要求的；

（三）采用招标所需时间不能满足用户紧急需要的；

（四）不能事先计算出价格总额的。

第三十一条 符合下列情形之一的货物或者服务，可以依照本法采用单一来源方式采购：

（一）只能从唯一供应商处采购的；

（二）发生了不可预见的紧急情况不能从其他供应商处采购的；

（三）必须保证原有采购项目一致性或者服务配套的要求，需要继续从原供应商处添购，且添购资金总额不超过原合同采购金额百分之十的。

第三十二条 采购的货物规格、标准统一、现货货源充足且价格变化幅度小的政府采购项目，可以依照本法采用询价方式采购。

第四章 政府采购程序

第三十三条 负有编制部门预算职责的部门在编制下一财政年度部门预算时，应当将该财政年度政府采购的项目及资金预算列出，报本级财政部门汇总。部门预算的审批，按预算管理权限和程序进行。

第三十四条 货物或者服务项目采取邀请招标方式采购的，采购人应当从符合相应资格条件的供应商中，通过随机方式选择三家以上的供应商，并向其发出投标邀请书。

第三十五条 货物和服务项目实行招标方式采购的，自招标文件开始发出之日起至投标人提交投标文件截止之日止，不得少于二十日。

第三十六条 在招标采购中，出现下列情形之一的，应予废标：

（一）符合专业条件的供应商或者对招标文件作实质响应的供应商不足三家的；

（二）出现影响采购公正的违法、违规行为的；

（三）投标人的报价均超过了采购预算，采购人不能支付的；

（四）因重大变故，采购任务取消的。

废标后，采购人应当将废标理由通知所有投标人。

第三十七条 废标后，除采购任务取消情形外，应当重新组织招标；需要采取其他方式采购的，应当在采购活动开始前获得设区的市、自治州以上人民政府采购监督管理部门或者政府有关部门批准。

第三十八条 采用竞争性谈判方式采购的，应当遵循下列程序：

（一）成立谈判小组。谈判小组由采购人的代表和有关专家共三人以上的单数组成，其中专家的人数不得少于成员总数的三分之二。

（二）制定谈判文件。谈判文件应当明确谈判程序、谈判内容、合同草案的条款以及评定成交的标准等事项。

（三）确定邀请参加谈判的供应商名单。谈判小组从符合相应资格条件的供应商名单中确定不少于三家的供应商参加谈判，并向其提供谈判文件。

（四）谈判。谈判小组所有成员集中与单一供应商分别进行谈判。在谈判中，谈判的任何一方不得透露与谈判有关的其他供应商的技术资料、价格和其他信息。谈判文件有实质性变动的，谈判小组应当以书面形式通知所有参加谈判的供应商。

（五）确定成交供应商。谈判结束后，谈判小组应当要求所有参加谈判的供应商在规定时间内进行最后报价，采购人从谈判小组提出的成交候选人中根据符合采购需求、质量和服务相等且报价最低的原则确定成交供应商，并将结果通知所有参加谈判的未成交的供应商。

第三十九条　采取单一来源方式采购的，采购人与供应商应当遵循本法规定的原则，在保证采购项目质量和双方商定合理价格的基础上进行采购。

第四十条　采取询价方式采购的，应当遵循下列程序：

（一）成立询价小组。询价小组由采购人的代表和有关专家共三人以上的单数组成，其中专家的人数不得少于成员总数的三分之二。询价小组应当对采购项目的价格构成和评定成交的标准等事项作出规定。

（二）确定被询价的供应商名单。询价小组根据采购需求，从符合相应资格条件的供应商名单中确定不少于三家的供应商，并向其发出询价通知书让其报价。

（三）询价。询价小组要求被询价的供应商一次报出不得更改的价格。

（四）确定成交供应商。采购人根据符合采购需求、质量和服务相等且报价最低的原则确定成交供应商，并将结果通知所有被询价的未成交的供应商。

第四十一条　采购人或者其委托的采购代理机构应当组织对供应商履约的验收。大型或者复杂的政府采购项目，应当邀请国家认可的质量检测机构参加验收工作。验收方成员应当在验收书上签字，并承担相应的法律责任。

第四十二条　采购人、采购代理机构对政府采购项目每项采购活动的采购文件应当妥善保存，不得伪造、变造、隐匿或者销毁。采购文件的保存期限为从采购结束之日起至少保存十五年。

采购文件包括采购活动记录、采购预算、招标文件、投标文件、评标标准、评估报告、定标文件、合同文本、验收证明、质疑答复、投诉处理决定及其他有关文件、资料。

采购活动记录至少应当包括下列内容：

（一）采购项目类别、名称；

（二）采购项目预算、资金构成和合同价格；

（三）采购方式，采用公开招标以外的采购方式的，应当载明原因；

（四）邀请和选择供应商的条件及原因；

（五）评标标准及确定中标人的原因；

（六）废标的原因；

（七）采用招标以外采购方式的相应记载。

第五章　政府采购合同

第四十三条　政府采购合同适用合同法。采购人和供应商之间的权利和义务，应当按照平等、自愿的原则以合同方式约定。

采购人可以委托采购代理机构代表其与供应商签订政府采购合同。由采购代理机构以采购人名义签订合同的，应当提交采购人的授权委托书，作为合同附件。

第四十四条　政府采购合同应当采用书面形式。

第四十五条　国务院政府采购监督管理部门应当会同国务院有关部门，规定政府采购合同必须具备的条款。

第四十六条　采购人与中标、成交供应商应当在中标、成交通知书发出之日起三十日内，按照采购文件确定的事项签订政府采购合同。

中标、成交通知书对采购人和中标、成交供应商均具有法律效力。中标、成交通知书发出后，采购人改变中标、成交结果的，或者中标、成交供应商放弃中标、成交项目的，应当依法承担法律责任。

第四十七条　政府采购项目的采购合同自签订之日起七个工作日内，采购人应当将合同副本报同级政府采购监督管理部门和有关部门备案。

第四十八条　经采购人同意，中标、成交供应商可以依法采取分包方式履行合同。

政府采购合同分包履行的，中标、成交供应商就采购项目和分包项目向采购人负责，分包供应商就分包项目承担责任。

第四十九条　政府采购合同履行中，采购人需追加与合同标的相同的货物、工程或者服务的，在不改变合同其他条款的前提下，可以与供应商协商签订补充合同，但所有补充合同的采购金额不得超过原合同采购金额的百分之十。

第五十条　政府采购合同的双方当事人不得擅自变更、中止或者终止合同。

政府采购合同继续履行将损害国家利益和社会公共利益的，双方当事人应当变更、中止或者终止合同。有过错的一方应当承担赔偿责任，双方都有过错的，各自承担相应的责任。

第六章　质疑与投诉

第五十一条　供应商对政府采购活动事项有疑问的，可以向采购人提出询问，采购人应当及时作出答复，但答复的内容不得涉及商业秘密。

第五十二条　供应商认为采购文件、采购过程和中标、成交结果使自己的权益受到损害的，可以在知道或者应知其权益受到损害之日起七个工作日内，以书面形式向采购人提出质疑。

第五十三条　采购人应当在收到供应商的书面质疑后七个工作日内作出答复，并以书面形式通知质疑供应商和其他有关供应商，但答复的内容不得涉及商业秘密。

第五十四条　采购人委托采购代理机构采购的，供应商可以向采购代理机构提出询问或者质疑，采购代理机构应当依照本法第五十一条、第五十三条的规定就采购人委托授权范围内的事项作出答复。

第五十五条　质疑供应商对采购人、采购代理机构的答复不满意或者采购人、采购代理机构未在规定的时间内作出答复的，可以在答复期满后十五个工作日内向同级政府采购监督管理部门投诉。

第五十六条　政府采购监督管理部门应当在收到投诉后三十个工作日内，对投诉事项作出处理决定，并以书面形式通知投诉人和与投诉事项有关的当事人。

第五十七条　政府采购监督管理部门在处理投诉事项期间，可以视具体情况书面通知采购人暂停采购活动，但暂停时间最长不得超过三十日。

第五十八条　投诉人对政府采购监督管理部门的投诉处理决定不服或者政府采购监督管理部门逾期未作处理的，可以依法申请行政复议或者向人民法院提起行政诉讼。

第七章　监督检查

第五十九条　政府采购监督管理部门应当加强对政府采购活动及集中采购机构的监督检查。

监督检查的主要内容是：

（一）有关政府采购的法律、行政法规和规章的执行情况；

（二）采购范围、采购方式和采购程序的执行情况；

（三）政府采购人员的职业素质和专业技能。

第六十条　政府采购监督管理部门不得设置集中采购机构，不得参与政府采购项目的采购活动。

采购代理机构与行政机关不得存在隶属关系或者其他利益关系。

第六十一条　集中采购机构应当建立健全内部监督管理制度。采购活动的决策和执行程序应当明确，并相互监督、相互制约。经办采购的人员与负责采购合同审核、验收人员的职责权限应当明确，并相互分离。

第六十二条　集中采购机构的采购人员应当具有相关职业素质和专业技能，符合政府采购监督管理部门规定的专业岗位任职要求。

集中采购机构对其工作人员应当加强教育和培训；对采购人员的专业水平、工作实绩和职业道德状况定期进行考核。采购人员经考核不合格的，不得继续任职。

第六十三条　政府采购项目的采购标准应当公开。

采用本法规定的采购方式的，采购人在采购活动完成后，应当将采购结果予以公布。

第六十四条　采购人必须按照本法规定的采购方式和采购程序进行采购。

任何单位和个人不得违反本法规定，要求采购人或者采购工作人员向其指定的供应商进行采购。

第六十五条　政府采购监督管理部门应当对政府采购项目的采购活动进行检查，政府采购当事人应当如实反映情况，提供有关材料。

第六十六条　政府采购监督管理部门应当对集中采购机构的采购价格、节约资金效果、服务质量、信誉状况、有无违法行为等事项进行考核，并定期如实公布考核结果。

第六十七条　依照法律、行政法规的规定对政府采购负有行政监督职责的政府有关部门，应当按照其职责分工，加强对政府采购活动的监督。

第六十八条　审计机关应当对政府采购进行审计监督。政府采购监督管理部门、政府采购各当事人有关政府采购活动，应当接受审计机关的审计监督。

第六十九条　监察机关应当加强对参与政府采购活动的国家机关、国家公务员和国家行政机关任命的其他人员实施监察。

第七十条　任何单位和个人对政府采购活动中的违法行为，有权控告和检举，有关部门、机关应当依照各自职责及时处理。

第八章　法律责任

第七十一条　采购人、采购代理机构有下列情形之一的，责令限期改正，给予警告，可以并处罚款，对直接负责的主管人员和其他直接责任人员，由其行政主管部门或者有关机关给予处分，并予通报：

（一）应当采用公开招标方式而擅自采用其他方式采购的；

（二）擅自提高采购标准的；

（三）委托不具备政府采购业务代理资格的机构办理采购事务的；

（四）以不合理的条件对供应商实行差别待遇或者歧视待遇的；

（五）在招标采购过程中与投标人进行协商谈判的；

（六）中标、成交通知书发出后不与中标、成交供应商签订采购合同的；

（七）拒绝有关部门依法实施监督检查的。

第七十二条　采购人、采购代理机构及其工作人员有下列情形之一，构成犯罪的，依法追究刑事责任；尚不构成犯罪的，处以罚款，有违法所得的，并处没收违法所得，属于国家机关工作人员的，依法给予行政处分：

（一）与供应商或者采购代理机构恶意串通的；

（二）在采购过程中接受贿赂或者获取其他不正当利益的；

（三）在有关部门依法实施的监督检查中提供虚假情况的；

（四）开标前泄露标底的。

第七十三条　有前两条违法行为之一影响中标、成交结果或者可能影响中标、成交结果的，按下列情况分别处理：

（一）未确定中标、成交供应商的，终止采购活动；

（二）中标、成交供应商已经确定但采购合同尚未履行的，撤销合同，从合格的中标、成交候选人中另行确定中标、成交供应商；

（三）采购合同已经履行的，给采购人、供应商造成损失的，由责任人承担赔偿责任。

第七十四条　采购人对应当实行集中采购的政府采购项目，不委托集中采购机构实行集中采购的，由政府采购监督管理部门责令改正；拒不改正的，停止按预算向其支付资金，由其上级行政主管部门或者有关机关依法给予其直接负责的主管人员和其他直接责任人员处分。

第七十五条　采购人未依法公布政府采购项目的采购标准和采购结果的，责令改正，对直接负责的主管人员依法给予处分。

第七十六条　采购人、采购代理机构违反本法规定隐匿、销毁应当保存的采购文件或者伪造、变造采购文件的，由政府采购监督管理部门处以二万元以上十万元以下的罚款，对其直接负责的主管人员和其他直接责任人员依法给予处分；构成犯罪的，依法追究刑事责任。

第七十七条　供应商有下列情形之一的，处以采购金额千分之五以上千分之十以下的罚款，列入不良行为记录名单，在一至三年内禁止参加政府采购活动，有违法所得的，并处没收违法所得，情节严重的，由工商行政管理机关吊销营业执照；构成犯罪的，依法追究刑事责任：

（一）提供虚假材料谋取中标、成交的；

（二）采取不正当手段诋毁、排挤其他供应商的；

（三）与采购人、其他供应商或者采购代理机构恶意串通的；

（四）向采购人、采购代理机构行贿或者提供其他不正当利益的；

（五）在招标采购过程中与采购人进行协商谈判的；

（六）拒绝有关部门监督检查或者提供虚假情况的。

供应商有前款第（一）至（五）项情形之一的，中标、成交无效。

第七十八条　采购代理机构在代理政府采购业务中有违法行为的，按照有关法律规定处以罚款，可以依法取消其进行相关业务的资格，构成犯罪的，依法追究刑事责任。

第七十九条　政府采购当事人有本法第七十一条、第七十二条、第七十七条违法行为之一，给他人造成损失的，并应依照有关民事法律规定承担民事责任。

第八十条　政府采购监督管理部门的工作人员在实施监督检查中违反本法规定滥用职权，玩忽职守，徇私舞弊的，依法给予行政处分；构成犯罪的，依法追究刑事责任。

第八十一条　政府采购监督管理部门对供应商的投诉逾期未作处理的，给予直接负责的主管人员和其他直接责任人员行政处分。

第八十二条　政府采购监督管理部门对集中采购机构业绩的考核，有虚假陈述，隐瞒真实情况的，或者不作定期考核和公布考核结果的，应当及时纠正，由其上级机关或者监察机关对其负责人进行通报，并对直接负责的人员依法给予行政处分。

集中采购机构在政府采购监督管理部门考核中，虚报业绩，隐瞒真实情况的，处以二万元以上二十万元以下的罚款，并予以通报；情节严重的，取消其代理采购的资格。

第八十三条　任何单位或者个人阻挠和限制供应商进入本地区或者本行业政府采购市场的，责令限期改正；拒不改正的，由该单位、个人的上级行政主管部门或者有关机关给予单位责任人或者个人处分。

第九章　附　则

第八十四条　使用国际组织和外国政府贷款进行的政府采购，贷款方、资金提供方与中方达成的协议对采购的具体条件另有规定的，可以适用其规定，但不得损害国家利益和社会公共利益。

第八十五条　对因严重自然灾害和其他不可抗力事件所实施的紧急采购和涉及国家安全和秘密的采购，不适用本法。

第八十六条　军事采购法规由中央军事委员会另行制定。

第八十七条　本法实施的具体步骤和办法由国务院规定。

第八十八条　本法自 2003 年 1 月 1 日起施行。

附录 4 《中华人民共和国政府采购法实施条例》

第一章 总 则

第一条 根据《中华人民共和国政府采购法》（以下简称政府采购法），制定本条例。

第二条 政府采购法第二条所称财政性资金是指纳入预算管理的资金。

以财政性资金作为还款来源的借贷资金，视同财政性资金。

国家机关、事业单位和团体组织的采购项目既使用财政性资金又使用非财政性资金的，使用财政性资金采购的部分，适用政府采购法及本条例；财政性资金与非财政性资金无法分割采购的，统一适用政府采购法及本条例。

政府采购法第二条所称服务，包括政府自身需要的服务和政府向社会公众提供的公共服务。

第三条 集中采购目录包括集中采购机构采购项目和部门集中采购项目。

技术、服务等标准统一，采购人普遍使用的项目，列为集中采购机构采购项目；采购人本部门、本系统基于业务需要有特殊要求，可以统一采购的项目，列为部门集中采购项目。

第四条 政府采购法所称集中采购，是指采购人将列入集中采购目录的项目委托集中采购机构代理采购或者进行部门集中采购的行为；所称分散采购，是指采购人将采购限额标准以上的未列入集中采购目录的项目自行采购或者委托采购代理机构代理采购的行为。

第五条 省、自治区、直辖市人民政府或者其授权的机构根据实际情况，可以确定分别适用于本行政区域省级、设区的市级、县级的集中采购目录和采购限额标准。

第六条 国务院财政部门应当根据国家的经济和社会发展政策，会同国务院有关部门制定政府采购政策，通过制定采购需求标准、预留采购份额、价格评审优惠、优先采购等措施，实现节约能源、保护环境、扶持不发达地区和少数民族地区、促进中小企业发展等目标。

第七条　政府采购工程以及与工程建设有关的货物、服务，采用招标方式采购的，适用《中华人民共和国招标投标法》及其实施条例；采用其他方式采购的，适用政府采购法及本条例。

前款所称工程，是指建设工程，包括建筑物和构筑物的新建、改建、扩建及其相关的装修、拆除、修缮等；所称与工程建设有关的货物，是指构成工程不可分割的组成部分，且为实现工程基本功能所必需的设备、材料等；所称与工程建设有关的服务，是指为完成工程所需的勘察、设计、监理等服务。

政府采购工程以及与工程建设有关的货物、服务，应当执行政府采购政策。

第八条　政府采购项目信息应当在省级以上人民政府财政部门指定的媒体上发布。采购项目预算金额达到国务院财政部门规定标准的，政府采购项目信息应当在国务院财政部门指定的媒体上发布。

第九条　在政府采购活动中，采购人员及相关人员与供应商有下列利害关系之一的，应当回避：

（一）参加采购活动前3年内与供应商存在劳动关系；

（二）参加采购活动前3年内担任供应商的董事、监事；

（三）参加采购活动前3年内是供应商的控股股东或者实际控制人；

（四）与供应商的法定代表人或者负责人有夫妻、直系血亲、三代以内旁系血亲或者近姻亲关系；

（五）与供应商有其他可能影响政府采购活动公平、公正进行的关系。

供应商认为采购人员及相关人员与其他供应商有利害关系的，可以向采购人或者采购代理机构书面提出回避申请，并说明理由。采购人或者采购代理机构应当及时询问被申请回避人员，有利害关系的被申请回避人员应当回避。

第十条　国家实行统一的政府采购电子交易平台建设标准，推动利用信息网络进行电子化政府采购活动。

第二章　政府采购当事人

第十一条　采购人在政府采购活动中应当维护国家利益和社会公共利益，公正廉洁，诚实守信，执行政府采购政策，建立政府采购内部管理制度，厉行节约，科学合理确定采购需求。

采购人不得向供应商索要或者接受其给予的赠品、回扣或者与采购无关的其他商品、服务。

第十二条　政府采购法所称采购代理机构，是指集中采购机构和集中采购机构以外的采购代理机构。

集中采购机构是设区的市级以上人民政府依法设立的非营利事业法人，是代理集中采购项目的执行机构。集中采购机构应当根据采购人委托制定集中采购项目的实施方案，明确采购规程，组织政府采购活动，不得将集中采购项目转委托。集中采购机构以外的采购代理机构，是从事采购代理业务的社会中介机构。

第十三条　采购代理机构应当建立完善的政府采购内部监督管理制度，具备开展政府采购业务所需的评审条件和设施。

采购代理机构应当提高确定采购需求，编制招标文件、谈判文件、询价通知书，拟订合同文本和优化采购程序的专业化服务水平，根据采购人委托在规定的时间内及时组织采购人与中标或者成交供应商签订政府采购合同，及时协助采购人对采购项目进行验收。

第十四条　采购代理机构不得以不正当手段获取政府采购代理业务，不得与采购人、供应商恶意串通操纵政府采购活动。

采购代理机构工作人员不得接受采购人或者供应商组织的宴请、旅游、娱乐，不得收受礼品、现金、有价证券等，不得向采购人或者供应商报销应当由个人承担的费用。

第十五条　采购人、采购代理机构应当根据政府采购政策、采购预算、采购需求编制采购文件。

采购需求应当符合法律法规以及政府采购政策规定的技术、服务、安全等要求。政府向社会公众提供的公共服务项目，应当就确定采购需求征求社会公众的意见。除因技术复杂或者性质特殊，不能确定详细规格或者具体要求外，采购需求应当完整、明确。必要时，应当就确定采购需求征求相关供应商、专家的意见。

第十六条　政府采购法第二十条规定的委托代理协议，应当明确代理采购的范围、权限和期限等具体事项。

采购人和采购代理机构应当按照委托代理协议履行各自义务，采购代理机构不得超越代理权限。

第十七条　参加政府采购活动的供应商应当具备政府采购法第二十二条第一款规定的条件，提供下列材料：

（一）法人或者其他组织的营业执照等证明文件，自然人的身份证明；

（二）财务状况报告，依法缴纳税收和社会保障资金的相关材料；

（三）具备履行合同所必需的设备和专业技术能力的证明材料；

（四）参加政府采购活动前3年内在经营活动中没有重大违法记录的书面声明；

（五）具备法律、行政法规规定的其他条件的证明材料。

采购项目有特殊要求的，供应商还应当提供其符合特殊要求的证明材料或者情况说明。

第十八条　单位负责人为同一人或者存在直接控股、管理关系的不同供应商，不得参加同一合同项下的政府采购活动。

除单一来源采购项目外，为采购项目提供整体设计、规范编制或者项目管理、监理、检测等服务的供应商，不得再参加该采购项目的其他采购活动。

第十九条　政府采购法第二十二条第一款第五项所称重大违法记录，是指供应商因违法经营受到刑事处罚或者责令停产停业、吊销许可证或者执照、较大数额罚款等行政处罚。

供应商在参加政府采购活动前3年内因违法经营被禁止在一定期限内参加政府采购活动，期限届满的，可以参加政府采购活动。

第二十条　采购人或者采购代理机构有下列情形之一的，属于以不合理的条件对供应商实行差别待遇或者歧视待遇：

（一）就同一采购项目向供应商提供有差别的项目信息；

（二）设定的资格、技术、商务条件与采购项目的具体特点和实际需要不相适应或者与合同履行无关；

（三）采购需求中的技术、服务等要求指向特定供应商、特定产品；

（四）以特定行政区域或者特定行业的业绩、奖项作为加分条件或者中标、成交条件；

（五）对供应商采取不同的资格审查或者评审标准；

（六）限定或者指定特定的专利、商标、品牌或者供应商；

（七）非法限定供应商的所有制形式、组织形式或者所在地；

（八）以其他不合理条件限制或者排斥潜在供应商。

第二十一条　采购人或者采购代理机构对供应商进行资格预审的，资格预审公告应当在省级以上人民政府财政部门指定的媒体上发布。已进行资格预审的，评审阶段可以不再对供应商资格进行审查。资格预审合格的供应商在评审阶段资格发生变化的，应当通知采购人和采购代理机构。

资格预审公告应当包括采购人和采购项目名称、采购需求、对供应商的资格要求以及供应商提交资格预审申请文件的时间和地点。提交资格预审申请文件的时间自公告发布之日起不得少于5个工作日。

第二十二条　联合体中有同类资质的供应商按照联合体分工承担相同工作的，应当按照资质等级较低的供应商确定资质等级。

以联合体形式参加政府采购活动的，联合体各方不得再单独参加或者与其他供应商另外组成联合体参加同一合同项下的政府采购活动。

第三章　政府采购方式

第二十三条　采购人采购公开招标数额标准以上的货物或者服务，符合政府采购法第二十九条、第三十条、第三十一条、第三十二条规定情形或者有需要执行政府采购政策等特殊情况的，经设区的市级以上人民政府财政部门批准，可以依法采用公开招标以外的采购方式。

第二十四条　列入集中采购目录的项目，适合实行批量集中采购的，应当实行批量集中采购，但紧急的小额零星货物项目和有特殊要求的服务、工程项目除外。

第二十五条　政府采购工程依法不进行招标的，应当依照政府采购法和本条例规定的竞争性谈判或者单一来源采购方式采购。

第二十六条　政府采购法第三十条第三项规定的情形，应当是采购人不可预见的或者非因采购人拖延导致的；第四项规定的情形，是指因采购艺术品或者因专利、专有技术或者因服务的时间、数量事先不能确定等导致不能事先计算出价格总额。

第二十七条　政府采购法第三十一条第一项规定的情形，是指因货物或者服务使用不可替代的专利、专有技术，或者公共服务项目具有特殊要求，导致只能从某一特定供应商处采购。

第二十八条　在一个财政年度内，采购人将一个预算项目下的同一品目或者类别的货物、服务采用公开招标以外的方式多次采购，累计资金数额超过公开招标数额标准的，属于以化整为零方式规避公开招标，但项目预算调整或者经批准采用公开招标以外方式采购除外。

第四章　政府采购程序

第二十九条　采购人应当根据集中采购目录、采购限额标准和已批复的部门预算编制政府采购实施计划，报本级人民政府财政部门备案。

第三十条　采购人或者采购代理机构应当在招标文件、谈判文件、询价通知书中公开采购项目预算金额。

第三十一条　招标文件的提供期限自招标文件开始发出之日起不得少于5个工作日。

采购人或者采购代理机构可以对已发出的招标文件进行必要的澄清或者修改。澄清或者修改的内容可能影响投标文件编制的，采购人或者采购代理机构应当在投标截止时间至少15日前，以书面形式通知所有获取招标文件的潜在投标人；不足15日的，采购人或者采购代理机构应当顺延提交投标文件的截止时间。

第三十二条　采购人或者采购代理机构应当按照国务院财政部门制定的招标文件标准文本编制招标文件。

招标文件应当包括采购项目的商务条件、采购需求、投标人的资格条件、投标报价要求、评标方法、评标标准以及拟签订的合同文本等。

第三十三条　招标文件要求投标人提交投标保证金的，投标保证金不得超过采购项目预算金额的2%。投标保证金应当以支票、汇票、本票或者金融机构、担保机构出具的保函等非现金形式提交。投标人未按照招标文件要求提交投标保证金的，投标无效。

采购人或者采购代理机构应当自中标通知书发出之日起5个工作日内退还未中标供应商的投标保证金，自政府采购合同签订之日起5个工作日内退还中标供应商的投标保证金。

竞争性谈判或者询价采购中要求参加谈判或者询价的供应商提交保证金的，参照前两款的规定执行。

第三十四条　政府采购招标评标方法分为最低评标价法和综合评分法。

最低评标价法，是指投标文件满足招标文件全部实质性要求且投标报价最低的供应商为中标候选人的评标方法。综合评分法，是指投标文件满足招标文件全部实质性要求且按照评审因素的量化指标评审得分最高的供应商为中标候选人的评标方法。

技术、服务等标准统一的货物和服务项目，应当采用最低评标价法。

采用综合评分法的，评审标准中的分值设置应当与评审因素的量化指标相对应。

招标文件中没有规定的评标标准不得作为评审的依据。

第三十五条　谈判文件不能完整、明确列明采购需求，需要由供应商提供最终设计方案或者解决方案的，在谈判结束后，谈判小组应当按照少数服从多数的原则投票推荐3家以上供应商的设计方案或者解决方案，并要求其在规定时间内提交最后报价。

第三十六条　询价通知书应当根据采购需求确定政府采购合同条款。在询价过程中，询价小组不得改变询价通知书所确定的政府采购合同条款。

第三十七条　政府采购法第三十八条第五项、第四十条第四项所称质量和服务相等，是指供应商提供的产品质量和服务均能满足采购文件规定的实质性要求。

第三十八条　达到公开招标数额标准，符合政府采购法第三十一条第一项规定情形，只能从唯一供应商处采购的，采购人应当将采购项目信息和唯一供应商名称在省级以上人民政府财政部门指定的媒体上公示，公示期不得少于 5 个工作日。

第三十九条　除国务院财政部门规定的情形外，采购人或者采购代理机构应当从政府采购评审专家库中随机抽取评审专家。

第四十条　政府采购评审专家应当遵守评审工作纪律，不得泄露评审文件、评审情况和评审中获悉的商业秘密。

评标委员会、竞争性谈判小组或者询价小组在评审过程中发现供应商有行贿、提供虚假材料或者串通等违法行为的，应当及时向财政部门报告。

政府采购评审专家在评审过程中受到非法干预的，应当及时向财政、监察等部门举报。

第四十一条　评标委员会、竞争性谈判小组或者询价小组成员应当按照客观、公正、审慎的原则，根据采购文件规定的评审程序、评审方法和评审标准进行独立评审。采购文件内容违反国家有关强制性规定的，评标委员会、竞争性谈判小组或者询价小组应当停止评审并向采购人或者采购代理机构说明情况。

评标委员会、竞争性谈判小组或者询价小组成员应当在评审报告上签字，对自己的评审意见承担法律责任。对评审报告有异议的，应当在评审报告上签署不同意见，并说明理由，否则视为同意评审报告。

第四十二条　采购人、采购代理机构不得向评标委员会、竞争性谈判小组或者询价小组的评审专家作倾向性、误导性的解释或者说明。

第四十三条　采购代理机构应当自评审结束之日起 2 个工作日内将评审报告送交采购人。采购人应当自收到评审报告之日起 5 个工作日内在评审报告推荐的中标或者成交候选人中按顺序确定中标或者成交供应商。

采购人或者采购代理机构应当自中标、成交供应商确定之日起 2 个工作日内，发出中标、成交通知书，并在省级以上人民政府财政部门指定的媒体上公告中标、成交结果，招标文件、竞争性谈判文件、询价通知书随中标、成交结果同时公告。

中标、成交结果公告内容应当包括采购人和采购代理机构的名称、地址、联系方式，项目名称和项目编号，中标或者成交供应商名称、地址和中标或者成交金额，主要中标或者成交标的的名称、规格型号、数量、单价、服务要求以及评审专家名单。

第四十四条　除国务院财政部门规定的情形外，采购人、采购代理机构不得以任何理由组织重新评审。采购人、采购代理机构按照国务院财政部门的规定组织重新评审的，应当书面报告本级人民政府财政部门。

采购人或者采购代理机构不得通过对样品进行检测、对供应商进行考察等方式改变评审结果。

第四十五条　采购人或者采购代理机构应当按照政府采购合同规定的技术、服务、安全标准组织对供应商履约情况进行验收，并出具验收书。验收书应当包括每一项技术、服务、安全标准的履约情况。

政府向社会公众提供的公共服务项目，验收时应当邀请服务对象参与并出具意见，验收结果应当向社会公告。

第四十六条　政府采购法第四十二条规定的采购文件，可以用电子档案方式保存。

第五章　政府采购合同

第四十七条　国务院财政部门应当会同国务院有关部门制定政府采购合同标准文本。

第四十八条　采购文件要求中标或者成交供应商提交履约保证金的，供应商应当以支票、汇票、本票或者金融机构、担保机构出具的保函等非现金形式提交。履约保证金的数额不得超过政府采购合同金额的10%。

第四十九条　中标或者成交供应商拒绝与采购人签订合同的，采购人可以按照评审报告推荐的中标或者成交候选人名单排序，确定下一候选人为中标或者成交供应商，也可以重新开展政府采购活动。

第五十条　采购人应当自政府采购合同签订之日起2个工作日内，将政府采购合同在省级以上人民政府财政部门指定的媒体上公告，但政府采购合同中涉及国家秘密、商业秘密的内容除外。

第五十一条　采购人应当按照政府采购合同规定，及时向中标或者成交供应商支付采购资金。

政府采购项目资金支付程序，按照国家有关财政资金支付管理的规定执行。

第六章　质疑与投诉

第五十二条　采购人或者采购代理机构应当在3个工作日内对供应商依法提出的询问作出答复。

供应商提出的询问或者质疑超出采购人对采购代理机构委托授权范围的，采购代理机构应当告知供应商向采购人提出。

政府采购评审专家应当配合采购人或者采购代理机构答复供应商的询问和质疑。

第五十三条　政府采购法第五十二条规定的供应商应知其权益受到损害之日，是指：

（一）对可以质疑的采购文件提出质疑的，为收到采购文件之日或者采购文件公告期限届满之日；

（二）对采购过程提出质疑的，为各采购程序环节结束之日；

（三）对中标或者成交结果提出质疑的，为中标或者成交结果公告期限届满之日。

第五十四条　询问或者质疑事项可能影响中标、成交结果的，采购人应当暂停签订合同，已经签订合同的，应当中止履行合同。

第五十五条　供应商质疑、投诉应当有明确的请求和必要的证明材料。供应商投诉的事项不得超出已质疑事项的范围。

第五十六条　财政部门处理投诉事项采用书面审查的方式，必要时可以进行调查取证或者组织质证。

对财政部门依法进行的调查取证，投诉人和与投诉事项有关的当事人应当如实反映情况，并提供相关材料。

第五十七条　投诉人捏造事实、提供虚假材料或者以非法手段取得证明材料进行投诉的，财政部门应当予以驳回。

财政部门受理投诉后，投诉人书面申请撤回投诉的，财政部门应当终止投诉处理程序。

第五十八条　财政部门处理投诉事项，需要检验、检测、鉴定、专家评审以及需要投诉人补正材料的，所需时间不计算在投诉处理期限内。

财政部门对投诉事项作出的处理决定，应当在省级以上人民政府财政部门指定的媒体上公告。

第七章 监督检查

第五十九条 政府采购法第六十三条所称政府采购项目的采购标准，是指项目采购所依据的经费预算标准、资产配置标准和技术、服务标准等。

第六十条 除政府采购法第六十六条规定的考核事项外，财政部门对集中采购机构的考核事项还包括：

（一）政府采购政策的执行情况；

（二）采购文件编制水平；

（三）采购方式和采购程序的执行情况；

（四）询问、质疑答复情况；

（五）内部监督管理制度建设及执行情况；

（六）省级以上人民政府财政部门规定的其他事项。

财政部门应当制定考核计划，定期对集中采购机构进行考核，考核结果有重要情况的，应当向本级人民政府报告。

第六十一条 采购人发现采购代理机构有违法行为的，应当要求其改正。采购代理机构拒不改正的，采购人应当向本级人民政府财政部门报告，财政部门应当依法处理。

采购代理机构发现采购人的采购需求存在以不合理条件对供应商实行差别待遇、歧视待遇或者其他不符合法律、法规和政府采购政策规定内容，或者发现采购人有其他违法行为的，应当建议其改正。采购人拒不改正的，采购代理机构应当向采购人的本级人民政府财政部门报告，财政部门应当依法处理。

第六十二条 省级以上人民政府财政部门应当对政府采购评审专家库实行动态管理，具体管理办法由国务院财政部门制定。

采购人或者采购代理机构应当对评审专家在政府采购活动中的职责履行情况予以记录，并及时向财政部门报告。

第六十三条 各级人民政府财政部门和其他有关部门应当加强对参加政府采购活动的供应商、采购代理机构、评审专家的监督管理，对其不良行为予以记录，并纳入统一的信用信息平台。

第六十四条 各级人民政府财政部门对政府采购活动进行监督检查，有权查阅、复制有关文件、资料，相关单位和人员应当予以配合。

第六十五条 审计机关、监察机关以及其他有关部门依法对政府采购活动实施监督，发现采购当事人有违法行为的，应当及时通报财政部门。

第八章　法律责任

第六十六条　政府采购法第七十一条规定的罚款，数额为 10 万元以下。

政府采购法第七十二条规定的罚款，数额为 5 万元以上 25 万元以下。

第六十七条　采购人有下列情形之一的，由财政部门责令限期改正，给予警告，对直接负责的主管人员和其他直接责任人员依法给予处分，并予以通报：

（一）未按照规定编制政府采购实施计划或者未按照规定将政府采购实施计划报本级人民政府财政部门备案；

（二）将应当进行公开招标的项目化整为零或者以其他任何方式规避公开招标；

（三）未按照规定在评标委员会、竞争性谈判小组或者询价小组推荐的中标或者成交候选人中确定中标或者成交供应商；

（四）未按照采购文件确定的事项签订政府采购合同；

（五）政府采购合同履行中追加与合同标的相同的货物、工程或者服务的采购金额超过原合同采购金额 10%；

（六）擅自变更、中止或者终止政府采购合同；

（七）未按照规定公告政府采购合同；

（八）未按照规定时间将政府采购合同副本报本级人民政府财政部门和有关部门备案。

第六十八条　采购人、采购代理机构有下列情形之一的，依照政府采购法第七十一条、第七十八条的规定追究法律责任：

（一）未依照政府采购法和本条例规定的方式实施采购；

（二）未依法在指定的媒体上发布政府采购项目信息；

（三）未按照规定执行政府采购政策；

（四）违反本条例第十五条的规定导致无法组织对供应商履约情况进行验收或者国家财产遭受损失；

（五）未依法从政府采购评审专家库中抽取评审专家；

（六）非法干预采购评审活动；

（七）采用综合评分法时评审标准中的分值设置未与评审因素的量化指标相对应；

（八）对供应商的询问、质疑逾期未作处理；

（九）通过对样品进行检测、对供应商进行考察等方式改变评审结果；

（十）未按照规定组织对供应商履约情况进行验收。

第六十九条　集中采购机构有下列情形之一的，由财政部门责令限期改正，给予警告，有违法所得的，并处没收违法所得，对直接负责的主管人员和其他直接责任人员依法给予处分，并予以通报：

（一）内部监督管理制度不健全，对依法应当分设、分离的岗位、人员未分设、分离；

（二）将集中采购项目委托其他采购代理机构采购；

（三）从事营利活动。

第七十条　采购人员与供应商有利害关系而不依法回避的，由财政部门给予警告，并处 2000 元以上 2 万元以下的罚款。

第七十一条　有政府采购法第七十一条、第七十二条规定的违法行为之一，影响或者可能影响中标、成交结果的，依照下列规定处理：

（一）未确定中标或者成交供应商的，终止本次政府采购活动，重新开展政府采购活动。

（二）已确定中标或者成交供应商但尚未签订政府采购合同的，中标或者成交结果无效，从合格的中标或者成交候选人中另行确定中标或者成交供应商；没有合格的中标或者成交候选人的，重新开展政府采购活动。

（三）政府采购合同已签订但尚未履行的，撤销合同，从合格的中标或者成交候选人中另行确定中标或者成交供应商；没有合格的中标或者成交候选人的，重新开展政府采购活动。

（四）政府采购合同已经履行，给采购人、供应商造成损失的，由责任人承担赔偿责任。

政府采购当事人有其他违反政府采购法或者本条例规定的行为，经改正后仍然影响或者可能影响中标、成交结果或者依法被认定为中标、成交无效的，依照前款规定处理。

第七十二条　供应商有下列情形之一的，依照政府采购法第七十七条第一款的规定追究法律责任：

（一）向评标委员会、竞争性谈判小组或者询价小组成员行贿或者提供其他不正当利益；

（二）中标或者成交后无正当理由拒不与采购人签订政府采购合同；

（三）未按照采购文件确定的事项签订政府采购合同；

（四）将政府采购合同转包；

（五）提供假冒伪劣产品；

（六）擅自变更、中止或者终止政府采购合同。

供应商有前款第一项规定情形的，中标、成交无效。评审阶段资格发生变化，供应商未依照本条例第二十一条的规定通知采购人和采购代理机构的，处以采购金额 5‰的罚款，列入不良行为记录名单，中标、成交无效。

第七十三条　供应商捏造事实、提供虚假材料或者以非法手段取得证明材料进行投诉的，由财政部门列入不良行为记录名单，禁止其 1 至 3 年内参加政府采购活动。

第七十四条　有下列情形之一的，属于恶意串通，对供应商依照政府采购法第七十七条第一款的规定追究法律责任，对采购人、采购代理机构及其工作人员依照政府采购法第七十二条的规定追究法律责任：

（一）供应商直接或者间接从采购人或者采购代理机构处获得其他供应商的相关情况并修改其投标文件或者响应文件；

（二）供应商按照采购人或者采购代理机构的授意撤换、修改投标文件或者响应文件；

（三）供应商之间协商报价、技术方案等投标文件或者响应文件的实质性内容；

（四）属于同一集团、协会、商会等组织成员的供应商按照该组织要求协同参加政府采购活动；

（五）供应商之间事先约定由某一特定供应商中标、成交；

（六）供应商之间商定部分供应商放弃参加政府采购活动或者放弃中标、成交；

（七）供应商与采购人或者采购代理机构之间、供应商相互之间，为谋求特定供应商中标、成交或者排斥其他供应商的其他串通行为。

第七十五条　政府采购评审专家未按照采购文件规定的评审程序、评审方法和评审标准进行独立评审或者泄露评审文件、评审情况的，由财政部门给予警告，并处 2000 元以上 2 万元以下的罚款；影响中标、成交结果的，处 2 万元以上 5 万元以下的罚款，禁止其参加政府采购评审活动。

政府采购评审专家与供应商存在利害关系未回避的，处 2 万元以上 5 万元以下的罚款，禁止其参加政府采购评审活动。

政府采购评审专家收受采购人、采购代理机构、供应商贿赂或者获取其他不正当利益，构成犯罪的，依法追究刑事责任；尚不构成犯罪的，处 2 万元以上 5 万元以下的罚款，禁止其参加政府采购评审活动。

政府采购评审专家有上述违法行为的，其评审意见无效，不得获取评审费；有违法所得的，没收违法所得；给他人造成损失的，依法承担民事责任。

第七十六条　政府采购当事人违反政府采购法和本条例规定，给他人造成损失的，依法承担民事责任。

第七十七条　财政部门在履行政府采购监督管理职责中违反政府采购法和本条例规定，滥用职权、玩忽职守、徇私舞弊的，对直接负责的主管人员和其他直接责任人员依法给予处分；直接负责的主管人员和其他直接责任人员构成犯罪的，依法追究刑事责任。

第九章　附　　则

第七十八条　财政管理实行省直接管理的县级人民政府可以根据需要并报经省级人民政府批准，行使政府采购法和本条例规定的设区的市级人民政府批准变更采购方式的职权。

第七十九条　本条例自 2015 年 3 月 1 日起施行。

附录5 《国务院关于加强地方政府性债务管理的意见》

国发〔2014〕43号

各省、自治区、直辖市人民政府，国务院各部委、各直属机构：

为加强地方政府性债务管理，促进国民经济持续健康发展，根据党的十八大、十八届三中全会精神，现提出以下意见：

一、总体要求

（一）指导思想。以邓小平理论、"三个代表"重要思想、科学发展观为指导，全面贯彻落实党的十八大、十八届三中全会精神，按照党中央、国务院决策部署，建立"借、用、还"相统一的地方政府性债务管理机制，有效发挥地方政府规范举债的积极作用，切实防范化解财政金融风险，促进国民经济持续健康发展。

（二）基本原则。

疏堵结合。修明渠、堵暗道，赋予地方政府依法适度举债融资权限，加快建立规范的地方政府举债融资机制。同时，坚决制止地方政府违法违规举债。

分清责任。明确政府和企业的责任，政府债务不得通过企业举借，企业债务不得推给政府偿还，切实做到谁借谁还、风险自担。政府与社会资本合作的，按约定规则依法承担相关责任。

规范管理。对地方政府债务实行规模控制，严格限定政府举债程序和资金用途，把地方政府债务分门别类纳入全口径预算管理，实现"借、用、还"相统一。

防范风险。牢牢守住不发生区域性和系统性风险的底线，切实防范和化解财政金融风险。

稳步推进。加强债务管理，既要积极推进，又要谨慎稳健。在规范管理的同时，要妥善处理存量债务，确保在建项目有序推进。

二、加快建立规范的地方政府举债融资机制

（一）赋予地方政府依法适度举债权限。经国务院批准，省、自治区、直辖市政府可以适度举借债务，市县级政府确需举借债务的由省、自治区、直辖市政府代为举借。明确划清政府与企业界限，政府债务只能通过政府及其部门举借，不得通过企事业单位等举借。

（二）建立规范的地方政府举债融资机制。地方政府举债采取政府债券方式。没有收益的公益性事业发展确需政府举借一般债务的，由地方政府发行一般债券融资，主要以一般公共预算收入偿还。有一定收益的公益性事业发展确需政府举借专项债务的，由地方政府通过发行专项债券融资，以对应的政府性基金或专项收入偿还。

（三）推广使用政府与社会资本合作模式。鼓励社会资本通过特许经营等方式，参与城市基础设施等有一定收益的公益性事业投资和运营。政府通过特许经营权、合理定价、财政补贴等事先公开的收益约定规则，使投资者有长期稳定收益。投资者按照市场化原则出资，按约定规则独自或与政府共同成立特别目的公司建设和运营合作项目。投资者或特别目的公司可以通过银行贷款、企业债、项目收益债券、资产证券化等市场化方式举债并承担偿债责任。政府对投资者或特别目的公司按约定规则依法承担特许经营权、合理定价、财政补贴等相关责任，不承担投资者或特别目的公司的偿债责任。

（四）加强政府或有债务监管。剥离融资平台公司政府融资职能，融资平台公司不得新增政府债务。地方政府新发生或有债务，要严格限定在依法担保的范围内，并根据担保合同依法承担相关责任。地方政府要加强对或有债务的统计分析和风险防控，做好相关监管工作。

三、对地方政府债务实行规模控制和预算管理

（一）对地方政府债务实行规模控制。地方政府债务规模实行限额管理，地方政府举债不得突破批准的限额。地方政府一般债务和专项债务规模纳入限额管理，由国务院确定并报全国人大或其常委会批准，分地区限额由财政部在全国人大或其常委会批准的地方政府债务规模内根据各地区债务风险、财力状况等因素测算并报国务院批准。

（二）严格限定地方政府举债程序和资金用途。地方政府在国务院批准的分地区限额内举借债务，必须报本级人大或其常委会批准。地方政府不得通过企事业单位等举借债务。地方政府举借债务要遵循市场化原则。建立地方政府信用评级制度，逐步完善地方政府债券市场。地方政府举借的债务，只能用于公益性资本支出和适度归还存量债务，不得用于经常性支出。

（三）把地方政府债务分门别类纳入全口径预算管理。地方政府要将一般债务收支纳入一般公共预算管理，将专项债务收支纳入政府性基金预算管理，将政府与社会资本合作项目中的财政补贴等支出按性质纳入相应政府预算管理。地方政府各部门、各单位要将债务收支纳入部门和单位预算管理。或有债务确需地方政府或其部门、单位依法承担偿债责任的，偿债资金要纳入相应预算管理。

四、控制和化解地方政府性债务风险

（一）建立地方政府性债务风险预警机制。财政部根据各地区一般债务、专项债务，或有债务等情况，测算债务率、新增债务率、偿债率、逾期债务率等指标，评估各地区债务风险状况，对债务高风险地区进行风险预警。列入风险预警范围的债务高风险地区，要积极采取措施，逐步降低风险。债务风险相对较低的地区，要合理控制债务余额的规模和增长速度。

（二）建立债务风险应急处置机制。要硬化预算约束，防范道德风险，地方政府对其举借的债务负有偿还责任，中央政府实行不救助原则。各级政府要制定应急处置预案，建立责任追究机制。地方政府出现偿债困难时，要通过控制项目规模、压缩公用经费、处置存量资产等方式，多渠道筹集资金偿还债务。地方政府难以自行偿还债务时，要及时上报，本级和上级政府要启动债务风险应急处置预案和责任追究机制，切实化解债务风险，并追究相关人员责任。

（三）严肃财经纪律。建立对违法违规融资和违规使用政府性债务资金的惩罚机制，加大对地方政府性债务管理的监督检查力度。地方政府及其所属部门不得在预算之外违法违规举借债务，不得以支持公益性事业发展名义举借债务用于经常性支出或楼堂馆所建设，不得挪用债务资金或改变既定资金用途；对企业的注资、财政补贴等行为必须依法合规，不得违法为任何单位和个人的债务以任何方式提供担保；不得违规干预金融机构等正常经营活动，不得强制金融机构等提供政府性融资。地方政府要进一步规范土地出让管理，坚决制止违法违规出让土地及融资行为。

五、完善配套制度

（一）完善债务报告和公开制度。完善地方政府性债务统计报告制度，加快建立权责发生制的政府综合财务报告制度，全面反映政府的资产负债情况。对于中央出台的重大政策措施如棚户区改造等形成的政府性债务，应当单独统计、单独核算、单独检查、单独考核。建立地方政府性债务公开制度，加强政府信用体系建设。各地区要定期向社会公开政府性债务及其项目建设情况，自觉接受社会监督。

（二）建立考核问责机制。把政府性债务作为一个硬指标纳入政绩考核。明确责任落实，各省、自治区、直辖市政府要对本地区地方政府性债务负责任。强化教育和考核，纠正不正确的政绩导向。对脱离实际过度举债、违法违规举债或担保、违规使用债务资金、恶意逃废债务等行为，要追究相关责任人责任。

（三）强化债权人约束。金融机构等不得违法违规向地方政府提供融资，不得要求地方政府违法违规提供担保。金融机构等购买地方政府债券要符合监管规定，向属于政府或有债务举借主体的企业法人等提供融资要严格规范信贷管理，切实加强风险识别和风险管理。金融机构等违法违规提供政府性融资的，应自行承担相应损失，并按照商业银行法、银行业监督管理法等法律法规追究相关机构和人员的责任。

六、妥善处理存量债务和在建项目后续融资

（一）抓紧将存量债务纳入预算管理。以2013年政府性债务审计结果为基础，结合审计后债务增减变化情况，经债权人与债务人共同协商确认，对地方政府性债务存量进行甄别。对地方政府及其部门举借的债务，相应纳入一般债务和专项债务。对企事业单位举借的债务，凡属于政府应当偿还的债务，相应纳入一般债务和专项债务。地方政府将甄别后的政府存量债务逐级汇总上报国务院批准后，分类纳入预算管理。纳入预算管理的债务原有债权债务关系不变，偿债资金要按照预算管理要求规范管理。

（二）积极降低存量债务利息负担。对甄别后纳入预算管理的地方政府存量债务，各地区可申请发行地方政府债券置换，以降低利息负担，优化期限结构，腾出更多资金用于重点项目建设。

（三）妥善偿还存量债务。处置到期存量债务要遵循市场规则，减少行政干预。对项目自身运营收入能够按时还本付息的债务，应继续通过项目收入偿还。对项目自身运营收入不足以还本付息的债务，可以通过依法注入优质资产、加强经营管理、加大改革力度等措施，提高项目盈利能力，增强偿债能力。地方政府应指导和督促有关债务举借单位加强财务管理、拓宽偿债资金渠道、统筹安排偿债资金。对确需地方政府偿还的债务，地方政府要切实履行偿债责任，必要时可以处置政府资产偿还债务。对确需地方政府履行担保或救助责任的债务，地方政府要切实依法履行协议约定，作出妥善安排。有关债务举借单位和连带责任人要按照协议认真落实偿债责任，明确偿债时限，按时还本付息，不得单方面改变原有债权债务关系，不得转嫁偿债责任和逃废债务。对确已形成损失的存量债务，债权人应按照商业化原则承担相应责任和损失。

（四）确保在建项目后续融资。地方政府要统筹各类资金，优先保障在建项目续建和收尾。对使用债务资金的在建项目，原贷款银行等要重新进行审核，凡符合国家有关规定的项目，要继续按协议提供贷款，推进项目建设；对在建项目确实没有其他建设资金来源的，应主要通过政府与社会资本合作模式和地方政府债券解决后续融资。

七、加强组织领导

各地区、各部门要高度重视，把思想和行动统一到党中央、国务院决策部署上来。地方政府要切实担负起加强地方政府性债务管理、防范化解财政金融风险的责任，结合实际制定具体方案，政府主要负责人要作为第一责任人，认真抓好政策落实。要建立地方政府性债务协调机制，统筹加强地方政府性债务管理。财政部门作为地方政府性债务归口管理部门，要完善债务管理制度，充实债务管理力量，做好债务规模控制、债券发行、预算管理、统计分析和风险监控等工作；发展改革部门要加强政府投资计划管理和项目审批，从严审批债务风险较高地区的新开工项目；金融监管部门要加强监管、正确引导，制止金融机构等违法违规提供融资；审计部门要依法加强对地方政府性债务的审计监督，促进完善债务管理制度，防范风险，规范管理，提高资金使用效益。各地区、各部门要切实履行职责，加强协调配合，全面做好加强地方政府性债务管理各项工作，确保政策贯彻落实到位。

国务院

2014 年 9 月 21 日

附录6 《国务院关于创新重点领域投融资机制鼓励社会投资的指导意见》

国发〔2014〕60号

各省、自治区、直辖市人民政府，国务院各部委、各直属机构：

为推进经济结构战略性调整，加强薄弱环节建设，促进经济持续健康发展，迫切需要在公共服务、资源环境、生态建设、基础设施等重点领域进一步创新投融资机制，充分发挥社会资本特别是民间资本的积极作用。为此，特提出以下意见。

一、总体要求

（一）指导思想。全面贯彻落实党的十八大和十八届三中、四中全会精神，按照党中央、国务院决策部署，使市场在资源配置中起决定性作用和更好发挥政府作用，打破行业垄断和市场壁垒，切实降低准入门槛，建立公平开放透明的市场规则，营造权利平等、机会平等、规则平等的投资环境，进一步鼓励社会投资特别是民间投资，盘活存量、用好增量，调结构、补短板，服务国家生产力布局，促进重点领域建设，增加公共产品有效供给。

（二）基本原则。实行统一市场准入，创造平等投资机会；创新投资运营机制，扩大社会资本投资途径；优化政府投资使用方向和方式，发挥引导带动作用；创新融资方式，拓宽融资渠道；完善价格形成机制，发挥价格杠杆作用。

二、创新生态环保投资运营机制

（三）深化林业管理体制改革。推进国有林区和国有林场管理体制改革，完善森林经营和采伐管理制度，开展森林科学经营。深化集体林权制度改革，稳定林权承包关系，放活林地经营权，鼓励林权依法规范流转。鼓励荒山荒地造林和退耕还林林地林权依法流转。减免林权流转税费，有效降低流转成本。

（四）推进生态建设主体多元化。在严格保护森林资源的前提下，鼓励社会资本积极参与生态建设和保护，支持符合条件的农民合作社、家庭农场（林场）、专业大户、林业企业等新型经营主体投资生态建设项目。对社会资本利用荒山荒地进行植树造林的，在保障生态效益、符合土地用途管制要求的前提下，允许发展林下经济、森林旅游等生态产业。

（五）推动环境污染治理市场化。在电力、钢铁等重点行业以及开发区（工业园区）污染治理等领域，大力推行环境污染第三方治理，通过委托治理服务、托管运营服务等方式，由排污企业付费购买专业环境服务公司的治污减排服务，提高污染治理的产业化、专业化程度。稳妥推进政府向社会购买环境监测服务。建立重点行业第三方治污企业推荐制度。

（六）积极开展排污权、碳排放权交易试点。推进排污权有偿使用和交易试点，建立排污权有偿使用制度，规范排污权交易市场，鼓励社会资本参与污染减排和排污权交易。加快调整主要污染物排污费征收标准，实行差别化排污收费政策。加快在国内试行碳排放权交易制度，探索森林碳汇交易，发展碳排放权交易市场，鼓励和支持社会投资者参与碳配额交易，通过金融市场发现价格的功能，调整不同经济主体利益，有效促进环保和节能减排。

三、鼓励社会资本投资运营农业和水利工程

（七）培育农业、水利工程多元化投资主体。支持农民合作社、家庭农场、专业大户、农业企业等新型经营主体投资建设农田水利和水土保持设施。允许财政补助形成的小型农田水利和水土保持工程资产由农业用水合作组织持有和管护。鼓励社会资本以特许经营、参股控股等多种形式参与具有一定收益的节水供水重大水利工程建设运营。社会资本愿意投入的重大水利工程，要积极鼓励社会资本投资建设。

（八）保障农业、水利工程投资合理收益。社会资本投资建设或运营管理农田水利、水土保持设施和节水供水重大水利工程的，与国有、集体投资项目享有同等政策待遇，可以依法获取供水水费等经营收益；承担公益性任务的，政府可对工程建设投资、维修养护和管护经费等给予适当补助，并落实优惠政策。社会资本投资建设或运营管理农田水利设施、重大水利工程等，可依法继承、转让、转租、抵押其相关权益；征收、征用或占用的，要按照国家有关规定给予补偿或者赔偿。

（九）通过水权制度改革吸引社会资本参与水资源开发利用和保护。加快建立水权制度，培育和规范水权交易市场，积极探索多种形式的水权交易流转方式，允许各地通过水权交易满足新增合理用水需求。鼓励社会资本通过参与节水供水重大水利工程投资建设等方式优先获得新增水资源使用权。

（十）完善水利工程水价形成机制。深入开展农业水价综合改革试点，进一步促进农业节水。水利工程供非农业用水价格按照补偿成本、合理收益、优质优价、公平负担的原则合理制定，并根据供水成本变化及社会承受能力等适时调整，推行两部制水利工程水价和丰枯季节水价。价格调整不到位时，地方政府可根据实际情况安排财政性资金，对运营单位进行合理补偿。

四、推进市政基础设施投资运营市场化

（十一）改革市政基础设施建设运营模式。推动市政基础设施建设运营事业单位向独立核算、自主经营的企业化管理转变。鼓励打破以项目为单位的分散运营模式，实行规模化经营，降低建设和运营成本，提高投资效益。推进市县、乡镇和村级污水收集和处理、垃圾处理项目按行业"打包"投资和运营，鼓励实行城乡供水一体化、厂网一体投资和运营。

（十二）积极推动社会资本参与市政基础设施建设运营。通过特许经营、投资补助、政府购买服务等多种方式，鼓励社会资本投资城镇供水、供热、燃气、污水垃圾处理、建筑垃圾资源化利用和处理、城市综合管廊、公园配套服务、公共交通、停车设施等市政基础设施项目，政府依法选择符合要求的经营者。政府可采用委托经营或转让—经营—转让（TOT）等方式，将已经建成的市政基础设施项目转交给社会资本运营管理。

（十三）加强县城基础设施建设。按照新型城镇化发展的要求，把有条件的县城和重点镇发展为中小城市，支持基础设施建设，增强吸纳农业转移人口的能力。选择若干具有产业基础、特色资源和区位优势的县城和重点镇推行试点，加大对市政基础设施建设运营引入市场机制的政策支持力度。

（十四）完善市政基础设施价格机制。加快改进市政基础设施价格形成、调整和补偿机制，使经营者能够获得合理收益。实行上下游价格调整联动机制，价格调整不到位时，地方政府可根据实际情况安排财政性资金对企业运营进行合理补偿。

五、改革完善交通投融资机制

（十五）加快推进铁路投融资体制改革。用好铁路发展基金平台，吸引社会资本参与，扩大基金规模。充分利用铁路土地综合开发政策，以开发收益支持铁路发展。按照市场化方向，不断完善铁路运价形成机制。向地方政府和社会资本放开城际铁路、市域（郊）铁路、资源开发性铁路和支线铁路的所有权、经营权。按照构建现代企业制度的要求，保障投资者权益，推进蒙西至华中、长春至西巴彦花铁路等引进民间资本的示范项目实施。鼓励按照"多式衔接、立体开发、功能融合、节约集约"的原则，对城市轨道交通站点周边、车辆段上盖进行土地综合开发，吸引社会资本参与城市轨道交通建设。

（十六）完善公路投融资模式。建立完善政府主导、分级负责、多元筹资的公路投融资模式，完善收费公路政策，吸引社会资本投入，多渠道筹措建设和维护资金。逐步建立高速公路与普通公路统筹发展机制，促进普通公路持续健康发展。

（十七）鼓励社会资本参与水运、民航基础设施建设。探索发展"航电结合"等投融资模式，按相关政策给予投资补助，鼓励社会资本投资建设航电枢纽。鼓励社会资本投资建设港口、内河航运设施等。积极吸引社会资本参与盈利状况较好的枢纽机场、干线机场以及机场配套服务设施等投资建设，拓宽机场建设资金来源。

六、鼓励社会资本加强能源设施投资

（十八）鼓励社会资本参与电力建设。在做好生态环境保护、移民安置和确保工程安全的前提下，通过业主招标等方式，鼓励社会资本投资常规水电站和抽水蓄能电站。在确保具备核电控股资质主体承担核安全责任的前提下，引入社会资本参与核电项目投资，鼓励民间资本进入核电设备研制和核电服务领域。鼓励社会资本投资建设风光电、生物质能等清洁能源项目和背压式热电联产机组，进入清洁高效煤电项目建设、燃煤电厂节能减排升级改造领域。

（十九）鼓励社会资本参与电网建设。积极吸引社会资本投资建设跨区输电通道、区域主干电网完善工程和大中城市配电网工程。将海南联网Ⅱ回线路和滇西北送广东特高压直流输电工程等项目作为试点，引入社会资本。鼓励社会资本投资建设分布式电源并网工程、储能装置和电动汽车充换电设施。

（二十）鼓励社会资本参与油气管网、储存设施和煤炭储运建设运营。支持民营企业、地方国有企业等参股建设油气管网主干线、沿海液化天然气（LNG）接收站、地下储气库、城市配气管网和城市储气设施，控股建设油气管网支线、原油和成品油商业储备库。鼓励社会资本参与铁路运煤干线和煤炭储配体系建设。国家规划确定的石化基地炼化一体化项目向社会资本开放。

（二十一）理顺能源价格机制。进一步推进天然气价格改革，2015年实现存量气和增量气价格并轨，逐步放开非居民用天然气气源价格，落实页岩气、煤层气等非常规天然气价格市场化政策。尽快出台天然气管道运输价格政策。按照合理成本加合理利润的原则，适时调整煤层气发电、余热余压发电上网标杆电价。推进天然气分布式能源冷、热、电价格市场化。完善可再生能源发电价格政策，研究建立流域梯级效益补偿机制，适时调整完善燃煤发电机组环保电价政策。

七、推进信息和民用空间基础设施投资主体多元化

（二十二）鼓励电信业进一步向民间资本开放。进一步完善法律法规，尽快修订电信业务分类目录。研究出台具体试点办法，鼓励和引导民间资本投资宽带接入网络建设和业务运营，大力发展宽带用户。推进民营企业开展移动通信转售业务试点工作，促进业务创新发展。

（二十三）吸引民间资本加大信息基础设施投资力度。支持基础电信企业引入民间战略投资者。推动中国铁塔股份有限公司引入民间资本，实现混合所有制发展。

（二十四）鼓励民间资本参与国家民用空间基础设施建设。完善民用遥感卫星数据政策，加强政府采购服务，鼓励民间资本研制、发射和运营商业遥感卫星，提供市场化、专业化服务。引导民间资本参与卫星导航地面应用系统建设。

八、鼓励社会资本加大社会事业投资力度

（二十五）加快社会事业公立机构分类改革。积极推进养老、文化、旅游、体育等领域符合条件的事业单位，以及公立医院资源丰富地区符合条件的医疗事业单位改制，为社会资本进入创造条件，鼓励社会资本参与公立机构改革。将符合条件的国有单位培训疗养机构转变为养老机构。

（二十六）鼓励社会资本加大社会事业投资力度。通过独资、合资、合作、联营、租赁等途径，采取特许经营、公建民营、民办公助等方式，鼓励社会资本参与教育、医疗、养老、体育健身、文化设施建设。尽快出台鼓励社会力量兴办教育、促进民办教育健康发展的意见。各地在编制城市总体规划、控制性详细规划以及有关专项规划时，要统筹规划、科学布局各类公共服务设施。各级政府逐步扩大教育、医疗、养老、体育健身、文化等政府购买服务范围，各类经营主体平等参与。将符合条件的各类医疗机构纳入医疗保险定点范围。

（二十七）完善落实社会事业建设运营税费优惠政策。进一步完善落实非营利性教育、医疗、养老、体育健身、文化机构税收优惠政策。对非营利性医疗、养老机构建设一律免征有关行政事业性收费，对营利性医疗、养老机构建设一律减半征收有关行政事业性收费。

（二十八）改进社会事业价格管理政策。民办教育、医疗机构用电、用水、用气、用热，执行与公办教育、医疗机构相同的价格政策。养老机构用电、用水、用气、用热，按居民生活类价格执行。除公立医疗、养老机构提供的基本服务按照政府规定的价格政策执行外，其他医疗、养老服务实行经营者自主定价。营利性民办学校收费实行自主定价，非营利性民办学校收费政策由地方政府按照市场化方向根据当地实际情况确定。

九、建立健全政府和社会资本合作（PPP）机制

（二十九）推广政府和社会资本合作（PPP）模式。认真总结经验，加强政策引导，在公共服务、资源环境、生态保护、基础设施等领域，积极推广PPP模式，规范选择项目合作伙伴，引入社会资本，增强公共产品供给能力。政府有关部门要严格按照预算管理有关法律法规，完善财政补贴制度，切实控制和防范财政风险。

健全 PPP 模式的法规体系，保障项目顺利运行。鼓励通过 PPP 方式盘活存量资源，变现资金要用于重点领域建设。

（三十）规范合作关系保障各方利益。政府有关部门要制定管理办法，尽快发布标准合同范本，对 PPP 项目的业主选择、价格管理、回报方式、服务标准、信息披露、违约处罚、政府接管以及评估论证等进行详细规定，规范合作关系。平衡好社会公众与投资者利益关系，既要保障社会公众利益不受损害，又要保障经营者合法权益。

（三十一）健全风险防范和监督机制。政府和投资者应对 PPP 项目可能产生的政策风险、商业风险、环境风险、法律风险等进行充分论证，完善合同设计，健全纠纷解决和风险防范机制。建立独立、透明、可问责、专业化的 PPP 项目监管体系，形成由政府监管部门、投资者、社会公众、专家、媒体等共同参与的监督机制。

（三十二）健全退出机制。政府要与投资者明确 PPP 项目的退出路径，保障项目持续稳定运行。项目合作结束后，政府应组织做好接管工作，妥善处理投资回收、资产处理等事宜。

十、充分发挥政府投资的引导带动作用

（三十三）优化政府投资使用方向。政府投资主要投向公益性和基础性建设。对鼓励社会资本参与的生态环保、农林水利、市政基础设施、社会事业等重点领域，政府投资可根据实际情况给予支持，充分发挥政府投资"四两拨千斤"的引导带动作用。

（三十四）改进政府投资使用方式。在同等条件下，政府投资优先支持引入社会资本的项目，根据不同项目情况，通过投资补助、基金注资、担保补贴、贷款贴息等方式，支持社会资本参与重点领域建设。抓紧制定政府投资支持社会投资项目的管理办法，规范政府投资安排行为。

十一、创新融资方式拓宽融资渠道

（三十五）探索创新信贷服务。支持开展排污权、收费权、集体林权、特许经营权、购买服务协议预期收益、集体土地承包经营权质押贷款等担保创新类贷款业务。探索利用工程供水、供热、发电、污水垃圾处理等预期收益质押贷款，允许利用相关收益作为还款来源。鼓励金融机构对民间资本举办的社会事业提供融资支持。

（三十六）推进农业金融改革。探索采取信用担保和贴息、业务奖励、风险补偿、费用补贴、投资基金，以及互助信用、农业保险等方式，增强农民合作社、家庭

农场（林场）、专业大户、农林业企业的贷款融资能力和风险抵御能力。

（三十七）充分发挥政策性金融机构的积极作用。在国家批准的业务范围内，加大对公共服务、生态环保、基础设施建设项目的支持力度。努力为生态环保、农林水利、中西部铁路和公路、城市基础设施等重大工程提供长期稳定、低成本的资金支持。

（三十八）鼓励发展支持重点领域建设的投资基金。大力发展股权投资基金和创业投资基金，鼓励民间资本采取私募等方式发起设立主要投资于公共服务、生态环保、基础设施、区域开发、战略性新兴产业、先进制造业等领域的产业投资基金。政府可以使用包括中央预算内投资在内的财政性资金，通过认购基金份额等方式予以支持。

（三十九）支持重点领域建设项目开展股权和债权融资。大力发展债权投资计划、股权投资计划、资产支持计划等融资工具，延长投资期限，引导社保资金、保险资金等用于收益稳定、回收期长的基础设施和基础产业项目。支持重点领域建设项目采用企业债券、项目收益债券、公司债券、中期票据等方式通过债券市场筹措投资资金。推动铁路、公路、机场等交通项目建设企业应收账款证券化。建立规范的地方政府举债融资机制，支持地方政府依法依规发行债券，用于重点领域建设。

创新重点领域投融资机制对稳增长、促改革、调结构、惠民生具有重要作用。各地区、各有关部门要从大局出发，进一步提高认识，加强组织领导，健全工作机制，协调推动重点领域投融资机制创新。各地政府要结合本地实际，抓紧制定具体实施细则，确保各项措施落到实处。国务院各有关部门要严格按照分工，抓紧制定相关配套措施，加快重点领域建设，同时要加强宣传解读，让社会资本了解参与方式、运营方式、盈利模式、投资回报等相关政策，进一步稳定市场预期，充分调动社会投资积极性，切实发挥好投资对经济增长的关键作用。发展改革委要会同有关部门加强对本指导意见落实情况的督促检查，重大问题及时向国务院报告。

附件：重点政策措施文件分工方案

国务院
2014 年 11 月 16 日

（此件公开发布）

附件

重点政策措施文件分工方案

序号	政策措施文件	负责单位	出台时间
1	大力推行环境污染第三方治理	发展改革委、环境保护部	2014年底
2	推进排污权、碳排放权交易试点，鼓励社会资本参与污染减排和排污权、碳排放权交易	财政部、环境保护部、发展改革委、林业局、证监会（其中碳排放权交易由发展改革委牵头）	2015年3月底
3	鼓励和引导社会资本参与节水供水重大水利工程建设运营的实施意见，积极探索多种形式的水权交易流转方式，鼓励社会资本参与节水供水重大水利工程投资建设	水利部、发展改革委、证监会	2015年3月底
4	选择若干县城和重点镇推行试点，加大对市政基础设施建设运营引入市场机制的政策支持力度	住房城乡建设部、发展改革委	2014年底
5	通过业主招标等方式，鼓励社会资本投资常规水电站和抽水蓄能电站	能源局	2014年底
6	支持民间资本投资宽带接入网络建设和业务运营	工业和信息化部	2015年3月底
7	政府投资支持社会投资项目的管理办法	发展改革委、财政部	2015年3月底
8	创新融资方式，拓宽融资渠道	人民银行、银监会、证监会、保监会、财政部	2015年3月底
9	政府使用包括中央预算内投资在内的财政性资金，支持重点领域产业投资基金管理办法	发展改革委	2015年3月底
10	完善价格形成机制，增强重点领域建设吸引社会投资能力	发展改革委、国务院有关部门	2015年3月底

注：有2个或以上负责单位的，排在第一位的为牵头单位。

附录7 《国务院办公厅转发财政部发展改革委人民银行关于在公共服务领域推广政府和社会资本合作模式指导意见的通知》

国发〔2015〕42号

各省、自治区、直辖市人民政府，国务院各部委、各直属机构：

财政部、发展改革委、人民银行《关于在公共服务领域推广政府和社会资本合作模式的指导意见》已经国务院同意，现转发给你们，请认真贯彻执行。

在公共服务领域推广政府和社会资本合作模式，是转变政府职能、激发市场活力、打造经济新增长点的重要改革举措。围绕增加公共产品和公共服务供给，在能源、交通运输、水利、环境保护、农业、林业、科技、保障性安居工程、医疗、卫生、养老、教育、文化等公共服务领域，广泛采用政府和社会资本合作模式，对统筹做好稳增长、促改革、调结构、惠民生、防风险工作具有战略意义。

各地区、各部门要按照简政放权、放管结合、优化服务的要求，简化行政审批程序，推进立法工作，进一步完善制度，规范流程，加强监管，多措并举，在财税、价格、土地、金融等方面加大支持力度，保证社会资本和公众共同受益，通过资本市场和开发性、政策性金融等多元融资渠道，吸引社会资本参与公共产品和公共服务项目的投资、运营管理，提高公共产品和公共服务供给能力与效率。

各地区、各部门要高度重视，精心组织实施，加强协调配合，形成工作合力，切实履行职责，共同抓好落实。

国务院办公厅

2015年5月19日

附录8 《关于在公共服务领域推广政府和社会资本合作模式的指导意见》

财政部　发展改革委　中国人民银行

为打造大众创业、万众创新和增加公共产品、公共服务"双引擎",让广大人民群众享受到优质高效的公共服务,在改善民生中培育经济增长新动力,现就改革创新公共服务供给机制,大力推广政府和社会资本合作(Public-Private Partnership,PPP)模式,提出以下意见:

一、充分认识推广政府和社会资本合作模式的重大意义

政府和社会资本合作模式是公共服务供给机制的重大创新,即政府采取竞争性方式择优选择具有投资、运营管理能力的社会资本,双方按照平等协商原则订立合同,明确责权利关系,由社会资本提供公共服务,政府依据公共服务绩效评价结果向社会资本支付相应对价,保证社会资本获得合理收益。政府和社会资本合作模式有利于充分发挥市场机制作用,提升公共服务的供给质量和效率,实现公共利益最大化。

(一)有利于加快转变政府职能,实现政企分开、政事分开。作为社会资本的境内外企业、社会组织和中介机构承担公共服务涉及的设计、建设、投资、融资、运营和维护等责任,政府作为监督者和合作者,减少对微观事务的直接参与,加强发展战略制定、社会管理、市场监管、绩效考核等职责,有助于解决政府职能错位、越位和缺位的问题,深化投融资体制改革,推进国家治理体系和治理能力现代化。

(二)有利于打破行业准入限制,激发经济活力和创造力。政府和社会资本合作模式可以有效打破社会资本进入公共服务领域的各种不合理限制,鼓励国有控股企业、民营企业、混合所有制企业等各类型企业积极参与提供公共服务,给予中小企业更多参与机会,大幅拓展社会资本特别是民营资本的发展空间,激发市场主体活力和发展潜力,有利于盘活社会存量资本,形成多元化、可持续的公共服务资金投入渠道,打造新的经济增长点,增强经济增长动力。

(三)有利于完善财政投入和管理方式,提高财政资金使用效益。在政府和社会资本合作模式下，政府以运营补贴等作为社会资本提供公共服务的对价，以绩效评价结果作为对价支付依据，并纳入预算管理、财政中期规划和政府财务报告，能够在当代人和后代人之间公平地分担公共资金投入，符合代际公平原则，有效弥补当期财政投入不足，有利于减轻当期财政支出压力，平滑年度间财政支出波动，防范和化解政府性债务风险。

二、总体要求

（四）指导思想。贯彻落实党的十八大和十八届二中、三中、四中全会精神，按照党中央、国务院决策部署，借鉴国际成熟经验，立足国内实际情况，改革创新公共服务供给机制和投入方式，发挥市场在资源配置中的决定性作用，更好发挥政府作用，引导和鼓励社会资本积极参与公共服务供给，为广大人民群众提供优质高效的公共服务。

（五）基本原则。

依法合规。将政府和社会资本合作纳入法制化轨道，建立健全制度体系，保护参与各方的合法权益，明确全生命周期管理要求，确保项目规范实施。

重诺履约。政府和社会资本法律地位平等、权利义务对等，必须树立契约理念，坚持平等协商、互利互惠、诚实守信、严格履约。

公开透明。实行阳光化运作，依法充分披露政府和社会资本合作项目重要信息，保障公众知情权，对参与各方形成有效监督和约束。

公众受益。加强政府监管，将政府的政策目标、社会目标和社会资本的运营效率、技术进步有机结合，促进社会资本竞争和创新，确保公共利益最大化。

积极稳妥。鼓励地方各级人民政府和行业主管部门因地制宜，探索符合当地实际和行业特点的做法，总结提炼经验，形成适合我国国情的发展模式。坚持必要、合理、可持续的财政投入原则，有序推进项目实施，控制项目的政府支付责任，防止政府支付责任过重加剧财政收支矛盾，带来支出压力。

（六）发展目标。立足于加强和改善公共服务，形成有效促进政府和社会资本合作模式规范健康发展的制度体系，培育统一规范、公开透明、竞争有序、监管有力的政府和社会资本合作市场。着力化解地方政府性债务风险，积极引进社会资本参与地方融资平台公司存量项目改造，争取通过政府和社会资本合作模式减少地方政府性债务。在新建公共服务项目中，逐步增加使用政府和社会资本合作模式的比例。

三、构建保障政府和社会资本合作模式持续健康发展的制度体系

（七）明确项目实施的管理框架。建立健全制度规范体系，实施全生命周期管理，保证项目实施质量。进一步完善操作指南，规范项目识别、准备、采购、执行、移交各环节操作流程，明确操作要求，指导社会资本参与实施。制定合同指南，推动共性问题处理方式标准化。制定分行业、分领域的标准化合同文本，提高合同编制效率和谈判效率。按照预算法、合同法、政府采购法及其实施条例、《国务院办公厅关于政府向社会力量购买服务的指导意见》（国办发〔2013〕96号）等要求，建立完善管理细则，规范选择合作伙伴的程序和方法，维护国家利益、社会公共利益和社会资本的合法权益。

（八）健全财政管理制度。开展财政承受能力论证，统筹评估和控制项目的财政支出责任，促进中长期财政可持续发展。建立完善公共服务成本财政管理和会计制度，创新资源组合开发模式，针对政府付费、使用者付费、可行性缺口补助等不同支付机制，将项目涉及的运营补贴、经营收费权和其他支付对价等，按照国家统一的会计制度进行核算，纳入年度预算、中期财政规划，在政府财务报告中进行反映和管理，并向本级人大或其常委会报告。存量公共服务项目转型为政府和社会资本合作项目过程中，应依法进行资产评估，合理确定价值，防止公共资产流失和贱卖。项目实施过程中政府依法获得的国有资本收益、约定的超额收益分成等公共收入应上缴国库。

（九）建立多层次监督管理体系。行业主管部门根据经济社会发展规划及专项规划发起政府和社会资本合作项目，社会资本也可根据当地经济社会发展需求建议发起。行业主管部门应制定不同领域的行业技术标准、公共产品或服务技术规范，加强对公共服务质量和价格的监管。建立政府、公众共同参与的综合性评价体系，建立事前设定绩效目标、事中进行绩效跟踪、事后进行绩效评价的全生命周期绩效管理机制，将政府付费、使用者付费与绩效评价挂钩，并将绩效评价结果作为调价的重要依据，确保实现公共利益最大化。依法充分披露项目实施相关信息，切实保障公众知情权，接受社会监督。

（十）完善公共服务价格调整机制。积极推进公共服务领域价格改革，按照补偿成本、合理收益、节约资源、优质优价、公平负担的原则，加快理顺公共服务价格。依据项目运行情况和绩效评价结果，健全公共服务价格调整机制，完善政府价格决策听证制度，广泛听取社会资本、公众和有关部门意见，确保定价调价的科学性。及时披露项目运行过程中的成本变化、公共服务质量等信息，提高定价调价的透明度。

（十一）完善法律法规体系。推进相关立法，填补政府和社会资本合作领域立法空白，着力解决政府和社会资本合作项目运作与现行法律之间的衔接协调问题，明确政府出资的法律依据和出资性质，规范政府和社会资本的责权利关系，明确政府相关部门的监督管理责任，为政府和社会资本合作模式健康发展提供良好的法律环境和稳定的政策预期。鼓励有条件的地方立足当地实际，依据立法法相关规定，出台地方性法规或规章，进一步有针对性地规范政府和社会资本合作模式的运用。

四、规范推进政府和社会资本合作项目实施

（十二）广泛采用政府和社会资本合作模式提供公共服务。在能源、交通运输、水利、环境保护、农业、林业、科技、保障性安居工程、医疗、卫生、养老、教育、文化等公共服务领域，鼓励采用政府和社会资本合作模式，吸引社会资本参与。其中，在能源、交通运输、水利、环境保护、市政工程等特定领域需要实施特许经营的，按《基础设施和公用事业特许经营管理办法》执行。

（十三）化解地方政府性债务风险。积极运用转让—运营—移交（TOT）、改建—运营—移交（ROT）等方式，将融资平台公司存量公共服务项目转型为政府和社会资本合作项目，引入社会资本参与改造和运营，在征得债权人同意的前提下，将政府性债务转换为非政府性债务，减轻地方政府的债务压力，腾出资金用于重点民生项目建设。大力推动融资平台公司与政府脱钩，进行市场化改制，健全完善公司治理结构，对已经建立现代企业制度、实现市场化运营的，在其承担的地方政府债务已纳入政府财政预算、得到妥善处置并明确公告今后不再承担地方政府举债融资职能的前提下，可作为社会资本参与当地政府和社会资本合作项目，通过与政府签订合同方式，明确责权利关系。严禁融资平台公司通过保底承诺等方式参与政府和社会资本合作项目，进行变相融资。

（十四）提高新建项目决策的科学性。地方政府根据当地经济社会发展需要，结合财政收支平衡状况，统筹论证新建项目的经济效益和社会效益，并进行财政承受能力论证，保证决策质量。根据项目实施周期、收费定价机制、投资收益水平、风险分配基本框架和所需要的政府投入等因素，合理选择建设—运营—移交（BOT）、建设—拥有—运营（BOO）等运作方式。

（十五）择优选择项目合作伙伴。对使用财政性资金作为社会资本提供公共服务对价的项目，地方政府应当根据预算法、合同法、政府采购法及其实施条例等法律法规规定，选择项目合作伙伴。依托政府采购信息平台，及时、充分向社会公布项目采购信息。综合评估项目合作伙伴的专业资质、技术能力、管理经验、财务实力和信用状况等因素，依法择优选择诚实守信的合作伙伴。加强项目政府采购环节的监督管理，保证采购过程公平、公正、公开。

（十六）合理确定合作双方的权利与义务。树立平等协商的理念，按照权责对等原则合理分配项目风险，按照激励相容原则科学设计合同条款，明确项目的产出说明和绩效要求、收益回报机制、退出安排、应急和临时接管预案等关键环节，实现责权利对等。引入价格和补贴动态调整机制，充分考虑社会资本获得合理收益。如单方面构成违约的，违约方应当给予对方相应赔偿。建立投资、补贴与价格的协同机制，为社会资本获得合理回报创造条件。

（十七）增强责任意识和履约能力。社会资本要将自身经济利益诉求与政府政策目标、社会目标相结合，不断加强管理和创新，提升运营效率，在实现经济价值的同时，履行好企业社会责任，严格按照约定保质保量提供服务，维护公众利益；要积极进行业务转型和升级，从工程承包商、建设施工方向运营商转变，实现跨不同领域、多元化发展；要不断提升运营实力和管理经验，增强提供公共服务的能力。咨询、法律、会计等中介机构要提供质优价廉的服务，促进项目增效升级。

（十八）保障公共服务持续有效。按照合同约定，对项目建设情况和公共服务质量进行验收，逾期未完成或不符合标准的，社会资本要限期完工或整改，并采取补救措施或赔偿损失。健全合同争议解决机制，依法积极协调解决争议。确需变更合同内容、延长合同期限以及变更社会资本方的，由政府和社会资本方协商解决，但应当保持公共服务的持续性和稳定性。项目资产移交时，要对移交资产进行性能测试、资产评估和登记入账，并按照国家统一的会计制度进行核算，在政府财务报告中进行反映和管理。

五、政策保障

（十九）简化项目审核流程。进一步减少审批环节，建立项目实施方案联评联审机制，提高审查工作效率。项目合同签署后，可并行办理必要的审批手续，有关部门要简化办理手续，优化办理程序，主动加强服务，对实施方案中已经明确的内容不再作实质性审查。

（二十）多种方式保障项目用地。实行多样化土地供应，保障项目建设用地。对符合划拨用地目录的项目，可按划拨方式供地，划拨土地不得改变土地用途。建成的项目经依法批准可以抵押，土地使用权性质不变，待合同经营期满后，连同公共设施一并移交政府；实现抵押权后改变项目性质应该以有偿方式取得土地使用权的，应依法办理土地有偿使用手续。不符合划拨用地目录的项目，以租赁方式取得土地使用权的，租金收入参照土地出让收入纳入政府性基金预算管理。以作价出资或者入股方式取得土地使用权的，应当以市、县人民政府作为出资人，制定作价出资或者入股方案，经市、县人民政府批准后实施。

（二十一）完善财税支持政策。积极探索财政资金撬动社会资金和金融资本参与政府和社会资本合作项目的有效方式。中央财政出资引导设立中国政府和社会资本合作融资支持基金，作为社会资本方参与项目，提高项目融资的可获得性。探索通过以奖代补等措施，引导和鼓励地方融资平台存量项目转型为政府和社会资本合作项目。落实和完善国家支持公共服务事业的税收优惠政策，公共服务项目采取政府和社会资本合作模式的，可按规定享受相关税收优惠政策。鼓励地方政府在承担有限损失的前提下，与具有投资管理经验的金融机构共同发起设立基金，并通过引入结构化设计，吸引更多社会资本参与。

（二十二）做好金融服务。金融机构应创新符合政府和社会资本合作模式特点的金融服务，优化信贷评审方式，积极为政府和社会资本合作项目提供融资支持。鼓励开发性金融机构发挥中长期贷款优势，参与改造政府和社会资本合作项目，引导商业性金融机构拓宽项目融资渠道。鼓励符合条件的项目运营主体在资本市场通过发行公司债券、企业债券、中期票据、定向票据等市场化方式进行融资。鼓励项目公司发行项目收益债券、项目收益票据、资产支持票据等。鼓励社保资金和保险资金按照市场化原则，创新运用债权投资计划、股权投资计划、项目资产支持计划等多种方式参与项目。对符合条件的"走出去"项目，鼓励政策性金融机构给予中长期信贷支持。依托各类产权、股权交易市场，为社会资本提供多元化、规范化、市场化的退出渠道。金融监管部门应加强监督管理，引导金融机构正确识别、计量和控制风险，按照风险可控、商业可持续原则支持政府和社会资本合作项目融资。

六、组织实施

（二十三）加强组织领导。国务院各有关部门要按照职能分工，负责相关领域具体工作，加强对地方推广政府和社会资本合作模式的指导和监督。财政部要会同有关部门，加强政策沟通协调和信息交流，完善体制机制。教育、科技、民政、人力资源社会保障、国土资源、环境保护、住房城乡建设、交通运输、水利、农业、商务、文化、卫生计生等行业主管部门，要结合本行业特点，积极运用政府和社会资本合作模式提供公共服务，探索完善相关监管制度体系。地方各级人民政府要结合已有规划和各地实际，出台具体政策措施并抓好落实；可根据本地区实际情况，建立工作协调机制，推动政府和社会资本合作项目落地实施。

（二十四）加强人才培养。大力培养专业人才，加快形成政府部门、高校、企业、专业咨询机构联合培养人才的机制。鼓励各类市场主体加大人才培训力度，开展业务人员培训，建设一支高素质的专业人才队伍。鼓励有条件的地方政府统筹内部机构改革需要，进一步整合专门力量，承担政府和社会资本合作模式推广职责，提高专业水平和能力。

（二十五）搭建信息平台。地方各级人民政府要切实履行规划指导、识别评估、咨询服务、宣传培训、绩效评价、信息统计、专家库和项目库建设等职责，建立统一信息发布平台，及时向社会公开项目实施情况等相关信息，确保项目实施公开透明、有序推进。

在公共服务领域推广政府和社会资本合作模式，事关人民群众切身利益，是保障和改善民生的一项重要工作。各地区、各部门要充分认识推广政府和社会资本合作模式的重要意义，把思想和行动统一到党中央、国务院的决策部署上来，精心组织实施，加强协调配合，形成工作合力，切实履行职责，共同抓好落实。财政部要强化统筹协调，会同有关部门对本意见落实情况进行督促检查和跟踪分析，重大事项及时向国务院报告。